国家精品资源共享课配套教材
高职高专金融类"十三五"规划系列教材
浙江省优势专业（金融专业）建设成果

商业银行
综合柜台业务
（第三版）

SHANGYE YINHANG ZONGHE GUITAI YEWU

主　编　董瑞丽
副主编　韩国红　朱维巍

中国金融出版社

责任编辑：王效端　张菊香
责任校对：张志文
责任印制：陈晓川

图书在版编目（CIP）数据

商业银行综合柜台业务/董瑞丽主编 . —第 3 版 . —北京：中国金融出版社，
2016. 1

高职高专金融类"十三五"规划系列教材
ISBN 978 – 7 – 5049 – 8240 – 7

I. ①商… Ⅱ. ①董… Ⅲ. ①商业银行—银行业务—高等职业教育—教材
Ⅳ. ①F830. 33

中国版本图书馆 CIP 数据核字（2015）第 140776 号

商业银行综合柜台业务
SHANGYE YINHANG ZONGHE GUITAI YEWU

出版
发行　中国金融出版社

社址　北京市丰台区益泽路 2 号
市场开发部　（010）66024766，63805472，63439533（传真）
网上书店　http://www. chinafph. com
　　　　　（010）66024766，63372837（传真）
读者服务部　（010）66070833，62568380
邮编　100071
经销　新华书店
印刷　北京市松源印刷有限公司
尺寸　185 毫米 × 260 毫米
印张　16. 75
字数　363 千
版次　2008 年 9 月第 1 版　2012 年 8 月第 2 版　2016 年 1 月第 3 版
印次　2020 年 6 月第 9 次印刷
定价　36. 00 元
ISBN 978 – 7 – 5049 – 8240 – 7
如出现印装错误本社负责调换　联系电话（010）63263947

《商业银行综合柜台业务》一书作为高等职业院校金融专业的核心课程专用教材、国家精品资源共享课程配套教材，实务性、实用性、实战性一直是本书的特色所在。本书积极探索基于银行一线业务工作过程知识导向的职业教育项目课程开发与实践，以工作项目和任务活动为中心组织课程内容，以商业银行一线综合柜员岗位的基本素质、基本能力、基本规范、基本业务、基本操作等"五基要求"为线索来设计工作项目内容，在对金融专业所涵盖的业务岗位群进行任务与职业能力分析的基础上，以就业为导向，以银行综合柜员岗位为核心，以银行各项临柜个人业务操作为主体，按照学生认知特点展示教学内容，让学生在完成具体工作项目的过程中来构建相关理论知识，并发展岗位职业能力。

随着金融业务的不断创新发展，银行新业务、新方法、新规定不断出现，因此有必要对《商业银行综合柜台业务》一书的有关内容进行修订，更新内容、补充知识，努力做到与时俱进。修订后的《商业银行综合柜台业务》与前一版相比主要的变化内容有以下几点：

1. 调整更新了全部业务内容。本书对项目一至项目七所有涉及的业务案例时间背景全部做了更新调整，并根据银行的具体操作规范对部分业务凭证内容进行了修订调整，以突出实务课程的专业特色。项目八案例分析部分选取了近年发生的部分影响大、出现频率高的金融案件作为典型案例引入，突出时效性。

2. 补充完善了相关业务制度规范。2012 年 8 月以来，银行存贷款利率做了 5 次调整，并且关于个人存款小额账户管理费用的收取也做了补充规定，2015 年 6 月中国人民银行出台了《大额存单管理暂行办法》，这些相关的变化内容在本次修订中均予以及时补充、完善。项目六个人外汇业务处理中外币兑换部分，依据国家外汇管理部门针对个人外币兑换业务的具体规定，将原来的三个项目活动（兑出、兑入、套兑）调整为两个业务活动（结汇、售汇），便于在学习过程中对业务制度的理解与具体的操作执行。

3. 整篇替换了金融综合技能训练内容。基于网络自主学习理念的渗透，金融综合技能训练项目开发设计了在线自主练习平台系统，练习者可以跨时间和空间进行在线业务技能训练与自测，为此本书根据金融综合技能训练新系统平台的内容对项目九的内容做了全部替换更新，做到学练合一，与时俱进。

本书包括商业银行柜员基本职业能力训练、个人存款业务处理、个人贷款业务处理、个人结算业务处理、代理业务处理、个人外汇业务处理、电子银行业务处理、银行网点突发事件应急处理、金融综合技能业务训练九个学习项目。浙江金融职业学院董瑞丽教授担任主编，韩国红副教授、朱维巍副教授对全书进行了系统性的修订与更新。

本书在修订过程中，得到了中国农业银行浙江省分行营业部、浙商银行总行、萧山农村合作银行、浦发银行杭州求是支行、浙江安邦护卫有限公司、拉卡拉杭州分公司等金融行业企业单位与业务专家的大力支持与协助，在此深表感谢！

书中疏漏和不足在所难免，欢迎读者来函批评指正。

编者
2015 年 11 月

第二版说明

　　《商业银行综合柜台业务》是国家示范性高职院校重点建设系列教材之一，也是国家精品课程配套教材。本书积极探索基于工作过程知识导向的职业教育项目课程开发与实践，以设计完成的项目活动为基础，通过情景模拟、情景再现、案例分析等多种手段展现教学内容，对所要完成的任务与业务过程以流程图的形式加以展示，所涉及的业务凭证配以大量的图示，深入浅出，图文并茂，直观形象，在内容上具有较强的实用性和可操作性。

　　随着银行业务的进一步发展变化与不断推陈出新，为了及时将银行柜面业务处理过程中的新知识、新规定、新技术、新方法融入本书，使本书更贴近银行业务的发展变化和实际需要，我们对《商业银行综合柜台业务》一书进行了修订，修订后的《商业银行综合柜台业务》与前一版相比主要有以下变化及特点：

　　1. 注重时效性。本书所有的业务案例全部作了更新，基本以近一两年内发生的业务案例为主。同时根据银行业务发展的变动情况，在项目四和项目七中增加了部分新内容，并对银行一些未来的新业务发展动向作了前瞻性介绍，在关注时效性的同时注重体现知识的延伸与拓展。

　　2. 强化精练性。本书对知识内容与业务活动作了重新提炼，对项目二、项目三和项目八的部分业务活动内容作了调整归并，同时对部分内容的展示方式作了改变，对于非普遍性业务以简单介绍为主，在"精"与"需"二者之间作了妥善处理。

　　3. 突出实践性。本书根据银行业务操作的实践情况，对所有业务处理过程中涉及的凭证内容全部作了更新和调整，替换了部分老版业务凭证，增加了部分业务过程中的新业务凭证种类，做到与实际业务处理的高度一致性，突出银行业务处理实践性强的特色。

　　本书包括商业银行柜员基本职业能力训练、个人存款业务处理、个人贷款业务处理、个人结算业务处理、代理业务处理、个人外汇业务处理、电子银行业务处理、银行网点突发事件应急处理、金融综合技能业务训练九个学习项目。由浙江金融职业学院董瑞丽教授担任主编，韩国红、朱维巍、黎贤强担任副主编，对全书进行系统性的修订。

　　本书在修订过程中，得到了中国农业银行浙江省分行营业部、中国工商银行浙江省分行运行管理部、浙商银行总行、中国银行浙江省分行信用卡部、中国建设银行杭州经济技术开发区支行营业部、萧山农村合作银行党湾支行等金融行业、企业单位及业务专家的大力支持与协助，在此深表感谢！

　　书中疏漏和不足在所难免，欢迎读者来函批评指正。

编者

2012 年 6 月

　　作为市场经济中金融体系的主体，银行在一国的经济运行中发挥着越来越重要的作用。随着我国经济的高速发展，特别是加入世界贸易组织后金融体制改革的不断深化，现代银行业得到前所未有的快速发展。在此背景下，银行从业人员尤其是具有综合能力素质的高技能应用型人才的培养，已成为我国银行业健康发展的必要条件。

　　高等职业教育的特色在于实践性和应用性，作为一种新的教育类型，其人才培养的特色已越来越被社会所认可与接受。在高等职业教育快速发展的当今，各高等职业院校积极探索职业教育教学改革，探索基于工作过程知识导向的职业教育项目课程开发与实践。作为教师施教和学生学习的基本依据，高等职业院校的项目课程教材也应具有鲜明的实践性与应用性，应具有整体性、有效性和在解决问题的过程中建构、融合理论知识与经验的特点。为此，我们在近年的高职教育教学改革实践中，通过与来自银行业务一线的行业专家共同分析论证，在对金融管理与实务专业所涵盖的业务岗位群进行工作任务与职业能力分析的基础上，以就业为导向，以商业银行综合柜员岗位为核心，以银行各项临柜个人业务操作为主体，按照高职学生认知特点，打破以知识传授为主要特征的传统学科课程模式，转变为以工作项目与工作任务为中心来组织课程内容，建立了突出职业能力培养的课程标准，并以此为核心设计、编写了基于工作过程的项目课程教材，设计了9大项目、36项任务、97个具体活动载体内容，让学生在完成具体项目活动的过程中来构建相关理论知识，提升学生职业能力。

　　本项目课程教材包括商业银行柜员基本职业能力训练、个人存款业务处理、个人贷款业务处理、个人结算业务处理、代理业务处理、个人外汇业务处理、电子银行业务处理、商业银行柜面突发事件处理、金融综合技能业务训练等九个学习项目。编写分工如下：项目一、项目三由韩国红编写，项目二由方秀丽编写，项目四、项目六、项目九由董瑞丽编写，项目五、项目七由朱维巍编写，项目八由黎贤强编写。本项目课程教材由董瑞丽任主编，负责项目课程标准、项目活动载体设计与全书内容统撰。

　　本项目课程教材以设计完成的项目活动为基础，通过情景模拟、情景再现、案例分析等多种手段展现教学内容，对所要完成的任务与活动的业务过程以流程图的形式加以展示，对所涉及的业务凭证配以大量的图示，深入浅出，图文并茂，直观形象，在内容上更具有实用性和可操作性。与此同时，注重与时俱进，将银行业务处理过程中的新知识、新规定、新技术、新方法融入教材中，使教材更贴近银行业务的发展变化和实际需要。本教材以商业银行综合柜员岗位为核心，融职业教育教学特色与银行行业特色为一体，可以作为高等职业院校金融管理与实务专业及其他专业的教学专用教材，也可供商业银行工作人员培训与自学之用。

本书在编写过程中，曾得到浙江金融职业学院领导与相关部门的大力支持和帮助，浙商银行总行营业部业务主管金淑莉、杭州银行营业部业务主管陈水莉、中国农业银行浙江省分行营业部营业中心会计结算部经理陈澍、中国建设银行杭州经济技术开发区支行营业部主任俞春霞、中国工商银行浙江省分行运行管理部杨益琳、中国银行浙江省分行信用卡部於扬等行业专家对本书的编写提供了业务支持，中国金融出版社彭元勋主任为本书的编写提供了很好的意见和建议，在此深表感谢！

由于作者学术水平有限，金融业务创新不断，基于工作过程的项目课程教学改革尚处在探索阶段，书中存在疏漏和不足之处在所难免，敬请广大专家、读者指正。

编　者

2008 年 7 月

目录

项目一 商业银行柜员基本职业能力训练

学习目标：

　　熟悉商业银行岗位设置与授权管理制度、重要单证及印章等的管理与使用规定、银行柜员服务规范、银行账表凭证书写规范等内容，具备商业银行柜员基本职业能力。

。

模块一
银行柜员制度规范学习

能力目标

掌握商业银行柜台岗位设置及岗位分离要求的基本原则与规定，掌握银行授权管理制度，能做到按银行管理规定实际运用。

工作任务 岗位设置与授权管理制度规范学习

项目活动 银行柜台岗位设置与柜员管理相关内容学习

【活动目标】

了解银行柜台岗位设置与柜员管理制度内容，能在业务实践中规范运用。

【基本知识】

随着金融电子化的发展和科技在银行业务领域的广泛运用，现代商业银行柜台劳动组织形式经历了从双人临柜制到柜员制，再到综合柜员制的巨大变化。

一、综合柜员制的含义

综合柜员制是指柜员在其授权范围内，可以办理多币种、多种类的各项临柜业务，承担相应经济责任的一种劳动组合形式。

综合柜员制是相对于传统的双人临柜复核制的服务模式而言的，要求柜员单人临柜，独立办理会计、出纳、储蓄、中间业务等面向客户的全部业务，是一种集约化、高效率的银行柜台劳动组织形式。目前我国大多数银行都采用综合柜员制。

二、综合柜员岗位设置

实行综合柜员制的营业机构，其柜员岗位设置如图 1-1 所示。

1. 普通柜员：具体办理会计核算业务的人员，负责权限范围内业务的操作和会计资料的初审。根据柜员处理业务内容的不同，可以将普通柜员分为临柜柜员和非临柜柜员。

（1）临柜柜员：直接面对客户，对外办理现金收付、转账结算、代理业务等工作的柜员。

（2）非临柜柜员：负责办理联行业务和记账业务、各类卡片的保管、印押证使用和管理、电子汇兑、票据交换、资金清算、会计信息的分析及反馈等综合工作的柜员。各银行根据其承担的具体工作不同将其分为不同的岗位，非临柜柜员按综合应用系统业务可以划分为联行柜员、交换柜员、记账柜员、管库柜员、督察柜员。

2. 主办级柜员：对业务经办处理的各类业务进行复核或在规定业务范围内与额度内授权的人员。

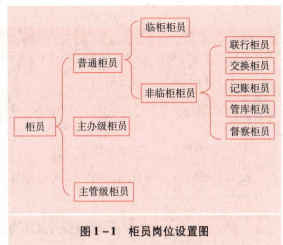

图1-1 柜员岗位设置图

3. 主管级柜员：对超过业务主办权限的重要业务进行授权处理的管理人员。主管级柜员主要包括网点负责人、总会计、各级会计结算部门负责人以及有权部门聘任的行使业务主管职责的管理人员。

三、柜员管理基本原则

为加强内部控制，防范风险，必须按照"事权划分、事中控制"的原则对银行从业人员进行科学有效的管理，明确责任，相互制约。

事权划分是指针对银行各业务设置不同的业务岗位，每个岗位又有不同的操作经办权限。商业银行柜面业务的岗位所辖交易设有执行权、查询权、授权权等权限，并具有相应的操作金额。

事中控制是指临柜大金额业务及特殊业务须双人操作，相互监督。

四、授权管理

授权是按照会计岗位责任分离、相互制约的原则，根据各种业务种类的重要性和风险程度及金额大小设定相应授权级别，并由主管级柜员或主办级柜员对普通柜员办理该类交易进行实时审核确认的一种内部风险控制方式。

实行综合柜员制，必须建立严格的授权制度，普通柜员具有记账、对外办理业务的权限，不得复核其他柜员账务；主办级柜员具有授权、复核权限，不得直接临柜受理客户业务；主管级柜员只具有授权、监督权限。

普通柜员、主办级柜员、主管级柜员应严格按照操作授权、业务授权、金额授权办理各项业务。

表1-1　　　　　　　　　银行柜员处理核算业务操作权限

业务种类	具体分类	普通柜员	主办级柜员	主管级柜员
存现业务	小型网点	5万元以下	业务经办额度以上授权	自行确定
	中型网点	8万元以下		
	大型网点	10万元以下		

续表

业务种类	具体分类	普通柜员	主办级柜员	主管级柜员
取现业务	大中小型网点	5 万元以下	5 万元（含）至 50 万元的授权	超过 50 万元的授权
转账业务	小型网点	10 万元以下	10 万元（含）至 100 万元的授权	100 万元（含）至 200 万元以及 200 万元（含）以上的授权（根据网点不同）
	中型网点	20 万元以下	20 万元（含）至 150 万元的授权	
	大型网点	30 万元以下	30 万元（含）至 200 万元的授权	

注：以上金额仅为人工控制，目的是为区分网点和控制风险。各行具体规定会有所不同。

 ［知识链接1-1］ **不相容业务操作岗位分离分设要求**

营业机构柜员劳动组合必须坚持不相容业务操作岗位分设，做到相互制约、相互控制。

1. 印、证、机使用管理岗位设置，必须严格执行印证（机）分管、分用，平行交接制度，不得将本人经管的印、证、机随意交与他人使用。

2. 联行业务录入、确认岗位必须严格分开，严禁一人操作。票据交换提出岗位必须与复核及数据发送岗位分设。

3. 事后监督岗与业务处理岗位分设。设置专职复核员、综合员的，滞后复核由综合员兼职的，该柜员不得兼办柜台业务；滞后复核、事后复审不得与日间业务交叉。

4. 库房管理与柜台现金收付岗位分设。设置专职总出纳岗位的，总出纳掌管一把库房钥匙负责库房现金及重要空白凭证管理，总出纳与柜台现金收付业务不得交叉；临柜柜员兼职总出纳的，该柜员办理现金调拨、出入库和重要空白凭证调拨、领发交易必须由会计主管授权审查。

【活动练习】

1. 选择几家银行观察其岗位设置情况。

2. 选择一家银行办理一笔业务，观察其业务分工与授权的操作过程。

 **模块二**
银行柜员服务规范练习

能力目标

熟悉银行服务人员的仪表、仪态、仪容要求，掌握银行服务人员的礼仪规范；能够准确熟练地使用文明服务用语，能够用得体的服务规范语言与客户沟通。

工作任务 银行柜员规范服务

项目活动1 银行柜台服务礼仪规范学习

【活动目标】

学习银行柜台服务礼仪规范，能在业务实践中具体运用。

【基本知识】

一、银行工作人员仪表要求

1. 工作时应穿统一的行服。着装端庄大方，平整洁净。

2. 男员工穿行服时应配穿衬衣、深色皮鞋、深色袜子和佩戴领带，衬衣下摆不得露在西装外。

3. 女员工穿行服时应配套，袜子应与行服颜色相称，长袜不应带图案，袜口、衬裙不得外露。

4. 服装不得有油渍、汗渍或褶子，袖口、裤口不得翻卷（见图1-2）。

图1-2 柜员仪容仪表示范图

二、银行工作人员仪容要求

1. 银行工作人员仪容应以干净、整洁、素雅、大方为标准，员工发型应与本人气质脸型相适应，头发梳洗干净整齐，不能梳奇异发型，指甲修剪整齐，不能留长指甲、染指甲。

2. 男员工发脚侧不过耳，后不过领，不能留胡须，不准剃光头，不准留长发，不准染自然色以外的颜色。

3. 女员工淡妆上岗，不能浓妆艳抹。长发要盘起或束起，有刘海应保持在眉毛上方，不得染自然色以外的颜色。不能佩戴夸张饰品。

4. 银行员工都应注意个人卫生，保持面部、口腔清洁，身体无汗味、异味。

三、银行工作人员仪态要求

1. 举止文明礼貌，符合礼节。

（1）与客户交谈时亲和友善，面带微笑，情绪平和适度。

（2）工作时精神饱满，精力集中，服务热情。

2. 站姿、坐姿和手势应大方、标准，态度不轻浮。

（1）客户临柜时应主动起立迎接，站姿自然得体。平时站姿应正确，挺胸、下颌微收，双手自然下垂，脚跟并拢，脚尖略微张开，双手不得抱在胸前、叉腰或插入衣服口袋（见图1-3）。

（2）坐着办理业务时，应坐姿端正，不得躺靠在椅子上，不可摇身或摇动双脚。女员工要注意双膝并拢（见图1-4）。

图1-3 柜员站姿图

图1-4 柜员坐姿图

（3）示意客户时，要用手心向上五指并拢的手势，不得用单指或手心向下的手势（见图1-5）。

图1-5 柜员示意图

（4）柜员在与客户交接钱物时，手势符合双手递物的规范，不得有将钱物单手交递、扔、摔钱物等行为。

（5）在营业场所走动时要抬头挺胸，不得手揣衣兜，步伐要不紧不慢，见到客户时应礼让（见图1-6）。

3. 举止行为要稳重，重视客户。

（1）不得在营业范围内嬉戏、大笑、叫嚷，应给客户稳重认真的感觉。

（2）与客户交流时，应面向客户，切忌背向客户，以免使客户有不受重视的感觉。

（3）在为客户办理业务的过程中不得与同事讨论与业务无关的事情。

【活动练习】

1. 两个学生一组，相互评价对方的着装、发型、打扮等是否符合银行柜员的职业要求。

2. 请学生进行模拟演示，评价其站姿、坐姿、走姿等是否符合银行柜员的职业要求。

图1-6 柜员走姿图

项目活动2　**银行柜台服务语言规范学习**

【活动目标】

学习银行柜台服务语言规范，能在业务实践中具体运用。

【基本知识】

一、银行服务用语基本要求

亲切、朴实、真诚、准确、简练、文明。

二、银行文明服务用语十字要诀

构成文明服务用语的基本词汇是：请、您好、对不起、谢谢、再见。使用文明服务用语就是在为客户服务的过程中将上述十个字灵活地加以运用。

一般来说，不管目的为谁，只要劳驾客户时，都要在语言前面加个"请"字（如请把单据收好）；不管什么原因，凡是没有满足客户要求时都要在语言前面加上"对不起"（如对不起，您写的凭条不正确，请再填写一张）；不管目的为谁，只要客户满足了员工提出的要求都要说一声"谢谢"（如谢谢您的配合）。

柜面人员在工作中，要坚持使用"请、您好、对不起、谢谢、再见"十字文明用语。

三、银行柜面规范服务用语

1. 接听客户电话时，主动自我介绍："您好，××银行。"交谈结束应说"再见"，待对方挂机后再放电话。

2. 给客户打电话时，主动表明身份："您好，我是××银行××支行（网点）。"

3. 接待客户时使用："您好，请问您办理什么业务？"或"您好，请问有什么事我可以帮忙吗？"

4. 客户办理不需提供相关证明、资料的业务时，应说："请稍候，我马上为您办好。"

5. 客户办理需提供相关证明、资料的业务时，应说："对不起，请您出示××资料（证件）。"

6. 客户提供的资料不全时，应说："对不起，根据规定，办理这项业务需要提供××资料，这次让您白跑一趟真是抱歉！"

7. 客户办理的业务需相关部门或人员签字时，应说："对不起，根据规定这笔业务需要××部门（人员）签字，麻烦您去办理签字手续。"

8. 办完业务后，应说："您好，这是您办理××业务的回执，请收好。"

9. 客户进行咨询，若询问的内容自己不太清楚（或不能处理），应说："对不起，请稍候，待我请示一下负责人。"

10. 客户的要求与国家政策、银行规定相悖时，应说："非常抱歉，根据规定我不能为您办理这项业务，希望您能谅解。"

11. 当客户出现失误且更正后可以办理时，应说："对不起，您的××有误（指明错误之处），请您重新办理一下。"

12. 办理业务时，因特殊原因需接听电话时，应说："对不起，我接一下电话，请稍候。"接完电话后应说："对不起，让您久等了。"

13. 临时出现设备故障，应说："请原谅，计算机线路暂时出现故障，我们在尽快排除，请稍候。"

14. 客户代办必须由本人亲自办理的业务时，应说："对不起，这项业务应该由本人亲自办理。请您通知本人来我行办理，谢谢您的配合。"

15. 办理的业务需客户签字时，应说："请您在这里签名！"

16. 收到客户的投诉、建议时，应说："非常感谢您对我们的工作提出宝贵意见，请您留下姓名和电话号码，我们处理后尽快与您联系。"

17. 客户向自己表示歉意或谢意时，应说："没关系，这是我们应该做的。"

18. 与客户道别时，应说："感谢您对我们工作的支持，欢迎您再来。"

19. 当客户对凭证有疑问时，应说："您有什么疑问？我来为您解释。"

20. 当业务繁忙时，应说："请您稍候，我马上为您办理。"

【活动练习】

1. 李女士到银行办理人民币定期储蓄存款业务，这笔业务不仅需要客户填写凭证，而且还需出示身份证等有关证件。请学生模拟银行柜员身份演示办理此笔业务的接待过程。

2. 一位年逾古稀的老人来到银行办理活期储蓄存款的取款业务。请学生模拟银行柜员演示接待过程。

3. 张先生到银行来办理定活两便存款业务，银行柜员在办理业务点收现金时，发现其中有一张 100 元假币。请学生模拟银行柜员演示接待处理过程。

模块三
银行柜员书写规范练习

能力目标

能正确进行数字大写、小写的书写，能正确按照银行业务制度的规定，书写会计凭证、会计账簿、会计报表等有关会计资料的数字。

工作任务　金额与日期书写规范练习

项目活动1　小写金额书写练习

【活动目标】

掌握小写金额数字书写规范，能在业务实践中进行小写金额的规范书写。

【基本知识】

一、数字书写的基本要求

1. 位数准确。用数字来计算时，数的位数是由该数首位数的数位决定的。如1,234，首位数"1"的数位是千位。所以这个数是千位数，即一千二百三十四，也叫四位数。

2. 书写清楚，容易辨认。书写数字，必须字迹清晰、笔画分明，一目了然。各个数字应有明显的区别，以免混淆。

3. 书写流畅，力求规范化。为了使计算工作达到迅速准确，数字书写力求流畅、美观、规范化。

二、阿拉伯数字的书写

（一）阿拉伯数字书写的有关规定

1. 数字的书写与数位结合在一起写数时，每一个数字都要占一个位置，各个位置表示各种不同的单位。数字所在位置表示的单位，称为数位。数位是按照个、十、百、千、万的顺序，由小到大，从右到左排列的，但写数和读数的习惯，都是由大到小，从左到右的。

2. 数的整数部分，采用国际通用的三位分节制，从个位向左每三位数字用分节号","分开。例如，15,345,678。

（二）数的读法

1. 万以下数的读法。从最高位起，顺着位次每读一个数字，接着就读出这个数字所对应的数位名称。例如，54,321应读成五万四千三百二十一。

2. 万以上数的读法。对于千万、百万、十万这些数位上的数字，读出数字和数位上的第一个字，数位名称第二个字"万"不读出来，例如，987,654,321应读成九亿八千七百六十五万四千三百二十一。

3. 中间有"0"的数。对于数字中间的"0"，只读出数字"零"，而不读出数位名称。如果数字中间有连续几个"0"时，可以只读一个零。例如，3,605读成三千六百零五，8,002读成八千零二。

4. 后面有"0"的数。对于数字最后面的"0"，既不读出"零"也不读出数位的名称，例如，2,100读成二千一百。

（三）账表凭证上阿拉伯数字的书写要求规范化

1. 数字的写法是自上而下，先左后右，要一个一个地写，不要连写以免分辨不清。

2. 斜度约以六十度为准。

3. 高度以账表格的二分之一为准。

4. 除7和9上低下半格的四分之一，下伸次行上半格的四分之一外，其余数字都要靠在底线上。

5. 6的竖上伸至上半格的四分之一处。

6. 0字不要有缺口。

7. 从有效数最高位起，以后各格必须写完（见图1-7）。

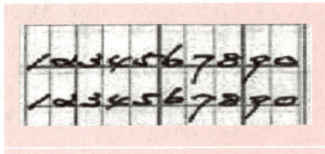

图1-7 账表凭证上阿拉伯数字的书写

 [知识链接1-2]

1. 人民币（元）符号"￥"的由来和使用。"￥"应念做"元"，是人民币（元）的简写符号，是汉语拼音"YUAN"（元）的缩写，它代表人民币单位（元），也表明货币种类（人民币）。小写金额前写"￥"以后，数字之后就不要再写"元"了。例如，￥7,300.06即为人民币柒仟叁佰元零陆分。

2. 用阿拉伯数字表示小写金额时，应该怎样表示？书写时，其数目前不得写上"人民币"字样。金额数目若没有角和分时，应写上"0"，不得以"-"或"元"字代替。例如，￥6,278.00不得写成￥6,278.-或￥6,278元。

【活动练习】

1. 在下面账页内抄写10个阿拉伯数字。

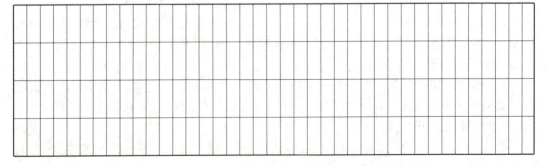

2. 将下列各金额数字分别抄入账页内。

41. 35	1, 985. 03	52, 471. 39	6, 195. 46	3, 971. 46
4, 820. 16	7, 507. 15	6, 189. 03	92, 530. 16	52, 836. 49
5, 976. 33	2, 389. 34	7, 603. 28	2, 607. 83	75. 56
6, 543. 09	8, 496. 57	5, 718. 39	5, 841. 39	21, 063. 45
2, 953. 36	3, 819. 26	1, 278. 58	3, 847. 17	6, 098. 10
16, 541. 78	9, 280. 42	65. 74	72, 043. 92	3, 418. 29
72, 580. 97	5, 418. 36	2, 570. 56	15. 45	1, 518. 23
8, 149. 06	49, 570. 65	3, 948. 09	4, 809. 30	9, 261. 68

项目活动 2　大写金额书写练习

【活动目标】

掌握大写金额数字书写规范，能在业务实践中进行大写金额的规范书写。

【基本知识】

一、用正楷或行书书写

中文大写金额数字应用正楷或行书书写，正确写法如表 1 - 2 所示。

表 1 - 2　　　　　　　　　中文大写金额数字的规范写法

壹	贰	叁	肆	伍	陆	柒	捌	玖	拾	佰	仟	万	亿	元	角	分	零	正	整
壹	贰	叁	肆	伍	陆	柒	捌	玖	拾	佰	仟	万	亿	元	角	分	零	正	整

不得用一、二（两）、三、四、五、六、七、八、九、十、念、毛、另（或０）填写，不得自造简化字。如果金额数字书写中使用繁体字，如陆、億、萬等的，也应受理。

二、"人民币"与数字之间不得留有空隙

有固定格式的重要凭证，大写金额栏一般印有"人民币"字样，数字应紧接在人民币后面书写，在"人民币"与数字之间不得留有空隙。大写金额栏没有印好"人民币"字样的，应加填"人民币"三字。

三、有关"整"字的用法

中文大写金额数字到"元"为止的，在"元"之后，应写"整"（或"正"）字，在"角"之后可以不写"整"（或"正"）字。大写金额数字有"分"的，"分"后面不写"整"（或"正"）字。

四、有关"零"的写法

1. 阿拉伯小写金额数字中间有"0"时，中文大写金额要写"零"字。如

¥1,905.80,应写成人民币壹仟玖佰零伍元捌角。

2. 阿拉伯小写金额数字中间连续有几个"0"时,中文大写金额中间可以只写一个"零"字。如¥7,003.16,应写成人民币柒仟零叁元壹角陆分。

3. 阿拉伯小写金额数字万位或元位是"0",或者数字中间连续有几个"0",万位、元位也是"0",角位不是"0"时,中文大写金额中可以只写一个"零"字,也可以不写"零"字。如¥1,260.42,应写成人民币壹仟贰佰陆拾元零肆角贰分,或者写成人民币壹仟贰佰陆拾元肆角贰分;如¥105,000.83,应写成人民币壹拾万伍仟元零捌角叁分,或者写成人民币壹拾万零伍仟元捌角叁分。

4. 阿拉伯小写金额数字角位是"0",而分位不是"0"时,中文大写金额"元"后面应写"零"字。如¥15,608.09,应写成人民币壹万伍仟陆佰零捌元零玖分,又如¥347.05,应写成人民币叁佰肆拾柒元零伍分。

五、壹拾几的"壹"字,不得遗漏

✉ **特别说明:**银行需要填列大写金额的凭证均属重要凭证。凡是重要凭证大小写金额填写错误时,不能更改,应另行填制新凭证。

〰 **动动脑** 下列转账支票的大小写金额(见图1-8),哪张的书写是正确的?

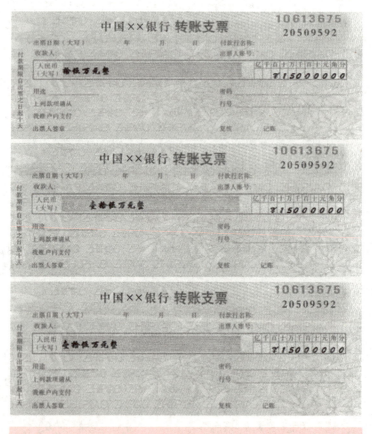

图1-8 转账支票凭证填写

【活动练习】

1. 在下列表格中用签字笔或钢笔练习中文数字的书写。

壹	贰	叁	肆	伍	陆	柒	捌	玖	拾	佰	仟	万	亿	元	角	分	零	正	整

2. 将下列小写金额数字写成中文大写金额数字。

小写金额	大写金额	小写金额	大写金额
¥300.00		¥8,600,000.07	
¥65,731.98		¥1,409.50	
¥7,250.60		¥6,007.14	
¥100,200.00		¥107,000.53	
¥15.06		¥16,409.02	
¥40,093,000.00		¥325.04	
¥13,004.00		¥48,039.57	

3. 请审核下列的大小写金额是否一致，有无书写错误。

（1）¥3,608.09　　　人民币叁仟陆佰零捌元零角玖分
（2）¥2,750.14　　　人民币贰千柒佰伍拾元壹角肆分
（3）¥18.00　　　　人民币拾捌元整
（4）¥71,200.60　　人民币染万壹仟贰佰元陆角
（5）¥650,173.28　　人民币陆拾伍万壹佰柒拾叁元贰角捌分
（6）¥8,359.37　　　人民币捌仟叁佰玖拾伍元叁角柒分

项目活动 3　日期书写练习

【活动目标】

掌握日期书写规范，能在业务实践中进行日期的规范书写。

【基本知识】

1. 票据的出票日期必须使用中文大写数字来书写。

2. 为防止变造票据的出票日期，应按照以下要求书写：

（1）月的写法规定：

1 月、2 月前加"零"，如 1 月，写作"零壹月"。

11 月、12 月前加"壹"，如 11 月，写作"壹拾壹月"。

10 月前加"零壹",写作"零壹拾月"。

（2）日的写法规定：

1 日至 10 日、20 日、30 日前加"零",如 30 日,写作"零叁拾日"。

11 日至 19 日前加"壹",如 11 日,写作"壹拾壹日"。

✉ **特别说明**：票据的出票日期使用小写填写的,银行不予受理。大写日期未按要求规范填写的,银行可予受理,但由此造成损失的,由出票人自行承担。

【活动练习】

1. 请写出下列日期的中文大写写法。

（1）2014 年 12 月 30 日

（2）2014 年 10 月 8 日

（3）2015 年 4 月 21 日

（4）2014 年 11 月 20 日

（5）2015 年 2 月 1 日

（6）2015 年 3 月 10 日

2. 请为 2015 年 1 月 18 日签发的银行汇票填写大写出票日期。

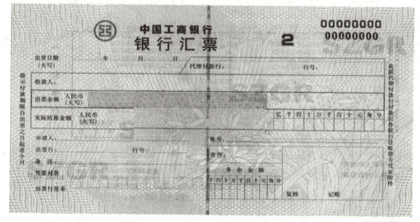

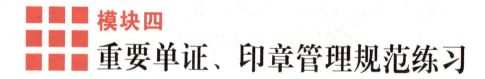

模块四
重要单证、印章管理规范练习

能力目标

能按照银行重要单证的管理规定正确进行重要单证的领用、签发、出售和作废处理；能按照银行印章的管理规定,进行印章的领用和保管。

基本知识

一、重要单证

1. 重要单证包括有价单证和重要空白凭证。有价单证是指经批准发行的印有固定面额的特殊凭证，主要包括银行发行或银行代理发行的实物债券、旅行支票、定额存单以及印有固定面额的其他单证。重要空白凭证是指无面额的经银行或客户填写金额并签章后，具有支付票款效力的空白凭证，包括各类存折、存单、存款开户证实书、支票、汇票、本票、银行卡、外汇兑换水单、债券收款凭证及其他重要空白凭证等。

2. 重要单证的使用和管理。

（1）各种重要单证必须由专人负责保管，建立严密的进出库和领用制度，坚持章证分管的原则。

（2）柜员领用重要单证时，每开启一箱（包）重要单证，必须逐捆（本）清点，每开启一捆（本）重要单证时，必须逐本（份）进行清点，不能只点大数，防止印刷重号、跳号、漏号。

（3）柜员每班使用重要单证时，必须顺号使用，不得跳号使用。

（4）各种重要单证应纳入表外核算，有价单证以面额入户，重要空白凭证以一份1元的假定价格入账。

（5）重要单证保管人员变动时，应按会计人员变动的有关规定办理交接手续，经监交人员、接交人员核对，达到账簿、账表、账证（实）三相符后，方可办理交接手续离岗。

（6）重要单证在未使用前，不得事先加盖相关业务印章和个人名章。

（7）任何部门和个人不得以任何名义将重要单证挪作他用。

（8）每日营业终了，各柜员及重要单证保管人员必须核点各类重要单证的库存数量、号码，与重要单证登记簿及报表表外科目核对。重要单证登记簿数字必须与实物、报表数字核对一致，做到账实、账表相符。

二、业务印章

1. 会计业务印章分为重要业务印章和一般业务印章。重要业务印章包括汇票专用章、本票专用章、储蓄业务专用章、结算专用章、票据交换专用章、信用证专用章等专用章。一般业务印章包括业务清讫章等。

2. 业务印章的使用和管理。

（1）各种专用印章不仅要有专人保管用印，而且不得散乱放置，要把印章存放在带锁的印章盒里。

（2）营业时打开印章盒，如临时离岗，印章盒要上锁，做到"人在章在，人走章锁，严禁托人代管"。

（3）营业终了，各柜台的柜员必须对所使用的印章进行认真清点，核对相符后，入箱上锁，放入保检柜保管。印章保管人员遇公差或因事请假，应办理交接及登记手续，会计主管负责监交。

（4）严格各种专用印章的使用范围，个人之间不得私自授受专用印章，因个人之间授受专用印章出了问题，原保管人员要承担连带责任。

（5）印章的加盖应清晰到位，严禁在重要单证上预盖印章。

（6）各种印章、名章要爱护使用，应经常保持印章清洁、字迹清晰。

工作任务　重要单证和印章的使用保管

项目活动1　重要单证领用

【业务引入】

2015年4月8日，模拟银行金苑支行柜员周虹向凭证管理员李丽领用20本储蓄存折、30份储蓄存单。

【活动目标】

掌握柜员领用重要单证的业务处理规定，能按照业务规程正确进行重要单证领用业务的操作。

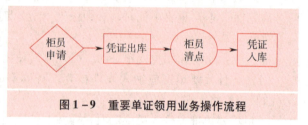

图1-9　重要单证领用业务操作流程

【操作流程】

重要单证领用业务操作流程见图1-9。

【操作步骤】

1. 柜员申请。营业网点柜员领用重要空白凭证，需填写重要单证出/入库单（见图1-10），填写所要领用的凭证名称、数量，加盖本人名章经主管签章同意后，向凭证管理员申请领用。

2. 凭证出库。凭证管理员审核营业网点柜员填制的重要单证出/入库单后，登记重要空白凭证登记簿，办理凭证出库。使用"凭证出库"交易完成凭证出库。记账完毕后，打印交易流水。

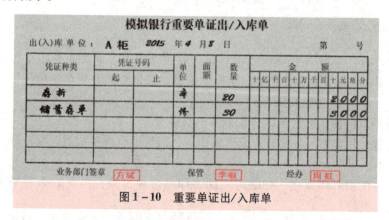

图1-10　重要单证出/入库单

3. 柜员清点。营业网点柜员领用重要空白凭证时，需逐份清点凭证。每开启一捆（本）重要单证时，必须逐本（份）进行清点，不能只点大数，防止印刷重号、跳号、漏号。

4. 凭证入库。营业网点柜员使用"柜员领入凭证"交易完成凭证入库。记账完毕后，打印交易流水，填制表外科目收入凭证（见图 1－11），出入库单作表外科目收入凭证的附件，并登记柜员重要空白凭证登记簿（见图 1－12）。

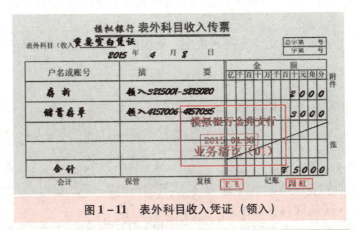

图 1－11　表外科目收入凭证（领入）

图 1－12　重要空白凭证、有价单证登记簿

 [知识链接 1-3]　发现重要单证遗失或印刷错误时的处理

如果发现重要单证遗失或发现印刷重号、跳号、漏号时，应当及时向网点负责人报告，支行应当及时向分行作出书面报告，不得拖延及隐瞒；如果发现属于印刷差错的，应当整捆（本）退回分行。

对遗失重要单证的当事人，应视情节轻重进行处罚；若遗失的重要单证给银行造成经济损失，应追究当事人经济责任。

【活动练习】

模拟银行金苑支行当日发生下列业务：

1. 柜员向重要空白凭证保管人领入 1 本现金支票（3320976—3321000）、2 本转账支票（4562976—4563025）、1 本银行汇票（91200376—91200400）。

2. 柜员向重要空白凭证保管人领入 5 本储蓄存折（2516001—2516005）、8 份储蓄存单（65453001—65453008）。

要求以模拟银行金苑支行柜员的身份进行相应业务的处理。

项目活动2　重要单证出售

【业务引入】

2015 年 4 月 8 日，开户单位大顺股份公司来模拟银行金苑支行购买 1 本转账支票。

【活动目标】

掌握柜员出售重要单证的业务处理规定，能按照业务规程正确进行重要单证出售业务的操作。

【操作流程】

重要单证出售业务操作流程见图 1 – 13。

【操作步骤】

客户需要购买重要单证时，应填写一式五联空白收费凭证请购单（见图 1 – 14），第一联是回单，第二联是借方凭证，第三联是工本费记账凭证，第四联是手续费记账凭证，第五联是邮电费记账凭证，在第二联上加盖预留银行印鉴后提交开户行。

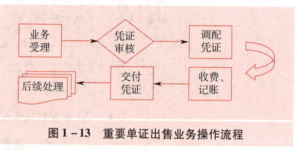

图 1–13　重要单证出售业务操作流程

1. 业务受理。银行柜员受理客户提交的空白收费凭证请购单（见图 1 – 14）。

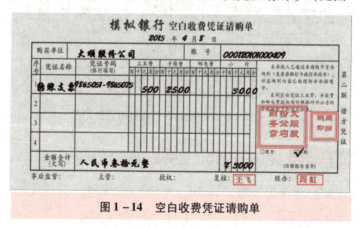

图 1–14　空白收费凭证请购单

2. 凭证审核。柜员核对请购单的签章与预留银行签章，一致后核查请购人的身份证件。

3. 调配凭证。柜员按照客户需要的凭证种类、数量，调配凭证，将凭证号码写在请购单上。

4. 收费、记账。柜员根据客户购买凭证的种类和数量，按照银行收费标准，向客户收取工本费、手续费、邮电费等相关费用。

5. 交付凭证和后续处理。柜员在请购单第一联加盖业务清讫章，连同调配好的重要空白凭证，一并交给客户。请购单第二联作借方凭证，第三联、第四联、第五联分别作凭证收费业务的贷方凭证凭以记账，填制表外科目付出凭证（见图1-15），登记柜员重要空白凭证登记簿（见图1-16）。

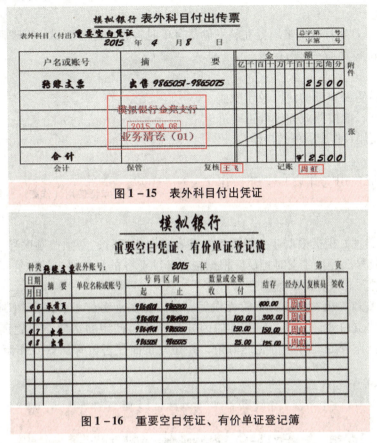

图1-15 表外科目付出凭证

图1-16 重要空白凭证、有价单证登记簿

 [知识链接1-4]

表1-3 银行主要业务凭证收费标准

品名	工本费（元/本）	手续费（元/笔）
现金支票	5.00	0.60
转账支票	5.00	1.00
本票	0.20 元/份	0.60
银行汇票	0.28 元/份	1.00
银行承兑汇票	0.28 元/份	按票面金额0.05%

【活动练习】

模拟银行金苑支行当日发生下列业务：

1. 柜员出售1本现金支票（3320976—3321000），应收单位（光明信息科技有限公司，账号：220101032186000195）购买现金支票工本费5元、手续费15元。

2. 柜员出售2本转账支票（4562976—4563025），应收单位（光明信息科技有限公司，账号：220101032186000195）购买转账支票工本费10元、手续费50元。

要求以模拟银行金苑支行柜员的身份进行相应业务的处理。

项目活动3　重要单证使用（作废）

【业务引入】

2015 年 4 月 8 日，柜员周虹在签发储蓄存单时将客户姓名填错，发现后将该存单作废处理，重新签发了一份新存单。

【活动目标】

掌握柜员重要单证的使用及作废业务的操作处理，能按照业务规程正确进行重要单证使用及作废业务的操作。

【操作流程】

重要单证使用（作废）业务操作流程见图 1－17。

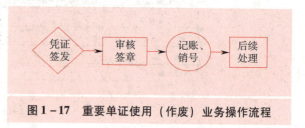

图 1－17　重要单证使用（作废）业务操作流程

【操作步骤】

1. 凭证签发。柜员根据业务需要签发重要空白凭证时，必须按顺序号（从小到大）使用，不得跳号。凭证签发时柜员应根据银行各项业务的具体要求按照凭证与票据的填写要求正确填写相关凭证要素内容。

2. 审核签章。填写的凭证审核无误后，加盖相关业务印章；对于填制错误、印刷有瑕疵的重要空白凭证，以及因其他原因导致不能再使用的重要空白凭证，应进行作废处理。进行作废处理时应将凭证剪角，并在其正面显著位置加盖"作废"戳记（见图 1－18）。

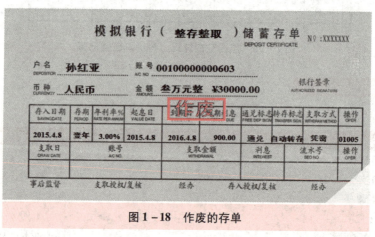

图 1－18　作废的存单

3. 记账、销号。经办柜员填制表外科目付出凭证（见图 1－19），使用相应业务交易，完成表外账务处理，打印交易流水作表外科目付出凭证的附件，销记柜员重要空白凭证登记簿（见图 1－20）。

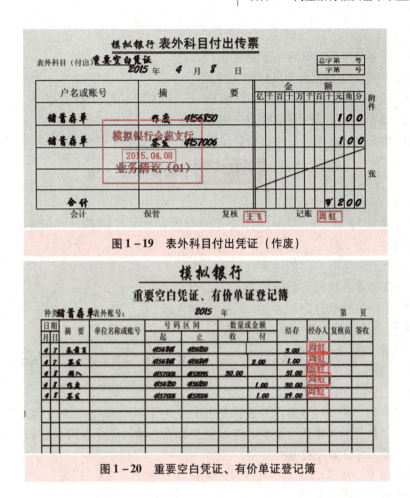

图1-19　表外科目付出凭证（作废）

图1-20　重要空白凭证、有价单证登记簿

4. 后续处理。柜员将相关记账凭证按要求整理后作当日传票装订保管，作废凭证须附当日传票后作附件。

 ［知识链接1-5］　**凭证填写的基本规范**

会计凭证是记账的依据，凭证的质量直接影响会计核算的质量。编制会计凭证的总体要求是：必须做到有根有据、要素齐全、符合规定、数字正确、字迹清楚、书写规范、不得涂改。

1. 填制凭证应用蓝黑墨水钢笔书写，套写凭证可用圆珠笔、双面复写纸书写，签发支票应使用碳素墨水或墨汁填写；

2. 套写凭证不准分张单写；

3. 阿拉伯字的书写不能连笔，凡阿拉伯数字前冠有"¥"符号的，数字后面不再写"元"字，所有以元为单位的阿拉伯数字，一律写到角分；无角分的，应以"0"补足；

4. 凡有特定格式凭证的经济业务，应使用专用的特定凭证，联数缺一不可，不能随便以其他格式的凭证代用；

5. 凡是规定由客户填写的凭证，银行工作人员一律不准代填。

【活动练习】

模拟银行金苑支行当日发生下列业务：

1. 柜员作废 1 份储蓄存单（65453001）。

2. 柜员签发 3 本储蓄存折（2516001—2516003）、2 份储蓄存单（65453002—65453003）、5 份银行汇票（91200376—91200380）。

要求以模拟银行金苑支行柜员的身份进行相应业务的处理。

项目活动 4　　**重要单证上缴**

【业务引入】

2015 年 4 月 15 日，柜员周虹向凭证管理员张丽上缴 3 本存折、5 份储蓄存单。

【活动目标】

掌握柜员上缴重要单证的业务处理规定，能按照业务规程正确进行重要单证上缴业务的操作。

【操作流程】

重要单证上缴业务操作流程见图 1 – 21。

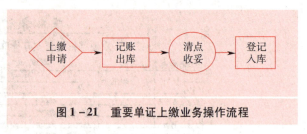

图 1 – 21　重要单证上缴业务操作流程

【操作步骤】

1. 上缴申请。柜员因业务需要不再使用重要空白凭证时，应及时上缴给本行凭证管理员。使用"柜员上缴凭证"交易，选择凭证种类，输入起止号码及凭证份数，"对方柜员号"中输入凭证管理员的柜员号。

2. 记账出库。柜员填制表外科目付出凭证（见图 1 – 22），记账完毕后，登记柜员重要空白凭证登记簿（见图 1 – 23）。

柜员填制重要单证出/入库单（见图 1 – 24），连同需上缴的凭证一并交凭证管理员签收。

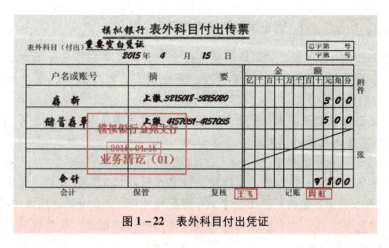

图 1 – 22　表外科目付出凭证

模拟银行

重要空白凭证、有价单证登记簿

种类 _库折_　表外账号：　　　　　　　　2015 年　　　　　　　第　　页

日期		摘要	单位名称或账号	号码区间		数量或金额		结存	经办人	复核员	签收
月	日			起	止	收	付				
4	7	承前页		3214928	3214940			13.00	周虹		
4	7	卖出		3214928	3214955		8.00	5.00	周虹		
4	8	领入		3215001	3215080	30.00		25.00	周虹		
4	8	卖出		3214936	3214959		4.00	21.00	周虹		
4	9	卖出		3214940	3214940		1.00	20.00	周虹		
4	10	卖出		3215001	3215005		5.00	15.00	周虹		
4	11	卖出		3215006	3215012	7.00		8.00	周虹		
4	14	卖出		3215013	3215017	5.00		3.00	周虹		
4	15	上缴		3215018	3215080	3.00		-0-	周虹		

图 1-23　重要空白凭证、有价单证登记簿

模拟银行重要单证出/入库单

出(入)库单位：　**A 柜**　　2015 年 4 月 15 日　　　　　第　　号

凭证种类	凭证号码		单位	面额	数量	金额										
	起	止				十亿	千	百	十万	千	百	十	元	角	分
库折	3215018	3215080	库		3							3	0	0	
销赁库单	4157051	4157055	张		5							5	0	0	

业务部门签章　**方斌**　　　　保管　**李丽**　　　　经办　**周虹**

图 1-24　重要单证出/入库单

3. 清点收妥。凭证管理员办理凭证入库时，主管或其指定其他人员应会同凭证管理员办理实物清点、入库工作，并在重要凭证出/入库单上共同签章。

4. 登记入库。凭证管理员登记重要空白凭证登记簿，使用"凭证入库"交易将重要空白凭证记入总库。重要单证出/入库单经凭证管理员签收后，作表外科目付出凭证的附件。

[知识链接1-6]　重要单证的销毁

除银行汇票、银行承兑汇票、商业承兑汇票由一级分行组织销毁外，其他重要空白凭证由二级分行统一进行销毁。销毁时，应由组织销毁部门填制一式两联重要单证（卡）销毁清单，报主管行长批准，由会计主管人员或结算专管员会同审计部门、保卫部门核实并监督销毁。各种重要空白凭证在销毁前，除原封未开的重要空白凭证可采取抽点法外，其余应当全部复点。如发现账实不符，应立即追查，在未查对落实前，一般不得销毁，情节严重的应将有关情况和处理意见及时向上级行报告。销毁完毕，必须由监销人员在重要单证（卡）销毁清单上注明销毁日期，并在监销人签章处签章。将一份重要单证（卡）销毁清单报分行备案。另一份销毁清单和作废重要凭证（卡）登记簿按年装订，随会计档案一同保管。

【活动练习】

模拟银行金苑支行当日发生下列业务:

1. 柜员上缴 2 本储蓄存折 (2516004—2516005)。

2. 柜员上缴 20 份银行汇票 (91200381—91200400)。

要求以模拟银行金苑支行柜员的身份进行相应业务的处理。

项目活动5 印章的领用

【业务引入】

2015 年 5 月 4 日,柜员周虹领用本票专用章。

【活动目标】

掌握柜员领用印章的业务处理规范,能在业务实践中具体运用。

【操作流程】

印章领用业务操作流程见图 1 - 25。

【操作步骤】

1. 预留印模。业务印章启用时必

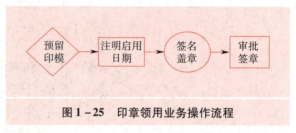

图 1-25 印章领用业务操作流程

须由相关经办人员在印章保管使用登记簿预留印模。

2. 注明启用日期。印章启用时需在印章保管使用登记簿上填写启用时间。

3. 签名盖章。印章的领用保管人要在印章保管使用登记簿上签名盖章。

4. 审批签章。经办双方签章后并经会计主管审批签章后,方可领取使用印章(见图 1 -26)。

图 1-26 业务印章领用登记簿

[知识链接 1-7] 银行几种主要印章的使用范围

1. 业务清讫章:适用于已处理的现金收付款凭证、转账凭证及回单。

2. 业务受理专用章:适用于受理客户提交而尚未进行账务处理的各种凭证的回执。

3. 结算专用章:适用于发出结算凭证如托收凭证等。

4. 汇票专用章：适用于银行汇票的签发、银行承兑汇票的承兑。

5. 本票专用章：适用于银行本票的签发。

6. 票据交换专用章：适用于提出同城票据交换的各类凭证。

7. 业务公章：适用于对外签发的重要单证和协议等。

8. 储蓄专用章：适用于对外签发的储蓄存单（折）和代理业务委托等特定业务申请书。

 ［知识链接1-8］

一、磁码机的使用和保管

银行在支票出售之前，必须对其进行打码，即在支票下方打印支票磁码。支票磁码是清分机的唯一识别码，磁码打印采用 E13BMICR 标准字模。一般情况下，磁码分 5 个域，从左至右分为支票号、交换行号、支票账号、交易码（或用途代码）和金额；出售支票时打印前 3 个域。提出票据交换的银行柜台在收到票据准备提出票据之前，要对提出的票据进行打码处理：对支票补打交易码、金额（见图 1-27）。

磁码机需指定专人使用保管，无关人员不得随意动用机器，营业期间，保管使用人应做到"人在机开，人走机锁"；营业结束后上锁寄库保管。

二、印鉴卡的使用和保管

印鉴卡应放入专用的印鉴簿内，专人负责保管，不得散失，保管使用人员离开或营业终了，要入箱保管。换人使用时，应做好交接登记。正副本印鉴卡应定期核对，并做好记录，发现问题要及时整改。

图 1-27　支票磁码机

采用手工验印的，验印人员采用折角或折叠验印方法验印后必须签章表示核对无误，如果是大额支付，必须实行复验印。

采用电脑验印的，应专人专机录入，严格操作人员的密码管理，非操作人员不得进入验印系统，操作人员离开验印机具时，应及时退出验印系统。

【活动练习】

模拟银行金苑支行当日发生下列业务：

1. 柜员领用业务清讫章一枚。

2. 柜员领用汇票专用章一枚。

要求以模拟银行金苑支行柜员的身份进行相应业务的处理。

动动脑　每日中午休息、下午营业终了时，印章、重要单证应如何保管？

项目活动6　柜员交接

【业务引入】

2015 年 5 月 10 日，柜员周虹因事短期离岗，和另一柜员沈强办理交接手续。

【活动目标】

掌握柜员交接的业务操作处理规范，能正确进行柜员业务交接。

【操作流程】

柜员交接业务操作流程见图1-28。

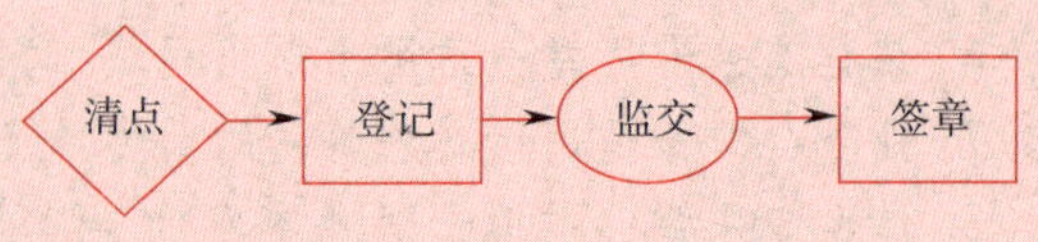

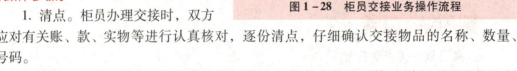

图1-28 柜员交接业务操作流程

【操作步骤】

1. 清点。柜员办理交接时，双方应对有关账、款、实物等进行认真核对，逐份清点，仔细确认交接物品的名称、数量、号码。

2. 登记。交接双方登记柜员交接登记簿，在柜员交接登记簿上详细列明交接的凭证、账簿、印章、重要机具以及应交接的其他物件等。

3. 监交。主办会计负责监交，监督交接双方按规定程序办理交接。

4. 签章。交接双方及监交人应在柜员交接登记簿及有关书面资料上签章证明（见图1-29）。

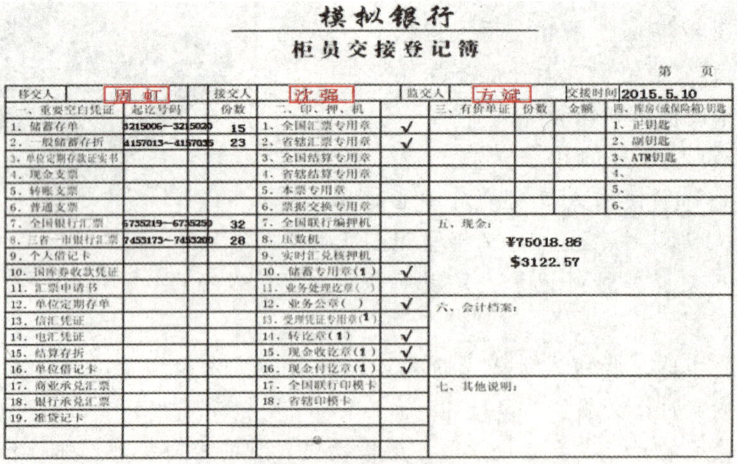

模拟银行
柜员交接登记簿

第　页

移交人	周虹		接交人	沈强		监交人	方健		交接时间	2015.5.10	
一、重要空白凭证	起讫号码	份数		二、印、押、机		三、有价单证	份数	金额	四、库房或保险柜钥匙		
1、储蓄存单	3215006～3215020	15		1、全国汇票专用章	✓				1、正钥匙		
2、一般储蓄存折	4157013～4157035	23		2、省辖汇票专用章					2、副钥匙		
3、单位定期存款证实书				3、全国结算专用章					3、ATM钥匙		
4、现金支票				4、省辖结算专用章					4、		
5、转账支票				5、本票专用章					5、		
6、普通支票				6、票据交换专用章					6、		
7、全国银行汇票	5735219～6735250	32		7、全国联行编押机		五、现金：					
8、三省一市银行汇票	7453173～7453200	28		8、压数机			¥75018.86				
9、个人借记卡				9、实时已兑核押机			$3122.57				
10、国库券收款凭证				10、储蓄专用章（1）	✓						
11、汇票申请书				11、业务处理章（ ）							
12、单位定期存单				12、业务公章（ ）	✓	六、会计档案：					
13、信汇凭证				13、受理凭证专用章（1）							
14、电汇凭证				14、转讫章（1）	✓						
15、结算存折				15、现金收讫章（1）	✓						
16、单位借记卡				16、现金付讫章（1）	✓	七、其他说明：					
17、商业承兑汇票				17、全国联行印模卡							
18、银行承兑汇票				18、省辖印模卡							
19、准贷记卡											

图1-29 柜员交接登记簿

✉ **特别说明：** 柜员轮班、短期离职和调离，必须办理交接手续。

【活动练习】

模拟银行金苑支行柜员甲因事短期离岗，和另一柜员乙办理交接班手续。

交接内容有：

1. 现金：¥25,000.00。

2. 凭证：1本转账支票（4562976—4563000）、2本储蓄存折（2516004—2516005）、5份储蓄存单（65453004—65453008）、12份全国银行汇票（91200389—91200400）。

3. 印章：业务清讫章（01）、受理凭证专用章（01）、全国汇票专用章、储蓄专用章（02）。

要求以模拟银行金苑支行柜员的身份进行相应业务的处理。

【小测试】

一、判断题

1. 银行十字文明用语为"请、您好、对不起、谢谢、稍等"。　　　　　（　　）

2. 有固定格式的重要凭证，大写金额栏一般印有"人民币"字样，数字应紧接在人民币后面书写，在"人民币"与数字之间不得留有空隙。　　　　　（　　）

3. 银行里的重要凭证大小写金额填写错误时可以更改，但填写人要签章证明。
　　　　　　　　　　　　　　　　　　　　　　　　　　　　　　　　（　　）

4. 重要单证由专人负责保管，建立严密进出库和领用制度，可以章证分离。
　　　　　　　　　　　　　　　　　　　　　　　　　　　　　　　　（　　）

5. 柜员每班使用重要空白凭证时可以跳号使用。　　　　　　　　　　（　　）

6. 各种重要凭证如填写错误不能使用时，应加盖"附件"戳记，并按要求整理后作当日传票装订保管。　　　　　　　　　　　　　　　　　　　　　　（　　）

7. 每日营业终了，柜员必须核对重要单证，其方式是核点各类重要单证的库存数量、号码，与重要单证登记簿核对相符。　　　　　　　　　　　　　　　（　　）

8. 重要单证在未使用前，不得事先加盖业务公章和柜员名章。　　　　（　　）

9. 磁码机保管使用人营业期间应做到"人在机开，人走机锁"。　　　（　　）

10. 柜员轮班时要办理交接手续。　　　　　　　　　　　　　　　　　（　　）

二、选择题

1. 柜员在其授权范围内，可以办理多币种、多种类的各项会计业务，承担相应经济责任的一种劳动组合形式是（　　　　）。

A. 双人临柜制　　　　B. 单柜员制　　　　C. 储蓄柜员制　　　　D. 综合柜员制

2. 下列关于柜员的职业形象表达正确的有（　　　　）。

A. 柜员上岗时可自由着装

B. 柜员不得化妆

C. 柜员不能佩戴首饰

D. 柜员上岗时应精神饱满，不能趴在柜台上

3. 账表凭证上阿拉伯数字的书写斜度角度大约是（　　　　）。

A. 30 度　　　　　　B. 40 度　　　　　　C. 50 度　　　　　　D. 60 度

4. 下列凭证中的中文大写金额书写正确的是（　　　　）。

A. ￥1,008.60　　　　人民币壹千零捌元陆角

B. ￥15.00　　　　　人民币拾伍元整

C. ￥7,300.06　　　　人民币柒仟叁佰零陆分

D. ￥101.50　　　　　人民币壹佰零壹元伍角整

5. 支票的出票日为 2015 年 2 月 20 日，按要求规范书写应写为（　　　　）。

A. 贰零壹伍年贰月贰拾日　　　　　　　　B. 贰零壹伍年另贰月另贰拾日

C. 贰零壹伍年零贰月零贰拾日　　　　　　D. 贰零壹伍年零贰月贰拾日

6. 对重要空白凭证下列表达正确的有（　　　）。

A. 重要空白凭证纳入表外核算，并以面额登记入账

B. 重要空白凭证的管理要坚持章证分管的原则

C. 柜员领入重要空白凭证时应进行清点，清点方法是卡大数、点尾数

D. 柜面使用重要空白凭证时应当顺号（从大到小）使用

7. 重要空白凭证以一份（　　　）的假定价格入账。

A. 1 元　　　　　　　　B. 2 元　　　　　　　　C. 5 元　　　　　　　　D. 10 元

8. 下列不属于重要空白凭证的是（　　　）。

A. 利息清单　　　　　　B. 银行汇票　　　　　　C. 定期存单　　　　　　D. 活期存折

9. 金额为（　　　）以下的人民币取现业务不需要授权办理。

A. 5 万元　　　　　　　B. 10 万元　　　　　　C. 50 万元　　　　　　D. 100 万元

10. 柜员对各种专用印章的使用保管表述错误的是（　　　）。

A. 专人保管用印　　　　　　　　　　　　B. 可以私自授受专用印章

C. 人在章在，人走章锁，严禁托人代管　　D. 营业终了入库保管

三、简答题

1. 请简述银行对柜员的仪容要求？

2. 请简述柜员应如何保管使用重要单证？

3. 请简述柜员应如何保管使用印章？

4. 请简述柜员应如何办理交接？

项目二 个人存款业务处理

学习目标：

熟悉银行日初业务的处理规范及相关业务工作内容；熟悉个人存款业务的相关制度规范，掌握各种人民币储蓄业务的操作流程与操作要点；掌握柜面日终平账的操作要点及注意事项；掌握柜员日终签退的操作方法；熟悉网点日终平账的操作要点及注意事项。

模块一
柜面日初操作处理

能力目标

能按银行网点营业前环境及设备检查工作流程打扫卫生、清洁设备、整理日常用具；能按安全检查工作流程进行安全检查；能按内部管理制度要求规范办理柜员签到，柜员钱箱交接，现金、重要空白凭证出库等手续。

基本知识

1. 银行临柜柜员主要的工作内容是直接面向客户办理现金存取、账务划转、单证挂失、业务咨询等柜面业务操作。

2. 按照银行业务处理与业务管理制度规范，银行临柜柜员每天基本的工作流程包括柜面日初操作处理、柜面日间业务操作处理、柜面日终操作处理三个环节。

3. 柜面日初操作处理主要包括柜员签到、柜员钱箱领用、物品准备等工作内容，主要是做好柜员营业前的各项准备工作，便于准时对外办理各项业务。

4. 柜面日间业务操作处理包括银行对客户提供的各种业务操作处理，如存款业务处理、贷款业务处理、结算业务处理、代理业务处理等，是银行柜员业务处理的主要内容。

5. 柜面日终操作处理是在一天营业结束后，银行临柜柜员进行轧账、账实核对、上缴钱箱等几项工作，以确保当天业务处理的准确性，保证资金安全，为第二天的营业作铺垫。

工作任务　柜员营业前准备工作

项目活动1　柜员签到

【活动目标】

熟悉柜员签到前的各项准备工作及签到的操作流程，养成良好的职业习惯。

【操作流程】

柜员营业前准备工作操作流程见图 2 - 1。

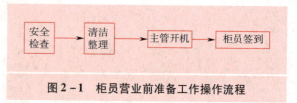

图 2 - 1　柜员营业前准备工作操作流程

【操作步骤】

营业网点柜台人员每日营业前应提前到达营业场所，并做好以下工作：

1. 安全检查（安全检查记录本见图2-2）。

（1）双人同时进入营业场所，并立刻撤除自动报警装置。

（2）检查报警铃等安全防卫器具是否正常、完好。

（3）检查二道门锁是否完好。

（4）检查录像监控设备是否可以正常使用。

日期	电源	门窗	电脑	打印机	铁皮柜	报警器	其他	签名
2.22	√	√	√	√	√	√	√	周虹

图2-2 安全检查记录本

2. 清洁整理。

（1）打扫营业柜台以外的卫生，擦拭客户等候区的桌椅、地面，保持窗明几净；整理营业厅及柜台摆放的各类存取款凭证和宣传资料；检查客户用的笔、墨、老花镜等各类便民服务设施是否齐全。

（2）打扫营业柜台内的卫生，整理柜面物品，做到整齐有序，不摆放与办公无关的任何物品及资料。

（3）清洁ATM及各种计算机、机器设备等机具；检查利率牌及日历牌的内容是否正确。

3. 主管开机。每日办理业务开始前，先要由网点业务主管进行主管开机，柜员才能进行签到操作。为保障系统的安全，必须对柜员进行操作权限认定。

4. 柜员签到。在主机开启成功后，柜员用自己的权限卡刷卡或指纹触摸显示器，登录签到界面。输入柜员号、钱箱号、操作密码（指纹签到不需要输入密码）后，签到即告完成，系统进入交易界面。

（1）柜员号。柜员号是柜员在一个中心范围内的唯一标识，也是柜员进入业务系统的唯一合法身份，通常由4~6位字符组成，字符可以是字母或数字，由系统运行中心按营业机构编码分配。

（2）钱箱号。每个柜员都需要建立一个自己的钱箱号。

（3）操作密码。每个柜员首次使用权限卡或权限卡处于待启用状态时，由会计结算部门负责人在计算机上为其启用权限卡，设定初始密码。柜员启用权限卡时，应先修改初始密码。若要修改密码，需要通过输入交易代码进入修改密码界面。营业网点的所有各级柜员应该按照规定，1个月至少更换一次操作密码，以保证系统及资金安全。

【活动练习】

模拟银行金苑支行当日发生下列业务：

1. 安全检查。

2. 营业场所环境清洁与物品整理。

3. 柜员签到。

要求以模拟银行金苑支行柜员的身份完成以上营业前准备工作。

项目活动2　柜员钱箱领用与物品准备

【业务引入】

2015年2月22日，柜员周虹领取钱箱。

【活动目标】

熟悉柜员钱箱领用和物品准备的操作流程，能按照业务操作规程规范进行实务操作。

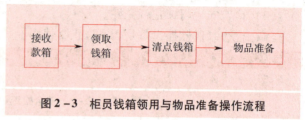

图2-3　柜员钱箱领用与物品准备操作流程

【操作流程】

柜员钱箱领用与物品准备操作流程见图2-3。

【操作步骤】

1. 接收款箱。运钞车辆到达网点，柜员必须先核实交接员身份，再由两名柜员凭交接清单办理清点、核实款箱数，确认无误后，与交接员一起将接入网点的款箱放置在通勤门内监控下，然后办理交接手续（网点款箱、封包发送清单见图2-4），若有不符应及时报告并查实处理。

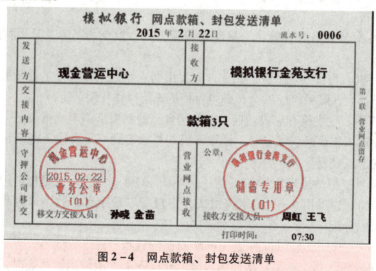

图2-4　网点款箱、封包发送清单

2. 领取钱箱。网点各柜员经业务主管授权后分别领取电子钱箱和实物钱箱。

3. 清点钱箱。柜员对电子钱箱与实物现金的币种、券别张数分别进行明细清点核对。若清点时发现实物现金与电子钱箱中的券别张数不一致，应立即对券别差额张数进行调整或按实物现金的券别张数重新录入，以确保电子钱箱与实物现金的券别张数一致。清点时若发现实物现金与电子钱箱不一致，必须及时报告业务主管查实处理。

4. 物品准备。柜员做好现金实物、重要空白凭证、业务印章等重要物品和工作机具的核对定位，准备对外营业。其中：重要空白凭证、业务印章等重要物品，网点有保险柜的从保险柜中取出，清点核对；不设保险柜的小网点从封包中取出，清点核对。有关印章日期应调整至营业当日。若柜员需离开，上述物品均应上锁保管在钱箱内。

【活动练习】

模拟银行金苑支行当日发生下列业务：

1. 接收款箱。

2. 领取钱箱。

3. 清点钱箱。

4. 物品准备。

要求以模拟银行金苑支行柜员的身份完成以上钱箱领用工作。

模块二
活期储蓄存款业务操作处理

能力目标

能按活期储蓄存款业务操作流程办理开户、支取、续存、销户和利息计算。

基本知识

1. 储蓄的概念及种类

（1）储蓄的概念。储蓄是指个人将其拥有的人民币或外币存入储蓄机构，储蓄机构开具存折（银行卡）或存单作为凭证，个人凭存折（银行卡）或存单可以支取本金和利息，储蓄机构依照规定支付存款本金和利息的活动。储蓄机构是指经中国银行业监督管理部门批准成立的商业银行、城乡信用社及邮政储蓄机构等。

（2）储蓄的种类。按现行的《储蓄管理条例》规定，储蓄机构经办的储蓄存款按期限分为活期储蓄存款、定期储蓄存款、定活两便储蓄存款、通知储蓄存款等。定期储蓄存款又可分为整存整取定期储蓄存款、零存整取定期储蓄存款、存本取息定期储蓄存款、整存零取定期储蓄存款、教育储蓄存款等。

2. 储蓄政策与储蓄原则

（1）储蓄政策。我国政府对储蓄采取保护和鼓励的政策。《中华人民共和国宪法》第十三条规定，国家保护公民的私有财产权。

（2）储蓄原则。"存款自愿、取款自由、存款有息、为储户保密"是储蓄的基本原则，是储蓄政策的具体体现，是办理储蓄业务必须遵守的基本准则。

①存款自愿。存款自愿是指储户对参加储蓄有充分的自主权，参加不参加储蓄、参加何种储蓄、存多少钱、存多长时间、存在哪一个储蓄机构，均由储户自主决定，任何机构和个人均无权干涉。

②取款自由。在符合《储蓄管理条例》和有关规章制度的前提下，取款自由是指储户什么时候取款、取多少、做什么用，由储户自行决定，银行必须照章支付，不得刁难或限制，不得过问存款来源和取款用途。

③存款有息。存款有息是指储蓄机构对任何储蓄存款应按照国家规定的利率计息办法，为储户准确计付一定的利息。它体现了储蓄存款利息收入的合法性和储户依法获取利息的基本权利。

④为储户保密。为储户保密是银行承担对储户及其存款的一切情况保守秘密的职责和义务，对储户的姓名、性别、年龄、身份、地址、签章式样、存款金额、支取时间、笔数、过户、继承等情况保守秘密，不得向任何人和机构透露（有权机关查询个人存款的情形除外，见项目二模块五中相关内容）。

储蓄原则是密切联系、相互补充、相互制约的，是一个有机的整体，在实际工作中必须全面贯彻执行。

3. 柜员在办理储蓄业务时应注意遵守的基本规定：

（1）要严格按照储蓄业务管理制度及有关规定办理储蓄业务。

（2）柜员必须在自己签到的终端上办理客户的储蓄业务；严禁柜员在自己签到的终端上办理本人储蓄业务；严禁其他柜员代为签章；严禁柜员在储蓄存、取款凭证客户签字确认处代客户签名。

（3）柜员办理储蓄业务必须认真审核凭证要素，保证存单（折）与凭证上的账号、户名、金额三相符。

（4）各类储蓄业务开户、大额取款（5万元以上或等值1万美元）及定期类储蓄存款的提前支取等，均应出示存款人身份证件，代理支取的应同时出示代理人身份证件。

（5）办理业务时应坚持一笔一清、一份一清、一笔业务未办理完毕，不得擅自离岗。

（6）柜员不得以任何理由删改存取款凭证上储户填写及银行打印的各项内容。

（7）一般业务当日复核，提前支取、挂失、解挂等特殊业务必须坚持当场复核。

（8）当出现现金错款时，要执行长款归公、短款自赔的规定，要及时告知主管柜员，严禁柜员私自处理。

（9）凡以手工计息的储蓄品种，柜员计算应付利息并经复核无误后，方可支付。发生计息差错需进行冲销或手工计息调整的，需经复核并经主管柜员审核批准后，方可办理。

4. 个人存款实名制。为了保证个人存款账户的真实性，维护存款人的合法权益，我国从2000年4月1日起，实行个人存款账户实名制。个人存款账户实名制规定个人在金融机构开立个人存款账户时，应当出示本人身份证件，使用实名。代理他人在金融机构开立个人存款账户的，代理人应当出示被代理人和代理人的身份证件。

实名制所指的有效证件包括：

（1）居住在中国境内16周岁以上的中国公民，为居民身份证或者临时居民身份证。

（2）居住在中国境内16周岁以下的中国公民，由监护人代理开立个人存款账户，出具监护人的有效实名证件以及账户使用人的户口簿。

（3）中国人民解放军军人，为军人身份证件（军官证和士兵证）；中国人民武装警察，为武装警察身份证件。若同时持有居民身份证的，也可以居民身份证作为实名证件。

（4）中国香港、澳门居民，为港澳居民往来内地通行证；中国台湾居民，为台湾居民来往大陆通行证或者其他有效旅行证件。

（5）居住在境内或境外的中国籍华侨，可出具中国护照。

（6）外国公民，为护照或外国人永久居留证。

5. 个人所得税。从中华人民共和国境内的储蓄机构取得人民币、外币储蓄存款利息所得的个人，应当依法缴纳个人所得税。

储蓄存款在 1999 年 10 月 31 日前孳生的利息所得，不征收个人所得税；储蓄存款在 1999 年 11 月 1 日至 2007 年 8 月 14 日孳生的利息所得，按照 20% 的比例税率征收个人所得税；储蓄存款在 2007 年 8 月 15 日至 2008 年 10 月 8 日孳生的利息所得，按照 5% 的比例税率征收个人所得税；储蓄存款在 2008 年 10 月 9 日后孳生的利息所得，暂免征收个人所得税。

利息税的计算公式为

$$代扣利息所得税＝应纳税利息额×税率$$

储蓄机构代扣个人利息所得税的税款时，应在给储户的利息清单上注明已扣税款的数额，注明已扣税款数额的利息清单，视同完税证明。

6. 活期储蓄存款的相关规定。活期储蓄存款是指不固定存期，可随时以现金存取和在同名账户之间转账的存款。人民币活期储蓄存款 1 元起存，多存不限。活期储蓄存款以结息日挂牌公告的活期储蓄存款利率计付，按季计息（每季末月 20 日结息，次日支付利息，并入本金）。未到结息日销户的，按销户日挂牌公告的活期储蓄存款利率计付利息。

☑️ 工作任务　活期储蓄存款业务操作处理

项目活动 1　活期储蓄存款开户

【业务引入】

2015 年 1 月 2 日，储户孙维到模拟银行金苑支行申请开立了活期存款账户，存入人民币现金 5,000 元。

【活动目标】

掌握活期储蓄存款开户业务的操作流程和操作方法，能按照业务规程正确进行活期储蓄存款开户操作。

【操作流程】

活期储蓄存款开户业务操作流程见图 2－5。

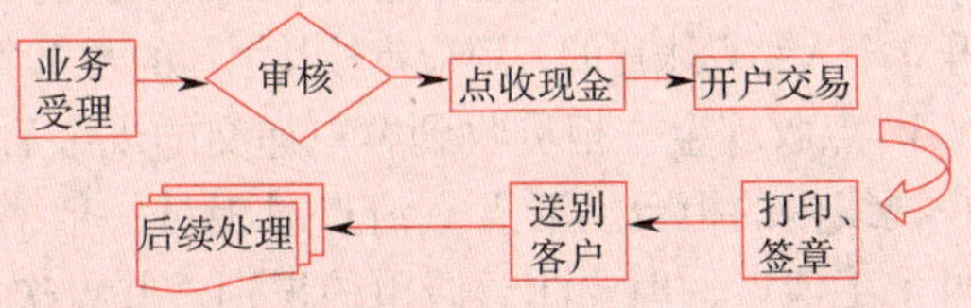

图 2－5　活期储蓄存款开户业务操作流程

【操作步骤】

1. 业务受理。柜员仔细聆听客户的开户要求（开立何种存款账户和存入现金的数量）。若客户要求开立个人活期存款结算账户，应先让客户填写开立个人银行结算账户申请书（见图 2－6）和储蓄存款凭条（见图 2－7），然后接收客户的有效身份证件和现金。若他人代理开户，还应接收代理人的身份证件。如果客户要求开立个人活期储蓄存款账户，则先让客户填写储蓄存款凭条。

模拟银行 开立个人银行结算账户申请书

编号： 申请日期： 2015年 1 月 2日 交易代码：

银行打印						
客户填写	姓名(中文)	孙 维		姓名(英文或拼音)	SUNWEI	
	身份证件名称	身份证	证件号码	330350197405160221		
	代理人证件名称		证件号码			
	通讯地址	杭州市解放路102号二单元101室		邮政编码	310001	
	联系人	孙 维	联系电话	85650122	支取方式	印鉴□ 密码☑ 任意□
	是否办卡	是□ 否☑	是否通兑	是☑ 否□	备 注	

图 2－6 开立个人银行结算账户申请书

模拟银行 存款凭条

2015年 1 月 2 日

户名：孙维 账号：

币种(√)人民币☑/美元□/港元□/其他：

钞/汇(√)：现钞□/现汇□/

金额	亿	千	百	十	万	千	百	十	元	角	分
					¥	5	0	0	0	0	0

业务种类(√)：活期☑/整整□/定期一本通□/定活□/零整□/教育□/通知□/国债□/其他：

存 期： 转存标志(√)：自动转存□/约定转存□/转存存期：

备注：

新开户请继续填写下列内容：

支取方式(√)：密码☑/证件□/印鉴□/ 通兑方式(√)：通兑☑/不通兑□

联系地址：杭州市解放路102号二单元101室

证 件 类 型：身份证 证件号码 330350197405160221

代理人证件类型： 证件号码 代理人签名：

图 2－7 存款凭条

2. 审核。柜员审核客户身份证件是否有效，并确定是否为本人（对身份证、户口簿等可以通过身份证联网系统进行核查的，必须核查）。若为代理他人开户的，还需审核代理人证件。若开立个人结算账户的，还应审核其填写的开立个人结算账户申请书内容的完整性和正确性。

3. 点收现金。柜员收到客户递交的现金后，先询问客户存款金额，然后在监控下和客户视线内的柜台上清点。清点时柜员一般需在点钞机上正反清点两次，金额较小时，也可手工清点，但要注意假币的识别，并再次与客户唱对金额。之后应将现金放置于桌面上，待开户业务办理结束后再予以收存。

收付款都要做到“一笔一清”。

（1）现金的清点程序：清点现金按“三先三后”程序操作，即先点大数（卡捆卡把），后点细数；先点主币，后点辅币；先点大面额票币，后点小面额票币。收入现金必须坚持手工清点，使用验钞机逐张核验（正面、背面各核验一遍，注意防范假币，区分版别）。

（2）现金的捆扎要求：收入的现金一旦可成把（纸币 100 张）、成卷（硬币 50 枚或 100 枚），要及时打把（卷），并在腰条侧面加盖柜员个人名章；可成捆（纸币 10 把，硬币 10 卷）的要及时打捆，打捆时做到捆扎牢固，随即放入现金箱保管，收妥的现金应按券别、残好分别归位入箱，做到一笔一清，妥善保管。

4. 开户交易。柜员输入开户交易代码，进入个人活期储蓄存款开户界面，刷存折、系统自动读取磁条信息，输入储户姓名、证件类型、证件号码、电话号码、邮政编码及地址。需凭密码支取的，请客户设置密码（一般要求输入两遍），确认无误后提交，发送主机记账。活期储蓄存款开户时的会计分录为

借：现金   5,000.00
贷：活期储蓄存款——孙维户   5,000.00

5. 打印、签章。若为个人结算账户开户，柜员取出新折，进行划折操作，然后根据系统提示打印存折（见图2-8）和开立个人银行结算账户申请书。若为个人储蓄账户开户，柜员根据系统提示打印存折以及存款凭条（见图2-9），并请客户在存款凭条上签名确认。

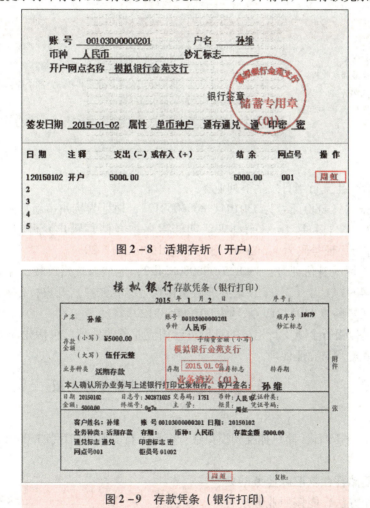

图2-8 活期存折（开户）

图2-9 存款凭条（银行打印）

柜员在存折上加盖储蓄专用章（或业务公章），在开立个人银行结算账户申请书上加盖业务公章，在存款凭条上加盖业务清讫章，最后在上述所有凭证上加盖柜员名章。

6. 送别客户。柜员将身份证件、存折（单）、开立个人银行结算账户申请书客户联交给客户后，送别客户。

7. 后续处理。柜员将现金放入钱箱，并将开立个人银行结算账户申请书银行留存联专夹保管，存款凭条作银行记账凭证整理存放。

 ［知识链接 2 - 1］

根据中国人民银行《人民币银行结算账户管理办法》的规定，活期存款账户分为结算账户和储蓄账户两种（见表 2 - 1），又包括普通存折（卡）和一本通两种形式。其中，一本通是集人民币、外币等不同币种于一折（卡）的活期存款账户。所以，个人活期存款开户既可开成结算账户，也可开成储蓄账户，其形式既可采用普通存折（卡），也可采用一本通。

表 2 - 1　　　　　　　　　　个人结算账户与储蓄账户的异同

共同点	区别
（1）均可以存取现金 （2）存款均可获得利息收入 （3）存款本人名下的个人结算账户和活期储蓄账户可以相互转账	（1）《人民币银行结算账户管理办法》实施后，在办理对外的资金转出或接受外部的资金转入时（包括本人异地账户汇款），只能通过结算账户办理 （2）储蓄账户只能办理本人名下的存取款业务和转账，而不能对他人或其他单位转账，也不能接受他人或其他单位的资金转入 （3）一般银行要对小额的储蓄账户收取账户管理费，而对结算账户不收取账户管理费

【活动练习】

模拟银行金苑支行当日发生下列业务：

1. 储户张君（身份证号为330104198606062122，地址为杭州市新塘路 27 - 186，电话13805410211）于 1 月 16 日来办理活期储蓄存款（储蓄账户）开户，存入人民币4,000 元（存折凭证号码为1250346，账号为001000538120202）。

2. 储户周坪（身份证号：330825198808082122，地址为杭州市教工路 51 - 123，电话0571 - 28840913）于 1 月 21 日来办理活期存款（结算账户）开户，存入人民币3,000元（存折凭证号码为3105421，账号为001000538120203）。

要求以模拟银行金苑支行柜员的身份进行相应业务的处理，包括凭证审核、业务数据录入、凭证盖章与凭证处理。

项目活动2　　**活期储蓄存款支取**

【业务引入】

2015 年 2 月 14 日，储户孙维到模拟银行金苑支行支取活期存款3,000元。

【活动目标】

掌握活期储蓄存款取款业务的处理流程和操作方法，能按照业务规程正确进行活期储蓄存款取款操作。

【操作流程】

活期储蓄存款取款业务操作流程见图 2 - 10。

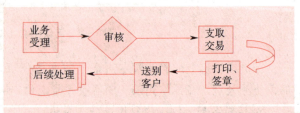

图 2 - 10　活期储蓄存款取款业务操作流程

【操作步骤】

1. 业务受理。柜员聆听客户口述取款要求，接收客户的储蓄存折等。若客户取款金额超过人民币 5 万元（含）的，还应接收客户的身份证件，他人代理的还应接收代理人的身份证件。

2. 审核。柜员与客户确认取款金额。审核客户存折的真实性和有效性；取款金额超过人民币 5 万元（含）的还应审核客户身份证件，并在待打印的个人业务取款凭证上摘录证件名称、号码、发证机关等信息。

3. 支取交易。柜员输入交易码，进入个人活期储蓄存款取款交易界面。根据系统提示划折后，系统自动反馈账号、户名、凭证号等信息，然后录入取款金额。待客户输入正确密码后，系统要求配款操作，然后进行电子配款和实物配款。现金人民币取款自复平衡，大额（超柜员权限）或外币取款的，需经有权人卡把复点，授权办理，配款结束后柜员确认提交。活期储蓄存款支取时的会计分录为

借：活期储蓄存款——孙维户   3,000.00

    贷：现金   3,000.00

若为他行通存支取的，则会计分录为

借：辖内往来

    贷：现金

4. 打印、签章。交易成功后，柜员根据系统提示打印存折（见图 2 – 11）和取款凭证（见图 2 – 12），核对后请客户在取款凭证上签名确认，并加盖业务清讫章和柜员名章。

5. 送别客户。柜员与客户唱对金额，无误，将现金和存折交客户，送别客户。

6. 后续处理。柜员整理、归档凭证，取款凭证作银行记账凭证或作当日机制凭证的附件整理存放。

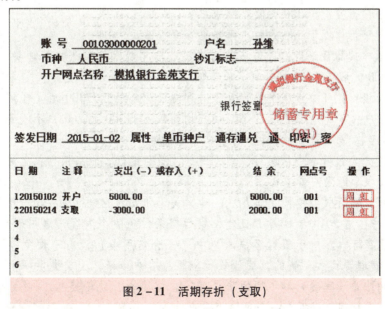

图 2 – 11　活期存折（支取）

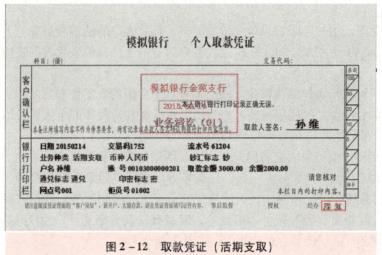

图 2 - 12　取款凭证（活期支取）

 ［知识链接 2 - 2］　**小额账户管理费**

小额账户管理费是银行针对日均余额低于一定数额的账户每月收取一定数额费用的账户管理费。一般各家银行都有这个收费项目，具体数额不同。小额账户管理费的收取反映银行经营理念的转变。

以下是各主要商业银行小额账户管理费的收取标准（仅供参考）。

（1）中国工商银行：低于 300 元收小额账户管理费 3 元/季度。

（2）中国农业银行：低于 500 元收小额账户管理费 3 元/季度。

（3）中国建设银行：低于 500 元收小额账户管理费 3 元/季度，且此类账户以年利率 0.01% 计利息。

（4）中国银行：低于 300 元收小额账户管理费 3 元/季度。

（5）交通银行：低于 500 元收小额账户管理费 3 元/季度。

（6）中国邮政储蓄银行：目前多数省市不收取年费和小额账户管理费；2010 年 10 月起按低于 300 元收 3 元/季度；部分城市低于 100 元收 3 元/季度。

（7）兴业银行：开户满 3 个月，且 3 个月内日均余额小于 300 元（含）的人民币个人活期存款账户收取 3 元/季度，3 个月内日均余额大于 300 元的账户不收费。开户未满 3 个月的账户不收费。具有指定功能的账户可免收费。

（8）中国光大银行、中信银行、华夏银行、浙商银行、北京银行、上海浦东发展银行目前暂不收取小额账户管理费。

根据《商业银行服务价格管理办法》和《关于印发商业银行服务政府指导价政府定价目录的通知》，自 2014 年 8 月 1 日起，银行有条件免收个人客户账户管理费、年费，并降低部分收费标准。对于银行客户账户中（不含信用卡）没有享受免收账户管理费（含小额账户管理费）和年费的，商业银行应根据客户申请，为其提供一个免收账户管理费（含小额账户管理费）和年费的账户（不含信用卡、贵宾账户）。这意味着每个公民在每个商业银行都可以拥有一个免费的账户。

【活动练习】

模拟银行金苑支行当日发生下列业务：

1. 储户张君于 2 月 23 日来支取活期储蓄账户存款 3,000 元。

2. 储户周坪于 2 月 25 日来支取活期结算账户存款 1,500 元。

要求以模拟银行金苑支行柜员的身份进行相应业务的处理，包括凭证审核、业务数据录入、凭证盖章与凭证处理。

项目活动 3　活期储蓄存款续存

【业务引入】

2015 年 3 月 6 日，储户孙维到模拟银行金苑支行续存活期存款4,000元。

【活动目标】

掌握活期储蓄存款现金续存业务的处理流程和操作方法，能按照业务规程正确进行活期储蓄存款续存操作。

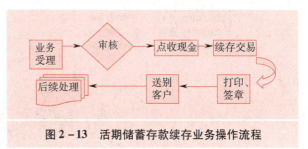

图 2 – 13　活期储蓄存款续存业务操作流程

【操作流程】

活期储蓄存款续存业务操作流程见图 2 – 13。

【操作步骤】

1. 业务受理。柜员聆听客户口述的存款要求，接收客户的储蓄存折和现金。客户在申请办理续存时，存在有折续存和无折续存两种情况。若为有折续存，客户可免填单，只需提供存折和现金。若续存金额大于 5 万元（含），应提供存款人身份证件，他人代理的，还应提供代理人身份证件。若为无折续存，则客户需填写个人业务（卡/无折）存款凭证，按汇款业务处理。

2. 审核。需提供身份证件的，柜员应审核身份证件的真实性和有效性。无折续存的，柜员应审核其填写的个人业务（卡/无折）存款凭证的内容是否完整、正确。

3. 点收现金。柜员先询问客户存款金额，然后在监控和客户视线内的柜台上，按照现金清点的"三先三后"程序点收现金。

4. 续存交易。有折续存时：柜员输入交易码，进入活期储蓄存款续存交易界面，划折后系统自动显示账号、户名、凭证号等信息，柜员根据系统提示录入存款金额等。

无折续存：柜员输入交易码，进入无折续存界面。柜员根据客户提交的个人业务（卡/无折）存款凭证上的信息录入相关内容，经业务主管授权确认后按系统提示操作。

活期储蓄存款续存时的会计分录如下：

借：现金　　　　　　　　　　　　　　　　　　　　　　　　　4,000.00

　　贷：活期储蓄存款——孙维户　　　　　　　　　　　　　　4,000.00

若为他行通存续存的，则会计分录为

借：现金

　　贷：辖内往来

5. 打印、签章。续存交易成功后，若为有折续存，打印存折（见图 2 – 14）和存款凭证（见图2－15）。若为无折续存，打印个人无折存款凭证。完成后，柜员进行核对，无误后请客户签名确认。

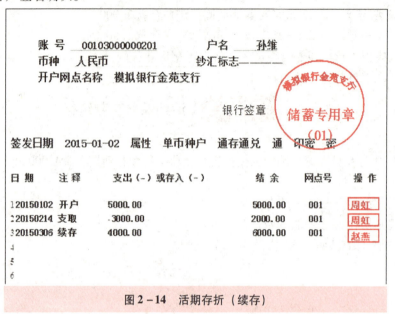

图2－14　活期存折（续存）

6. 送别客户。柜员在存款凭条上加盖业务清讫章和柜员名章，将存折或无折存款凭证客户联交给客户，送别客户。

7. 后续处理。柜员将现金放入钱箱，并将存款凭条作现金收入凭证整理存放。

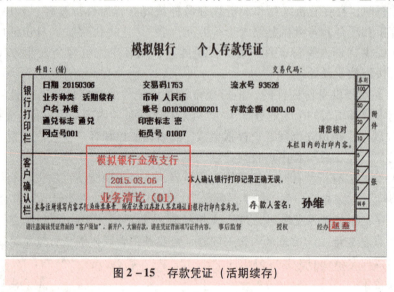

图2－15　存款凭证（活期续存）

 ［知识链接2－3］

活期储蓄存折记满页时，应更换新存折。换新存折时应将旧存折的存款余额过入新存折的第一行余额栏，并在摘要栏加盖"承前折"戳记，在旧存折的最后一栏加盖"过新折"戳记；旧存折还必须加盖换折业务章。旧存折收回作为当日存款或取款凭证的附件。

【活动练习】

模拟银行金苑支行当日发生下列业务：

1. 储户张君于 3 月 11 日来续存活期储蓄账户存款 5,000 元。

2. 储户周坪于 3 月 29 日来续存活期结算账户存款 1,000 元。

要求以模拟银行金苑支行柜员的身份进行相应业务的处理，包括凭证审核、业务数据录入、凭证盖章与凭证处理。

项目活动 4　活期储蓄存款销户

【业务引入】

2015 年 3 月 28 日，储户孙维到模拟银行金苑支行办理活期储蓄存款账户销户。

【活动目标】

掌握活期储蓄存款销户业务的操作流程和操作方法，能按照业务规程正确进行活期储蓄存款销户操作。

【操作流程】

活期储蓄存款销户业务操作流程见图 2 – 16。

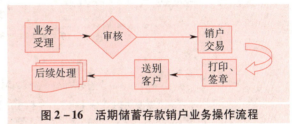

图 2 – 16　活期储蓄存款销户业务操作流程

【操作步骤】

1. 业务受理。柜员聆听客户口述取款要求，接收客户的储蓄存折等。若为个人结算账户销户，要请客户填交变更、撤销个人银行结算账户申请书；若客户销户本息超过人民币 5 万元（含）的，还应接收客户的身份证件，他人代理的还应接收代理人的身份证件。

2. 审核。柜员应审核客户是否符合销户条件，核查客户的有效身份证件，并批注在取款凭证上；凭印鉴支取的，客户需回开户行办理。

若为个人结算账户销户，审核变更、撤销个人银行结算账户申请书填写是否完整，核对存折和申请书上账号是否一致。若需提供身份证件的，应审核身份证件是否真实、有效，在待打印的取款凭证上摘录其身份证件名称、号码、发证机关等信息。

3. 销户交易。柜员输入交易码，进入个人活期储蓄存款销户交易界面。柜员根据系统提示划折后，界面显示账号、户名和凭证号等信息，柜员录入取款金额进行配款操作。完成后，经业务主管授权确认提交。活期储蓄存款销户时的会计分录为

借：活期储蓄存款——孙维户　　　　　　　　　　　　　　　6 003.35

　　利息支出——活期储蓄存款利息支出　　　　　　　　　　　　0.41

　　贷：现金　　　　　　　　　　　　　　　　　　　　　　6 003.76

4. 打印、签章。根据系统提示依次打印存折（见图 2 – 17），变更、撤销个人银行结算账户申请书，取款凭证（见图 2 – 18），储蓄存款利息清单（见图 2 – 19）等。核对无误后，非结算账户客户需在取款凭证上签名确认；结算账户客户需在取款凭证和变更、撤销个人银行结算账户申请书上签名确认。柜员在变更、撤销个人银行结算账户申请书上加盖业务公章。将已销户的存折加盖销户戳记后剪角或加盖附件章，在取款凭证、利息清单上加盖业务清讫章及柜员名章。

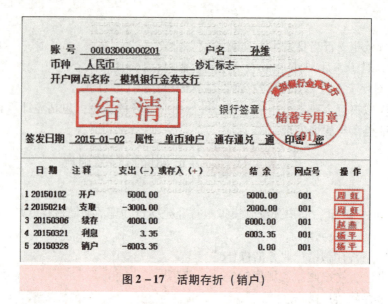

图 2-17 活期存折（销户）

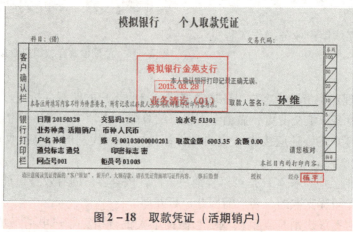

图 2-18 取款凭证（活期销户）

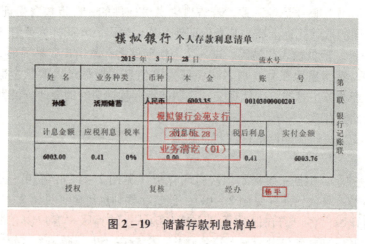

图 2-19 储蓄存款利息清单

5. 送别客户。柜员与客户唱对金额后，将现金（本息）、利息清单客户联和申请书客户联交给客户，送别客户。

6. 后续处理。柜员将申请书记账联或取款凭证和利息清单银行记账联作记账凭证整理存放。

[知识链接 2 – 4]

活期存折销户后，若客户要求留存已销户的活期存折，柜员需要破坏活期存折磁条的完整性，在最后的一笔交易记录的下一行批注"某年某月某日销户，以下空白"字样（或加盖印章，划线注销），并在存折封面上加盖"销户"戳记后交客户。

【活动练习】

模拟银行金苑支行当日发生下列业务：

1. 储户张君于 3 月 25 日来办理活期储蓄账户销户。

2. 储户周坪于 4 月 7 日来办理活期结算户账户销户。

要求以模拟银行金苑支行柜员的身份进行相应业务的处理，包括凭证审核、业务数据录入、凭证盖章与凭证处理。

项目活动5 **活期储蓄存款利息计算**

【活动目标】

了解活期储蓄存款计息的基本规定，掌握活期储蓄存款利息计算方法，能按照业务规程正确进行活期储蓄存款利息计算。

基本知识

1. 储蓄存款利息计算的基本规定。

（1）基本公式：利息 = 本金 × 存期 × 利率。

（2）本金：储蓄存款本金以元为起息点，元以下角、分不计息。利息金额算至厘位，实际支付或入账时四舍五入至分位。

（3）存期：算头不算尾，存入日起息，支取的前一日止息，支取日不计息。

活期储蓄存款存期按实际天数计算。计算定期储蓄存款的存期时，整年或整月可按对年对月对日计，也可按实际天数计，不足月的零头天数按实际天数计。

（4）利率：利率单位有年利率、月利率、日利率三种，计算利息要注意利率单位与存期单位的一致性。三者之间的换算为

$$月利率 = 年利率 ÷ 12$$
$$日利率 = 月利率 ÷ 30 = 年利率 ÷ 360$$

2. 活期储蓄存款利息计算的基本规定。

（1）结息日与结息期。活期储蓄存款按季结息，每季末月的 20 日为结息日，按结息日挂牌公告的活期储蓄存款利率计息，每季末月的 21 日为利息的入账日。对未到结息日办理销户的，其利息应随本金一同结清，利息算至销户的前一天止。

（2）储蓄存款积数的计算。活期储蓄存款由计算机自动累加存款积数，结息或结清时将存款的累计未计息积数乘以结息日或销户日挂牌公告的活期储蓄存款利率，结计出

储户的利息。

应税利息 = 累计日积数和 × 结息日或销户日挂牌公告的活期储蓄存款日利率

税后利息 = 应税利息 - 应税利息 × 利息所得税税率

【操作实例】

储户孙维于 2015 年 1 月 2 日开立活期储蓄存款存折户，其活期储蓄存款明细账如下（见表 2 - 2），销户日的利息计算如下：

表 2 - 2 　　　　　　　　　　　孙维活期储蓄存款明细账

日期	摘要	存入	支取	存款余额	计息期	天数	积数
2015. 01. 02	开户	5,000.00		5,000.00	2015. 01. 02— 2015. 02. 14	43	43×5000 =215,000
2015. 02. 14	支取		3,000.00	2,000.00	2015. 02. 14— 2015. 03. 06	20	20×2000 =40,000
2015. 03. 06	续存	4,000.00		6,000.00	2015. 03. 06— 2015. 03. 21	15	15×6000 =90,000
2015. 03. 21	结息	3.35		6,003.35	2015. 03. 21— 2015. 03. 28	7	7×6003 =42,021
2015. 03. 28	销户		6 003.35				

解：2015 年 3 月 20 日为结息日，

结息日应税利息 = （215,000 + 40,000 + 90,000）×0.35% ÷ 360 = 3.35（元）

利息税 = 0（元）

税后利息 = 3.35（元）

2015 年 3 月 28 日为销户日，

销户日应税利息 = 42,021 × 0.35% ÷ 360 = 0.41（元）

利息税 = 0（元）

税后利息 = 0.41（元）

实付本息和 = 6,003.35 + 0.41 = 6,003.76（元）

【活动练习】

模拟银行金苑支行当日发生下列业务：

1. 储户张君于 1 月 16 日开立活期存折（储蓄户），其存款明细账如下（见表 2 - 3），填写完整表 2 - 3，并计算销户日的利息。

表 2 - 3 　　　　　　　　　　　张君活期储蓄存款明细账

日期	摘要	存入	支取	存款余额	计息期	天数	积数
01. 16	开户	4,000.00					
02. 23	支取		03,000.00				
03. 11	续存	5,000.00					
03. 21	结息						
03. 25	销户						

2. 储户周坪于 1 月 21 日开立活期存折（结算户），其存款明细账如下（见表 2 - 4），填写完整表 2 - 4，并计算销户日的利息。

表 2 - 4　　　　　　　周坪活期储蓄存款明细账

日期	摘要	存入	支取	存款余额	计息期	天数	积数
01.21	开户	3,000.00					
02.25	支取		1,500.00				
03.21	结息						
03.29	续存	1,000.00					
04.07	销户						

要求以模拟银行金苑支行柜员的身份进行相应的利息计算。

模块三
定期储蓄存款业务操作处理

能力目标

能按定期储蓄存款业务操作流程办理开户、续存（零存整取定期储蓄存款有续存）、部分提前支取（整存整取定期储蓄存款有部分提前支取）和销户。

基本知识

1. 定期储蓄存款是储户在存款时约定存期，一次或按期分次存入本金，整笔或分期、分次支取本金或利息的一类储蓄，它包括整存整取定期储蓄存款、零存整取定期储蓄存款、存本取息定期储蓄存款、整存零取定期储蓄存款、教育储蓄存款等。

2. 整存整取定期储蓄存款是储户开户时一次性存入本金，约定存期，到期一次支取本息的一种储蓄形式。开户时 50 元起存，多存不限。存款期限分为 3 个月、6 个月、1 年、2 年、3 年和 5 年六个档次，存期越长，利率越高。存入时由储蓄机构发给存单，到期储户凭存单一次支取本息。开户时为了安全起见，可预留印鉴或密码，凭印鉴或密码支取。存款未到期，如果储户急需用款，可凭存单和储户身份证件办理提前支取。

3. 储蓄存款约定转存是指客户开户时约定在存款到期日由银行自动将客户未支取的整存整取定期储蓄存款本金连同税后利息，按到期日当日利率自动转存为同种类、同期限（部分银行也可按约定金额和约定期限转存为另一指定的存款种类）定期储蓄存款的一种服务方式。

☑ 工作任务 整存整取定期储蓄存款业务操作处理

项目活动1 整存整取定期储蓄存款开户

【业务引入】

2014年3月26日，储户孙维到模拟银行金苑支行开立一份整存整取定期储蓄存单，存入人民币现金20,000元，约定存期1年。

【活动目标】

掌握整存整取定期储蓄存款开户业务的操作流程和操作方法，能按照业务规程正确进行整存整取定期储蓄存款开户操作。

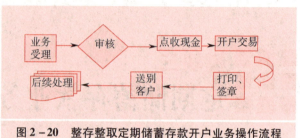

图2-20 整存整取定期储蓄存款开户业务操作流程

【操作流程】

整存整取定期储蓄存款开户业务的操作流程见图2-20。

【操作步骤】

1. 业务受理。柜员仔细聆听客户的开户要求（即开立何种存款账户和存入现金的数量），请客户填写储蓄存款凭条（见图2-21），接收客户的储蓄存款凭条、有效身份证件和现金。若他人代理开户，还应接收代理人的身份证件。

模拟银行 存款凭条

2014 年 3 月 26 日

户名： **孙维** 账号：

币种(√)人民币☑/美元□/港元□/其他：

钞/汇(√)：现钞□/现汇□/

金额 | 亿 | 千 | 百 | 十 | 万 | 千 | 百 | 十 | 元 | 角 | 分 |
|---|---|---|---|---|---|---|---|---|---|---|
| | | | | ¥ | 2 | 0 | 0 | 0 | 0 | 0 | 0 |

业务种类(√)：活期□/整整□√/定期□/本通□/定活□/零整□/教育□/通知□/国债□/其他：

存 期： **一年** 转存标志(√)：自动转存□√/约定转存□/转存存期：

备注：

新开户请继续填写下列内容：

支取方式(√)：密码☑/证件□/印鉴□/ 通兑方式(√)：通兑□/不通兑□

联系地址： **杭州市解放路102号二单元101室**

证件类型： **身份证** 证件号码 3 3 0 3 5 0 1 9 7 4 0 5 1 6 0 2 2 1

代理人证件类型： 证件号码 代理人签名：

图2-21 存款凭条（整存整取定期储蓄存款开户）

2. 审核。柜员审核客户身份证件是否有效，并确定是否为本人。若为代理他人开户的，还需审核代理人证件。

3. 点收现金。柜员收到客户递交的现金后，先询问客户存款金额，然后应在监控下和客户视线内的柜台上清点。具体过程及要求与活期储蓄存款业务操作相同。

4. 开户交易。柜员输入开户交易代码，进入整存整取定期储蓄存款开户交易界面，根据系统提示输入储户姓名、证件类型、证件号码、电话号码、邮政编码及地址。需凭密码支取的，请客户设置密码（一般要求输入两遍），确认无误后提交，发送主机记账。整存整取定期储蓄存款开户时的会计分录为

借：现金　　　　　　　　　　　　　　　　　　　　　　　20,000.00
　贷：整存整取定期储蓄存款——孙维户　　　　　　　　　　20,000.00

5. 打印、签章。柜员根据系统提示打印存款凭条（见图2－22）以及储蓄存单（见图2－23），并请客户在存款凭条上签名确认。然后柜员在存单上加盖储蓄专用章（或业务公章）和柜员名章，在存款凭条上加盖业务清讫章和柜员名章。

6. 送别客户。柜员将身份证件、存单交给客户后，送别客户。

7. 后续处理。柜员将现金放入钱箱，并将存款凭条作银行记账凭证整理存放。

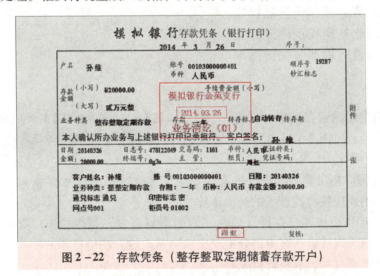

图2－22　存款凭条（整存整取定期储蓄存款开户）

图2－23　储蓄存单（整存整取定期储蓄存款）

【活动练习】

模拟银行金苑支行当日发生下列业务：

储户张君（身份证号码：330105198805052033，地址：杭州市解放路32－58，电

话：0571－87740511）于3月23日存入一笔整存整取定期储蓄存款30,000元，约定存期1年。

要求以模拟银行金苑支行柜员的身份进行相应业务的处理，包括凭证审核、业务数据录入、凭证盖章与凭证处理。

项目活动2　整存整取定期储蓄存款部分提前支取

【业务引入】

2014年9月26日，储户孙维到模拟银行金苑支行部分提前支取整存整取定期储蓄存款5,000元。

【活动目标】

掌握整存整取定期储蓄存款部分提前支取业务的操作流程和操作方法，能按照业务规程正确进行整存整取定期储蓄存款部分提前支取操作。

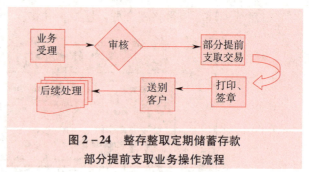

图2－24　整存整取定期储蓄存款部分提前支取业务操作流程

【操作流程】

整存整取定期储蓄存款部分提前支取业务操作流程见图2－24。

【操作步骤】

1. 业务受理。柜员聆听客户口述取款要求，接收客户的储蓄存单和客户的身份证件，他人代理的还应接收代理人的身份证件。

2. 审核。柜员审核客户存折（单）是否为本行签发，是否挂失，身份证件是否合法、有效，审核无误后确认客户部分提前支取金额。然后在待打印的取款凭证上或存单背面摘录证件名称、号码、发证机关等信息。

3. 部分提前支取交易。柜员输入交易码，进入整存整取定期储蓄存款部分提前支取交易界面。手工录入账户、原凭证号、本金、部分提前支取金额、证件类型、证件号码和新凭证号，超限额取款需经业务主管授权。待客户输入密码无误后，系统要求配款操作，配款结束后柜员确认提交。

4. 打印、签章。柜员根据系统提示依次打印旧存单（见图2－25）、储蓄存款利息清单（见图2－26）、存款凭证（见图2－27）和新存单（见图2－28），核对后请客户在存款凭证上签名确认，然后柜员在旧存单上加盖业务清讫章和结清章，在储蓄存款利息清单、存款凭证上加盖业务清讫章，在新存单上加盖储蓄专用章（或业务公章），并在上述所有凭证上加盖柜员名章。

5. 送别客户。柜员与客户唱对金额后，将现金、身份证件、新存单和利息清单客户联交给客户，送别客户。

6. 后续处理。柜员将旧存单、利息清单记账联和存款凭证作银行记账凭证整理存放。

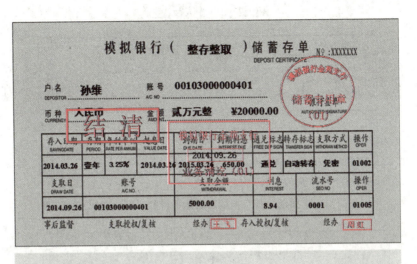

图 2-25 储蓄存单（整存整取定期储蓄存款旧存单）

图 2-26 储蓄存款利息清单

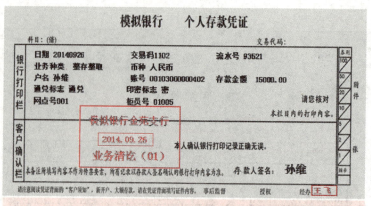

图2-27　存款凭证（整存整取定期储蓄存款未部分提前支取转存）

图2-28　新储蓄存单（整存整取定期储蓄存款未部分提前支取部分）

【活动练习】

模拟银行金苑支行当日发生下列业务：

储户张君于3月23日存入的30,000元一年期整存整取定期储蓄存款，8月30日部分提前支取5,000元。

要求以模拟银行金苑支行柜员的身份进行相应业务的处理，包括凭证审核、业务数据录入、凭证盖章与凭证处理。

 ［知识链接2-5］

如果客户急需资金，可办理部分或全部提前支取，提前支取时必须提供身份证件，代他人支取的不仅要提供存款人的身份证件，还要提供代取人的身份证件，该储种只能进行一次部分提前支取。未到期的定期存款，全部提前支取的，按支取日挂牌公告的活期储蓄存款利率计付利息；部分提前支取的，提前支取的部分按支取日挂牌公告的活期储蓄存款利率计付利息，剩余部分到期时按存入日挂牌公告的定期储蓄存款利率计付利息。

项目活动3　**整存整取定期储蓄存款销户**

【业务引入】

2015 年 3 月 26 日，储户孙维到模拟银行金苑支行要求银行柜员为其整存整取定期储蓄存款账户销户。

【活动目标】

掌握整存整取定期储蓄存款销户业务（包括全额提前、到期、逾期支取）的操作流程和方法，能按照业务规程正确进行整存整取定期储蓄存款销户操作。

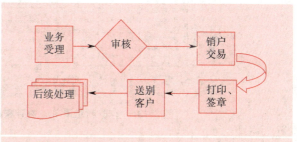

【操作流程】

整存整取定期储蓄存款销户业务操作流程见图 2 - 29。

图 2 - 29　整存整取定期储蓄存款销户业务操作流程

【操作步骤】

1. 业务受理。柜员聆听客户口述取款要求，接收客户的储蓄存单等。若客户提前支取或销户，本息超过人民币 5 万元（含）的，还应接收客户的身份证件，他人代理的还应接收代理人的身份证件。

2. 审核。柜员审核客户存单是否为本行签发并已到期（若未到期，还需审核身份证件），审核该账户是否挂失、止付等。若需提供身份证件的，应审核身份证件是否真实、有效，在待打印的取款凭证或存单上摘录其身份证件名称、号码、发证机关等信息。

3. 销户交易。柜员输入交易码，进入整存整取定期储蓄存款销户交易界面，手工录入账号、凭证号、证件类型、证件号码和取款金额，系统要求配款操作，完成后授权提交。整存整取定期储蓄存款销户时的会计分录为

借：整存整取定期储蓄存款——孙维户　　　　　　　　　　15,000.00

　　利息支出——定期储蓄存款利息支出　　　　　　　　　　487.50

　　贷：现金　　　　　　　　　　　　　　　　　　　　　15,487.50

4. 打印、签章。柜员根据系统提示依次打印存单（见图 2 - 30）和储蓄存款利息清

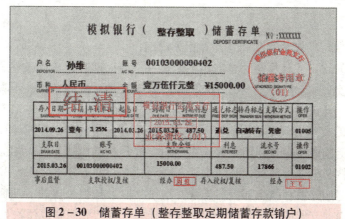

图 2 - 30　储蓄存单（整存整取定期储蓄存款销户）

单（见图 2 – 31），加盖业务清讫章和柜员名章，并在储蓄存单上加盖结清章。

图 2 – 31　存款利息清单（整存整取定期储蓄存款销户）

5. 送别客户。柜员与客户唱对金额后，将现金（本息）、利息清单客户联交给客户，送别客户。

6. 后续处理。柜员将储蓄存单、利息清单记账联作银行记账凭证整理存放。

【活动练习】

模拟银行金苑支行当日发生下列业务：

储户张君于 3 月 23 日存入的 30,000 元一年期整存整取定期储蓄存款，8 月 30 日部分提前支取 5,000 元后，于次年 3 月 23 日销户。

要求以模拟银行金苑支行柜员的身份进行相应业务的处理，包括凭证审核、业务数据录入、凭证盖章与凭证处理。

项目活动 4　整存整取定期储蓄存款利息计算

【活动目标】

掌握整存整取定期储蓄存款的利息计算方法，能按照业务规程正确进行整存整取定期储蓄存款利息计算。

基本知识

1. 整存整取定期储蓄存款利息计算相关规定：

（1）存期的规定。计算整存整取定期储蓄存款的存期时，整年或整月可按对年对月对日计，也可按实际天数计，不足月的零头天数按实际天数计；算头不算尾，存入日起息，支取的前一日止息，支取日不计息。

（2）利率的规定。根据不同的取款方式，按下列规定的利率办理计息。

整存整取定期储蓄存款到期支取，在存期内按开户日挂牌公告的相应档次的整存整取定期储蓄存款利率计付利息，利随本清，遇到利率调整不分段计息。

整存整取定期储蓄存款全部提前支取，均按支取日挂牌公告的活期储蓄存款利率计付利息。部分提前支取的，支取部分按支取日挂牌公告的活期储蓄存款利率计付利息。

整存整取定期储蓄存款逾期支取，其逾期部分的利息按支取日挂牌公告的活期储蓄存款利率计算。

（3）整存整取定期储蓄存款约定或自动转存的，区分不同的取款方式，按上述规定的利率计息，利息计入本金生息。

2. 运用公式计算利息。整存整取定期储蓄存款利息的计算公式如下：

$$利息 = 本金 \times 存期 \times 利率$$

【操作实例】

例1 储户孙维于2014年3月26日存入20,000元1年期整存整取定期储蓄存款，年利率为3.25%，于2014年9月26日提前支取5,000元（支取日挂牌公告的活期储蓄存款利率为0.35%），其余存至到期日，请分别计算部分提前支取和销户时的税后利息。

解：（1）提前支取5,000元本金的利息计算为

应税利息 = 5,000 × 184 × 0.35% ÷ 360 = 8.94（元）

利息税 = 0（元）

税后利息 = 8.94（元）

（2）到期支取15,000元本金的利息计算为

应税利息 = 15,000 × 1 × 3.25% = 487.50（元）

或 = 15,000 × 365 × 3.25% ÷ 360 = 494.27（元）

利息税 = 0（元）

税后利息 = 487.50（元）

或 = 494.27（元）

例2 储户田宇于2015年2月10日存入3,000元整存整取定期储蓄存款，存期6个月，年利率为2.55%。若储户田宇于到期日销户，请计算其销户时的税后利息。

解：其利息计算为

应税利息 = 3,000 × 6 × 2.55% ÷ 12 = 38.25（元）

或 = 3,000 × 181 × 2.55% ÷ 360 = 38.46（元）

利息税 = 0（元）

税后利息 = 38.25（元）

或 = 38.46（元）

例3 储户李平于2014年3月30日存入1年期整存整取定期储蓄存款10,000元，年利率为3.25%；储户于2014年8月10日部分提前支取4,000元（支取日挂牌公告的活期储蓄存款利率为0.35%），其余存至到期日，请分别计算部分提前支取和销户时的税后利息。

解：（1）提前支取4,000元本金的利息计算为

应税利息 = 4,000 × 133 × 0.35% ÷ 360 = 5.17（元）

利息税 = 0（元）

税后利息 = 5.17（元）

（2）到期支取6,000元本金的利息计算为

应税利息 = 6,000 × 1 × 3.25% = 195.00（元）

或 = 6,000 × 365 × 3.25% ÷ 360 = 197.71（元）

利息税 = 0（元）

税后利息 = 195.00（元）

或 = 197.71（元）

【活动练习】

模拟银行金苑支行当日发生下列业务：

储户张君于 3 月 23 日存入的 30,000 元一年期整存整取储蓄存款，8 月 30 日部分提前支取 5,000 元后，于次年 3 月 23 日销户。

要求以模拟银行金苑支行柜员的身份分别计算 8 月 30 日部分提前支取 5,000 元本金和次年 3 月 23 日销户时的税后利息。

 [知识链接 2-6]

一、零存整取定期储蓄存款

零存整取定期储蓄存款是储户开户时约定存期，在存期内分次存入本金，到期一次支取本息的一种定期储蓄存款。它具有计划性、约束性和积累性等特点。该储蓄存款 5 元起存，多存不限。存入时由储蓄机构发给存折。存期分 1 年、3 年和 5 年。每月存入一次，中途如有漏存，应在次月补存，未补存者，视同违约，对违约后存入的部分，支取时按活期储蓄存款利息计算。零存整取定期储蓄存款可以办理全部提前支取，但不办理部分提前支取。零存整取定期储蓄存款业务只限于人民币存款。

1. 零存整取定期储蓄存款利息计算相关规定：

（1）存期内按存入日（开户日）利率计息；

（2）存期内遇利率调整不分段计算；

（3）提前支取应按支取日挂牌公告的活期储蓄存款利率计息；

（4）逾期支取的逾期部分按支取日挂牌公告的活期储蓄存款利率计息。

2. 采用固定基数计息法或月积数计息法计息。

（1）固定基数计息法，适用于储户每月存入固定存款金额的零存整取定期储蓄存款到期支取的利息计算。其计算公式为

$$利息 = 每月固定存款额 \times 固定基数 \times 月利率$$

$$一年期固定基数 = 12 \times （12 + 1）/2 = 78$$

$$三年期固定基数 = 36 \times （36 + 1）/2 = 666$$

$$五年期固定基数 = 60 \times （60 + 1）/2 = 1830$$

例 1 储户李岩于 2014 年 3 月 28 日开立 1 年期零存整取定期储蓄存款账户，利率为 2.85%，每月定期存入 1,000 元，于 2015 年 3 月 28 日到期支取，请计算税后利息。

解：按照固定基数计息法，其利息为

应税利息 = 1,000 × 78 × 2.85% ÷ 12 = 185.25（元）

利息税 = 0（元）

税后利息 = 185.25（元）

（2）月积数计息法，适用于零存整取定期储蓄存款中途有漏存的到期或提前支取的利息计算。其计算公式为

应税利息＝累计月积数和×月利率

利息税＝应付利息×税率

税后利息＝应税利息－利息税

例2 储户张笑于2014年3月28日开立1年期零存整取定期储蓄存款账户，利率为2.85%，每月定期存入1,000元，但2014年8月漏存一次，于次月补存，并于2015年3月28日到期支取，请计算利息。具体存款明细账见表2-5。

表2-5　　　　　　　　　　张笑零存整取定期存款明细账

日期	摘要	存入	余额	月数	月积数	累计月积数
2014.03.28	开户	1,000.00	1,000.00	1	1,000	1,000
2014.04.03	续存	1,000.00	2,000.00	1	2,000	3,000
2014.05.15	续存	1,000.00	3,000.00	1	3,000	6,000
2014.06.08	续存	1,000.00	4,000.00	1	4,000	10,000
2014.07.05	续存	1,000.00	5,000.00	2	10,000	20,000
2014.09.15	续存	2,000.00	7,000.00	1	7,000	27,000
2014.10.04	续存	1,000.00	8,000.00	1	8,000	35,000
2014.11.05	续存	1,000.00	9,000.00	1	9,000	44,000
2014.12.08	续存	1,000.00	10,000.00	1	10,000	54,000
2015.01.06	续存	1,000.00	11,000.00	1	11,000	65,000
2015.02.15	续存	1,000.00	12,000.00	1	12,000	77,000

按照月积数法计算利息为

应税利息＝累计月积数和×月利率

$$=77,000 \times 2.85\% \div 12 = 182.88（元）$$

利息税＝0（元）

税后利息＝182.88（元）

二、教育储蓄存款

教育储蓄存款是为鼓励城乡居民以储蓄方式为其子女接受非义务教育积蓄资金，促进教育事业发展而开办的储蓄存款。

教育储蓄存款的对象为在校小学四年级（含四年级）以上学生，存期分为1年、3年和6年三个档次，起存金额50元，本金合计最高限额为2万元，开户时客户须与银行约定每次固定存入的金额，分次存入，中途如有漏存，应在次月补存，未补存者按零存整取定期储蓄存款的有关规定办理。

按照国家相关政策规定，客户凭学校出具的正在接受非义务教育学生的身份证明一次支取本金和利息时，可以享受利率优惠，即1年期、3年期的教育储蓄按开户日同期同档次整存整取定期储蓄存款利率计息；6年期按开户日5年期整存整取定期储蓄存款利率计息。教育储蓄在存期内如遇利率调整，仍按开户日利率计息，并免征储蓄利息所得税。若客户不能提供证明，存款不享受利率优惠，按正常个人零存整取定期储蓄存款业务办理，并应按有关规定征收储蓄存款个人利息所得税。

教育储蓄存款与零存整取定期储蓄存款的区别见表2-6。

表 2 - 6   **教育储蓄存款与零存整取定期储蓄存款的区别**

区别点	零存整取定期储蓄存款	教育储蓄存款
对象	所有居民	在校小学四年级（含四年级）以上学生
起存金额	5 元	50 元
本金	多存不限	本金合计最高限额为 2 万元
存期	1 年、3 年和 5 年	1 年、3 年和 6 年
利率	执行开户日同档次的零存整取定期储蓄存款利率	执行开户日同档次的整存整取定期储蓄存款利率，6 年期的按开户日 5 年期整存整取定期储蓄存款利率计息
利息税	按有关规定征收存款利息所得税	免征利息所得税
到期免税证明	无	正在接受非义务教育的学生身份证明

三、存本取息定期储蓄存款

存本取息定期储蓄存款是指储户一次存入本金，客户在约定存期内分次支取利息，到期一次性支取本金和最后一次利息的一种定期储蓄存款。一般 5,000 元起存，多存不限；存期分为 1 年、3 年和 5 年三个档次。支取利息的时间可以 1 个月一次，1 个季度一次或半年一次，由储户与储蓄机构协商确定。分期支取利息时，必须在约定的取息日支取，不得提前预支利息。如到期未取息，以后可以随时支取，但不计复利。存本取息定期储蓄存款可以全部提前支取，但不能办理部分提前支取。提前支取时，已分期支付给储户的利息应从计算的应付利息中扣回，如应付利息不足，不足部分从本金中扣回。

四、整存零取定期储蓄存款

整存零取定期储蓄存款是指储户一次性存入本金，在约定存期内分次支取本金，到期一次性支取利息和最后一次本金的一种定期储蓄存款。起存金额为 1,000 元人民币，多存不限，存期分为 1 年、3 年、5 年三个档次。支取本金的时间可以 1 个月一次，1 个季度一次或半年一次，由储户与储蓄机构协商确定。

五、大额存单

为规范大额存单业务发展，拓宽存款类金融机构负债产品市场化定价范围，有序推进利率市场化改革，2015 年 6 月中国人民银行出台了《大额存单管理暂行办法》。办法规定：大额存单发行采用电子化的方式，大额存单可以在发行人的营业网点、电子银行、第三方平台以及经中国人民银行认可的其他渠道发行。大额存单采用标准期限的产品形式。个人投资人认购大额存单起点金额不低于 30 万元，机构投资人认购大额存单起点金额不低于 1,000 万元。大额存单发行利率以市场化方式确定，固定利率存单采用票面年化收益率的形式计息，浮动利率存单以上海银行间同业拆借利率（Shibor）为浮动利率基准计息。大额存单自认购之日起计息，付息方式分为到期一次还本付息和定期付息、到期还本。

大额存单的特点：

1. 可转让，流动性很强；它可以在二级市场上转让，比较稳定。

2. 利率较高，一般比定期存款利息高，比同期银行理财要低；

3. 可贷款抵押，这一点银行理财等无法比拟。

4. 可作出国保证金，大额存单还可作为出国保证金开立存款证明，常出国的朋友很需要。

5. 大额存单的期限也是固定的，包括 1 个月、3 个月、6 个月、9 个月、1 年、18 个月、2 年、3 年和 5 年共 9 个品种。

模块四
其他储蓄存款业务操作处理

能力目标

能按定活两便储蓄存款业务操作流程办理该储种的开户与销户；能按个人通知存款业务操作流程办理该储种的开户、支取与销户。

基本知识

1. 定活两便储蓄存款是指本金整笔一次存入，不确定存期，随时可以支取的一种储蓄形式。定活两便储蓄存款50元起存，多存不限。它适用于存款金额大、存期不定的储户存储。

2. 个人通知存款是指储户在存入款项时不约定存期，支取时需提前通知银行，约定支取存款日期和金额方能支取存款的一种储蓄形式。个人通知存款最低起存金额为5万元，最低支取金额也为5万元。通知存款不论实际存期多长，按存款人提前通知的期限划分为一天通知存款和七天通知存款两个品种。一次性存入，可以一次或分次支取，银行按支取日挂牌公告的相应利率水平和实际存期计息，利随本清。

工作任务1 定活两便储蓄存款业务操作处理

项目活动1 定活两便储蓄存款开户

【业务引入】

2015年1月3日，储户孙维到模拟银行金苑支行开户存入一笔定活两便储蓄存款，存入人民币20,000元。

【活动目标】

掌握定活两便储蓄存款开户业务的操作流程和操作方法，能按照业务规程正确进行定活两便储蓄存款开户操作。

【操作流程】

定活两便储蓄存款开户业务操作流程见图2-32。

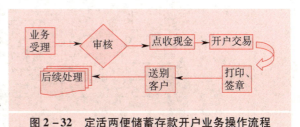

图2-32 定活两便储蓄存款开户业务操作流程

【操作步骤】

1. 业务受理。柜员仔细聆听客户的开户要求（即开立何种存款账户和存入现金的数量），请客户填写储蓄存款凭条（见图2－33），接收客户的储蓄存款凭条、有效身份证件和现金。若他人代理开户，还应接收代理人的身份证件。

模拟银行 存款凭条

2015 年 1 月 3 日

户名：孙维　账号：

币种(√)人民币☑/美元□/港元□/其他：

钞/汇(√)：现钞□/现汇□/

金额	亿	千	百	十	万	千	百	十	元	角	分
				¥	2	0	0	0	0	0	0

业务种类(√)：活期□/整整□/定期一本通□/定活☑/零整□/教育□/通知□/国债□/其他：

存期：　转存标志(√)：自动转存□/约定转存□/转存存期：

备注：

新开户请继续填写下列内容：

支取方式(√)：密码☑/证件□/印鉴□/　通兑方式(√)：通兑☑/不通兑□

联系地址：杭州市解放路102号二单元101室

证件类型：身份证　证件号码 330350197405160281

代理人证件类型：　证件号码　代理人签名：

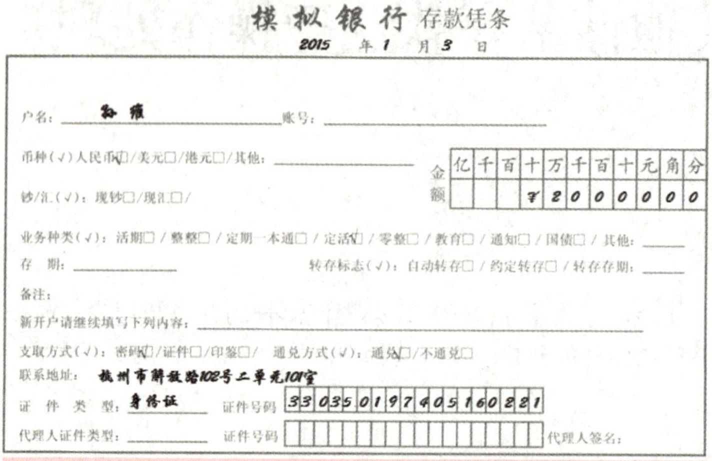

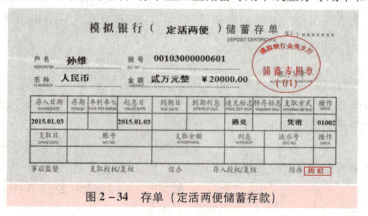

图2－33　储蓄存款凭条（定活两便储蓄存款）

2. 审核。柜员审核客户身份证件是否有效，并确定是否为本人。若为代理他人开户的，还需审核代理人的身份证件。

3. 点收现金。柜员收到客户递交的现金后，先询问客户存款金额，然后应在监控下和客户视线内的柜台上清点。清点时具体过程及要求同前述。

4. 开户交易。柜员输入开户交易代码，进入定活两便储蓄存款开户交易界面，根据系统提示输入储户姓名、证件类型、证件号码、电话号码、邮政编码及地址。需凭密码支取的，请客户设置密码（一般要求输入两遍），确认无误后提交，发送主机记账。定活两便储蓄存款开户时的会计分录为

借：现金　　20,000.00

　　贷：定活两便储蓄存款——孙维户　　20,000.00

5. 打印、签章。柜员根据系统提示打印存款凭证以及存单（见图2－34），并请客户在存款凭证上签名确认。然后柜员在存单上加盖储蓄专用章或业务专用章和柜员名章，

模拟银行（定活两便）储蓄存单 DEPOSIT CERTIFICATE　No：XXXXXXX

户名 DEPOSITOR 孙维　账号 A/C NO 00103000000601

币种 CURRENCY 人民币　金额 AMOUNT 贰万元整　¥20000.00

模拟银行金苑支行 储蓄专用章 (01)

存入日期 SAVINGDATE	存期 PERIOD	年利率% RATE PER ANNUM	起息日 VALUE DATE	到期日 DUE DATE	到期利息 INTEREST DUE	通兑标志 FREE DEP SIGN	转存标志 TRANSFER SIGN	支取方式 WITHDRAW METHOD	操作 OPER
2015.01.03			2015.01.03			通兑		凭密	01002

支取日 DRAW DATE	账号 A/C NO	支取金额 WITHDRAWAL	利息 INTEREST	流水号 SEQ NO	操作 OPER

事后监督　支取授权/复核　经办　存入授权/复核　经办 周虹

图2－34　存单（定活两便储蓄存款）

在存款凭证上加盖业务清讫章和柜员名章。

6. 送别客户。柜员将身份证件、存单交给客户后与之道别。

7. 后续处理。柜员将现金放入钱箱，并将存款凭证作贷方凭证整理存放。

【活动练习】

模拟银行金苑支行当日发生下列业务：

1. 储户张君于上一年11月8日存入一笔定活两便储蓄存款30,000元。

2. 储户周坪于当年1月15日存入一笔定活两便储蓄存款15,000元。

要求以模拟银行金苑支行柜员的身份进行相应业务处理。

项目活动2 定活两便储蓄存款销户

【业务引入】

2015年4月8日，储户孙维到模拟银行金苑支行支取其2015年1月3日存入的20,000元定活两便储蓄存款。

【活动目标】

掌握定活两便储蓄存款销户业务的操作流程与方法，能按照业务规程正确进行定活两便储蓄存款销户操作。

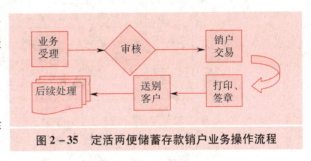

图2-35 定活两便储蓄存款销户业务操作流程

【操作流程】

定活两便储蓄存款销户业务操作流程见图2-35。

【操作步骤】

1. 业务受理。柜员聆听客户口述取款要求，接收客户的储蓄存单。若销户本息超过人民币5万元（含）的，还应接收客户的身份证件，他人代理的还应接收代理人的身份证件。

2. 审核。柜员审核客户存单是否为本行签发，审核该账户是否挂失、止付等。若需提供身份证件的，应审核身份证件是否真实、有效，在待打印的取款凭证或存单上摘录其身份证件名称、号码、发证机关等信息。

3. 销户交易。柜员输入交易码，进入定活两便储蓄存款销户交易界面，手工录入账号、凭证号、证件类型、证件号码和取款金额，系统要求配款操作，完成后授权提交。定活两便储蓄存款销户时的会计分录为

借：定活两便储蓄存款——孙维户　　　　　　　　　　　　　20,000.00

　　利息支出——定期储蓄利息支出　　　　　　　　　　　　　66.50

　　贷：现金　　　　　　　　　　　　　　　　　　　　　　20,066.50

4. 打印、签章。柜员根据系统提示依次打印存单（见图2-36）和储蓄存款利息清单（见图2-37），并加盖业务清讫章，在存单上加盖结清章，在上述所有凭证上加盖柜员名章。

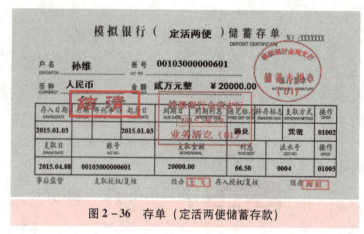

图 2-36　存单（定活两便储蓄存款）

图 2-37　储蓄存款利息清单（定活两便储蓄存款）

5. 送别客户。柜员与客户唱对金额后，将现金（本息）、利息清单客户联交给客户，与客户道别。

6. 后续处理。柜员将有关凭证按规定存放，结束该笔交易。

【活动练习】

模拟银行金苑支行当日发生下列业务：

1. 储户张君 3 月 25 日支取他于上一年 11 月 8 日存入的 30,000 元定活两便储蓄存款。

2. 储户周坪 3 月 9 日支取他于当年 1 月 15 日存入的 15,000 元定活两便储蓄存款。

要求以模拟银行金苑支行柜员的身份进行相应业务处理。

项目活动3　**定活两便储蓄存款利息计算**

【业务引入】

2015 年 4 月 8 日，模拟银行金苑支行柜员周虹计算储户孙维定活两便储蓄存款利息。

【活动目标】

掌握定活两便储蓄存款的利息计算方法，能按照业务规程正确进行定活两便储蓄存款利息计算。

基本知识

定活两便储蓄存款存期不满 3 个月的，按支取日挂牌公告的活期储蓄存款利率计付利息；存期满 3 个月而不满 6 个月的，按支取日挂牌公告的 3 个月整存整取定期储蓄存款利率打 6 折计付利息；存期满 6 个月而不满 1 年的，按支取日挂牌公告的 6 个月整存整取定期储蓄存款利率打 6 折计付利息；存期在 1 年以上（含 1 年）的，无论存期有多长，一律按支取日挂牌公告的 1 年期整存整取定期储蓄存款利率打 6 折计付利息；当支取日挂牌公告的相应档次整存整取定期储蓄存款利率打 6 折后的利率小于支取日挂牌公告的活期储蓄存款利率时按支取日挂牌公告的活期储蓄存款利率计付利息。

【操作实例】

例 1 储户孙维 2015 年 1 月 3 日存入一笔定活两便储蓄存款 20,000 元，于 2015 年 4 月 8 日支取，请计算其销户时的利息。

解：该笔存款实际存期为 95 天，超过 3 个月但不到 6 个月，故应按支取日整存整取定期储蓄存款 3 个月利率（年利率 2.10%）打 6 折计算利息。其利息计算为

应税利息 = $20,000 \times 95 \times 2.10\% \times 60\% \div 360 = 66.50$（元）

利息税 = 0（元）

税后利息 = 66.50（元）

例 2 储户田宇 2014 年 9 月 21 日存入一笔定活两便储蓄存款 10,000 元，于 2015 年 3 月 28 日支取，请计算其销户时的利息。

解：该笔存款实际存期为 188 天，超过 6 个月但不到一年，故应按支取日整存整取定期储蓄存款 6 个月利率（年利率 2.30%）打 6 折计算利息。其利息计算为

应税利息 = $10,000 \times 188 \times 2.30\% \times 60\% \div 360 = 72.07$（元）

利息税 = 0（元）

税后利息 = 72.07（元）

例 3 储户田宇 2014 年 3 月 6 日存入一笔定活两便储蓄存款 25,000 元，于 2015 年 3 月 26 日支取，请计算其销户时的利息。

解：该笔存款实际存期为 385 天，超过一年，故应按支取日整存整取定期储蓄存款一年期利率（年利率 2.50%）打 6 折计算利息。其利息计算为

应税利息 = $25,000 \times 385 \times 2.50\% \times 60\% \div 360 = 401.04$（元）

利息税 = 0（元）

税后利息 = 401.04（元）

【活动练习】

请扮演模拟银行金苑支行柜员，完成以下业务处理：

1. 储户张君于上一年 11 月 8 日存入一笔定活两便储蓄存款 30,000 元，3 月 25 日支取，请计算销户时的利息。

2. 储户周坪于当年 1 月 15 日存入一笔定活两便储蓄存款 15,000 元，3 月 9 日支取，请计算销户时的利息。

工作任务 2 个人通知存款业务操作处理

项目活动 1 个人通知存款开户

【业务引入】

　　2015 年 3 月 10 日，储户孙维到模拟银行金苑支行开立个人通知存款账户，存入人民币 120，000 元，约定办理七天通知存款。

【活动目标】

　　掌握个人通知存款开户业务的操作流程与操作方法，能按照业务规程正确进行个人通知存款开户操作。

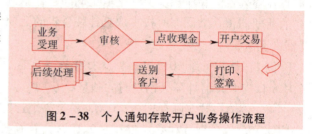

图 2 - 38　个人通知存款开户业务操作流程

【操作流程】

　　个人通知存款开户业务的操作流程见图 2 - 38。

【操作步骤】

　　1. 业务受理。柜员仔细聆听客户的开户要求（即开立何种存款账户和存入现金的数量），请客户填写储蓄存款凭条（见图 2 - 39），接收客户的储蓄存款凭条、有效身份证件和现金。若他人代理开户，还应接收代理人的身份证件。

　　2. 审核。柜员审核客户身份证件是否有效，并确定是否为本人。若为代理他人开户的，还需审核代理人的身份证件。

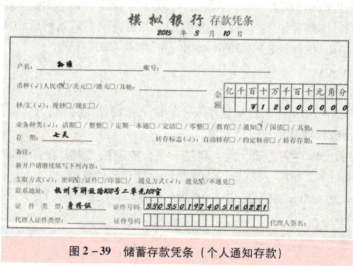

图 2 - 39　储蓄存款凭条（个人通知存款）

　　3. 点收现金。柜员收到客户递交的现金后，先询问客户存款金额，然后应在监控下和客户视线内的柜台上清点。清点时具体过程及要求同前述。

　　4. 开户交易。柜员输入开户交易代码，进入个人通知存款开户界面，根据系统提示输入储户姓名、证件类型、证件号码、电话号码、地址及存款金额等。需凭密码支付的，请客户设置密码（一般要求输入两遍），确认无误后提交，发送主机记账。

个人通知存款开户时的会计分录为

借：现金   120,000.00

  贷：个人通知存款——孙维户   120,000.00

5. 打印、签章。柜员根据系统提示打印存折（或存单）（见图 2 – 40）和存款凭证，并请客户在存款凭证上签名确认。然后柜员在存折（或存单）上加盖储蓄专用章或业务专用章和柜员名章，在存款凭证上加盖业务清讫章和柜员名章。

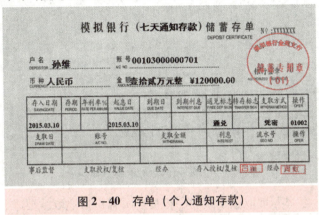

图 2 – 40　存单（个人通知存款）

6. 送别客户。柜员将身份证件、存折（单）交给客户后与之道别。

7. 后续处理。柜员将现金放入钱箱，并将存款凭证作贷方凭证整理存放。

【活动练习】

模拟银行金苑支行当日发生下列业务：

1. 储户张君于当年 2 月 12 日存入一笔个人通知存款 100,000 元，约定办理七天通知存款。

2. 储户周坪于当年 3 月 2 日存入一笔个人通知存款 150,000 元，约定办理一天通知存款。

要求以模拟银行金苑支行柜员的身份进行相应业务处理。

项目活动2　**个人通知存款支取**

【业务引入】

2015 年 3 月 15 日，储户孙维到模拟银行金苑支行办理通知手续，将于 3 月 22 日支取通知存款 50,000 元；2015 年 3 月 22 日，储户孙维到模拟银行金苑支行支取 50,000 元通知存款。

【活动目标】

掌握个人通知存款取款业务的操作流程和操作方法，能按照业务规程正确进行个人通知存款取款操作。

【操作流程】

个人通知存款取款业务操作流程见图 2 – 41。

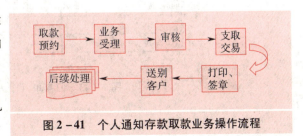

图 2 – 41　个人通知存款取款业务操作流程

【操作步骤】

1. 取款预约。个人通知存款取款前一天或前七天，柜员根据客户的申请进行取款预约登记，填制个人通知存款预约/取消通知单（见图2-42）。

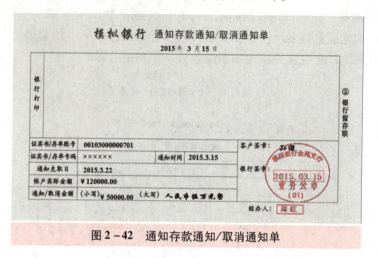

图2-42 通知存款通知/取消通知单

2. 业务受理。客户办理取款手续时，柜员聆听客户口述取款要求，接收客户的储蓄存单和客户的身份证件，他人代理的还应接收代理人的身份证件。

3. 审核。柜员确认客户取款数额。审核客户存单的真实性和有效性，审核是否按约定取款；审核客户身份证件，并在待打印的储蓄存单上摘录证件名称、号码、发证机关等信息。

4. 支取交易。柜员输入交易码，进入个人通知存款取款交易界面后根据系统提示操作。

5. 打印、签章。交易成功后，柜员根据系统提示打印旧存单（见图2-43）、支取部分的储蓄存款利息清单（见图2-44）、存款凭证（见图2-45）和新存单（见图2-46），核对后请客户在存款凭证上签名确认，然后柜员在旧存单上加盖业务清讫章和结清章，在储蓄存款利息清单和存款凭证上加盖业务清讫章，在新存单上加盖储蓄专用章或业务专用章；并在上述所有凭证上加盖柜员名章。

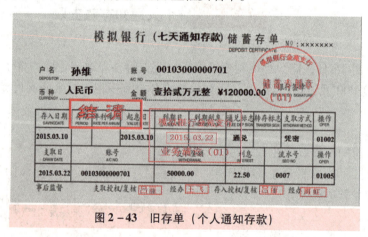

图2-43 旧存单（个人通知存款）

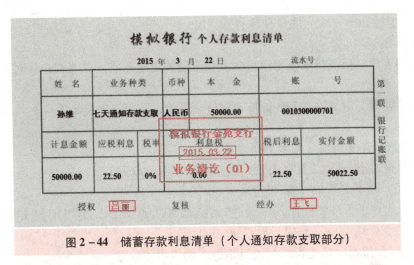

图2-44 储蓄存款利息清单（个人通知存款支取部分）

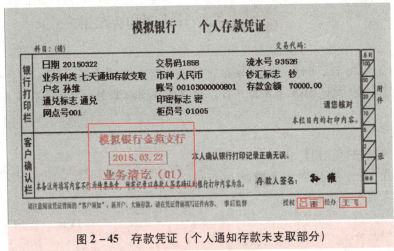

图2-45 存款凭证（个人通知存款未支取部分）

图2-46 新存单（个人通知存款未支取部分）

个人通知存款支取时的会计分录为

借：个人通知存款——孙维户　　　　　　　　　　　　　　　　　　　　50,000.00

利息支出——个人通知存款利息支出   22. 50

    贷：现金   50, 022. 50

6. 送别客户。柜员将现金、新存单及身份证件交给客户，并请客户核对，无误后送别客户。

7. 后续处理。柜员将有关凭证按规定整理存放，结束该笔交易。

【活动练习】

模拟银行金苑支行当日发生下列业务：

1. 储户张君于 2 月 12 日存入七天通知存款 100,000 元后，2 月 18 日通知银行要取款 50,000 元，并于 2 月 25 日到银行取款 50,000 元。

2. 储户周坪于 3 月 2 日存入一天通知存款 150,000 元，3 月 19 日通知银行要取款 90,000 元，并于 3 月 20 日到银行取款 90,000 元。

要求以模拟银行金苑支行柜员的身份进行相应业务处理。

项目活动 3   个人通知存款销户

【业务引入】

2015 年 3 月 30 日，储户孙维到模拟银行金苑支行办理通知手续，将于 4 月 6 日支取通知存款 70,000 元；2015 年 4 月 6 日，储户孙维到模拟银行金苑支行支取 70,000 元通知存款。

【活动目标】

掌握个人通知存款销户业务的操作流程与操作方法，能按照业务规程正确进行个人通知存款销户操作。

【操作流程】

个人通知存款销户业务操作流程见图 2 - 47。

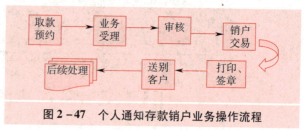

图 2 - 47   个人通知存款销户业务操作流程

【操作步骤】

1. 取款预约。个人通知存款取款前一天或前七天，柜员根据客户的申请进行取款预约登记，填制个人通知存款预约/取消通知单。

2. 业务受理。柜员聆听客户口述取款要求，接收客户的储蓄存单和客户的身份证件，他人代理的还应接收代理人的身份证件。

3. 审核。柜员审核客户存单的真实性和有效性，审核是否按约定取款；审核客户身份证件，并在待打印的储蓄存单上摘录证件名称、号码、发证机关等信息。

4. 销户交易。柜员输入交易码，进入个人通知存款销户交易界面。柜员根据系统提示操作。个人通知存款销户时的会计分录为

借：个人通知存款——孙维户   70, 000. 00

   存款利息支出——个人通知存款利息支出   70. 88

   贷：现金   70, 070. 88

5. 打印、签章。柜员根据系统提示依次打印存单（见图 2 - 48）、储蓄存款利息清单（见图 2 - 49）。核对无误后，请客户在利息清单记账联上签名确认。柜员在利息清单

上加盖业务清讫章及柜员名章，将已销户的存单加盖业务清讫章、结清章和柜员名章。

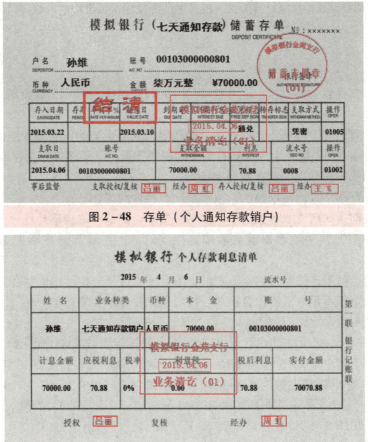

图 2-48 存单（个人通知存款销户）

图 2-49 储蓄存款利息清单（个人通知存款销户）

6. 送别客户。柜员与客户唱对金额后，将现金（本息）、利息清单客户联、身份证件等交给客户，送别客户。

7. 后续处理。柜员将相关凭证按规定整理存放，结束该笔交易。

【活动练习】

模拟银行金苑支行当日发生下列业务：

1. 储户张君于 2 月 12 日存入七天通知存款 100,000 元，3 月 3 日通知银行将支取 100,000 元，并于 3 月 10 日到银行销户。

2. 储户周坪于 3 月 2 日存入一天通知存款 150,000 元，继 3 月 20 日按通知到银行取款 90,000 元后，3 月 25 日又通知银行将支取剩下的 60,000 元，并于 3 月 26 日到银行销户。

要求以模拟银行金苑支行柜员的身份进行相应业务处理。

项目活动 4 个人通知存款利息计算

【业务引入】

2015 年 3 月 22 日，模拟银行金苑支行柜员周虹为储户孙维计算 50,000 元通知存款的利息；2015 年 4 月 6 日，模拟银行金苑支行柜员周虹为储户孙维计算 70,000 元通知存款的利息。

【活动目标】

掌握个人通知存款的利息计算方法，能按照业务规程正确进行个人通知存款利息计算。

基本知识

1. 个人通知存款的利息按支取日挂牌公告的相应档次利率、支取金额、实存期限计算，利随本清。

2. 对已办理通知手续而不支取或在通知期限内取消通知的，通知期限内不计息，即实际存期需剔除通知期限，七天通知存款存期剔除7天，一天通知存款存期剔除1天。

3. 下列情况，按活期储蓄存款利率计息：

（1）实际存期不足通知期限的，按活期储蓄存款利率计息；

（2）未提前通知而支取存款的，支取部分按活期储蓄存款利率计息；

（3）已办理通知手续而提前支取或逾期支取的，支取部分按活期储蓄存款利率计息；

（4）支取金额不足或超过约定金额的，不足或超过部分按活期储蓄存款利率计息；

（5）支取金额不足最低支取金额的，按活期储蓄存款利率计息。

【操作实例】

例1 储户孙维于2015年3月10日存入个人通知存款120,000元，约定办理七天通知存款，（1）该储户于2015年3月15日约定取款50,000元，并于2015年3月22日支取50,000元，请计算其支取时的利息；（2）该储户于2015年3月30日约定取款70,000元，并于2015年4月6日支取70,000元，请计算其支取时的利息。

解：（1）2015年3月10日至2015年3月22日，计息期是12天。

应税利息 = 50,000×12×1.35%÷360 = 22.50（元）

利息税 = 0（元）

税后利息 = 22.50（元）

（2）2015年3月10日至2015年4月6日，计息期是27天。

应税利息 = 70,000×27×1.35%÷360 = 70.88（元）

利息税 = 0（元）

税后利息 = 70.88（元）

例2 储户田宇于2015年3月25日存入个人通知存款80,000元，约定办理一天通知存款，该储户于2015年4月10日约定取款80,000元，并于2015年4月11日支取80,000元，请计算其支取时的利息。

解：2015年3月25日至2015年4月11日，计息期是17天。

应税利息 = 80,000×17×0.80%÷360 = 30.22（元）

利息税 = 0（元）

税后利息 = 30.22（元）

例3 储户田宇于2015年3月15日存入个人通知存款150,000元，约定办理七天通知存款，若该储户2015年3月20日就全部支取，请计算其支取时的利息。

解：2015年3月15日至2015年3月20日，计息期是5天。

应税利息 = 150,000 × 5 × 0.35% ÷ 360 = 7.29（元）

利息税 = 0（元）

税后利息 = 7.29（元）

 [知识链接 2-7]　**个人理财小诀窍**

1. 活期储蓄存款是居民储蓄存款中最基本和最重要的一种形式，适应于居民小额的随存随取的生活零用节余存款。

2. 整存整取定期储蓄存款适应于居民手中长期不用的节余款项的存储，存期越长，利率越高。

3. 零存整取定期储蓄存款，适应于每月有固定收入的群众生活节余款项存储，是积累财富的阶梯，家庭理财的好帮手。

4. 定活两便储蓄存款适应于居民整笔待用款项的存储，利率根据实际存期而定，如果实际存期高于3个月，利率比活期储蓄存款高，可以根据储户需要随时支取，存期灵活，用款方便。

5. 教育储蓄具有储户特定、存期灵活、总额控制、利率优惠、利息免税的特点，适用于城乡居民为其子女接受非义务教育（指九年义务教育之外的全日制高中、大中专、大学本科、硕士和博士研究生）而积蓄资金的存储。

6. 个人通知存款的起存金额为5万元，存期很短也可得较高利率，适合短期大额流动资金的存储。

【活动练习】

请扮演模拟银行金苑支行柜员，完成以下业务处理。

1. 储户张君于2月12日存入一笔七天通知存款100,000元，3月3日通知银行将支取100,000元，并于3月10日到银行销户，请计算3月10日张君支取时的利息。

2. 储户周坪于3月2日存入一笔一天通知存款150,000元，3月19日通知银行要取款90,000元，3月20日到银行取款90,000元，3月25日又通知银行将支取剩下的60,000元，并于3月26日到银行销户，请分别计算3月20日和3月26日周坪支取时的利息。

 **模块五**
特殊业务操作处理

 能力目标

能根据中国人民银行和商业银行办理挂失、查冻扣、假币收缴、残损币兑换等业务的有关规定办理上述业务。

基本知识

1. 存单（折）挂失。

（1）储户遗失存单、存折、预留印鉴的印章、账户的密码、个人支票等均可到原储蓄机构书面申请挂失。不记名式的存单、存折，银行不受理挂失。正式挂失一般须到原开户网点办理。

（2）储户办理挂失时，必须持本人身份证件，并提供姓名、存款时间、种类、金额、账号及住址等有关情况。如储户本人不能前往办理挂失，可委托他人代为办理。

（3）银行根据储户提供的资料，确认存款未被支取和未被冻结止付后，方可受理申请。银行在受理挂失申请（包括临时挂失和正式挂失）前账户内的储蓄存款已被他人支取的，储蓄机构不负赔偿责任。

（4）对挂失金额较大的（按地区经济发展程度的不同，由各省行自定金额限度），要影印其身份证件作附件备查。

（5）储户在特殊情况下，以口头、电话、电报、信函等方式申请的挂失，均视为口头挂失，储户必须在办理口头挂失后的 5 天之内，到原开户行办理正式挂失手续，否则挂失将失效，口头挂失不收手续费。

2. 补发存折或取现。

（1）储户 7 天后（由于各家银行内控制度规定不一，解挂的时间也不尽相同，办理具体业务时从其规定）持挂失申请书的客户联来银行办理补领新存单（折）或支取存款等手续，必须由原存款人办理，他人不得代办。代办挂失的，应由原存款人和代办人一同来银行办理。

（2）储户办理储蓄存款挂失后，在挂失期限之内找到了原存单（折）的可以要求撤销挂失，撤销挂失需要由储户本人或原代办人持有效身份证件连同原挂失申请书的客户联，到原挂失的开户网点办理。撤销挂失后，已收的挂失手续费不退还储户。

3. 假币收缴。

（1）由发现假币的金融机构两名（含）以上持有反假货币上岗资格证书的业务人员当面予以收缴。

（2）对假人民币纸币，应当面加盖"假币"字样的戳记。

（3）对假外币纸币及各种假硬币，应当面以统一格式的专用袋加封，封口处加盖"假币"字样戳记，并在专用袋上标明币种、券别、面额、张（枚）数、冠字号码、收缴人、复核人名章等细项。

（4）告知持有人如对收缴的货币真伪有异议，可向中国人民银行当地分支机构或中国人民银行授权的当地鉴定机构申请鉴定。

（5）收缴的假币，不得再交与持有人。

（6）《中华人民共和国人民币管理条例》规定，单位、个人持有伪造、变造人民币的，应当及时上缴中国人民银行、公安机关或者办理人民币存取款业务的金融机构；发现他人持有伪造、变造人民币的，应当立即向公安机关报告。

（7）中国人民银行及中国人民银行授权的国有商业银行业务机构应当无偿提供鉴定人民币真伪的服务。

☑ 工作任务　特殊业务操作处理

项目活动1　储蓄存款挂失

【业务引入】

2015年3月20日，储户孙维到模拟银行金苑支行申请其活期存折（账号为00103000000201，开户日期为2014年1月2日）挂失。

【活动目标】

掌握储蓄存款挂失业务的操作流程与操作方法，能按照业务规程正确进行储蓄存款业务挂失操作。

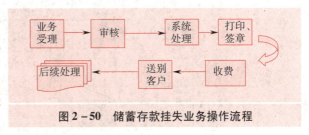

图2-50　储蓄存款挂失业务操作流程

【操作流程】

储蓄存款挂失业务操作流程见图2-50。

【操作步骤】

1. 业务受理。柜员受理客户正式挂失申请或口头挂失申请。若为正式挂失，柜员接收客户的身份证件，并请客户填写一式三联的挂失申请书（见图2-51），他人代理挂失的，还应接收代理人的身份证件；若为口头挂失（客户可通过电话、网上银行或到营业网点来办理），柜员填写挂失止付单。

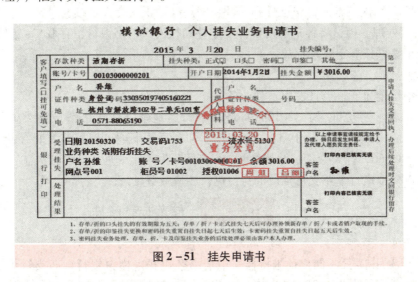

图2-51　挂失申请书

2. 审核。柜员根据储户提供的有关资料，认真核对储户的身份证件及账户的各项内容，审核挂失申请书上的内容填写是否完整、准确；在确认存款确未被支取的情况下，先冻结账户，再办理其他挂失手续。

3. 系统处理。柜员输入交易码，进入存折（单）、密码挂失界面，录入挂失账户信息，经主管柜员审核并授权后确认提交。

4. 打印、签章。柜员完成系统操作后，打印挂失申请书。若为口头挂失，打印特殊业务凭证后请客户签名，并加盖授权人和柜员名章。

5. 收费。若为正式挂失，柜员需向客户收取手续费，并打印一式两联业务收费凭证（见图2-52），由客户签收后收回。同时登记挂失登记簿。

挂失收费业务的会计分录为

借：现金　　　　　　　　　　　　　　　　　　　　　　　　　　　　10.00
　　贷：手续费收入——挂失手续费收入　　　　　　　　　　　　　　　10.00

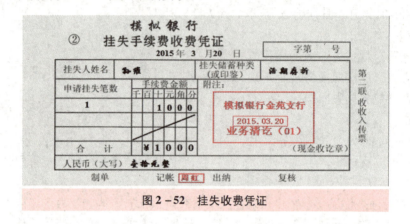

图2-52　挂失收费凭证

6. 送别客户。柜员将加盖了业务公章和柜员名章的挂失申请书客户联、收费凭证回单联及客户身份证件交客户，与客户道别。若为口头挂失，应明确告知客户必须在5日（异地为15天）内持本人身份证件到原开户网点办理正式挂失手续。

7. 后续处理。柜员将客户身份证件复印件和挂失申请书银行留存联专夹保管，业务收费凭证记账联按规定整理存放。

【活动练习】

模拟银行金苑支行当日发生下列业务：

客户张君（身份证号：330104198606062122，地址：杭州市解放路102号二单元101室，电话：86878222）于3月10日持本人身份证来申请其活期存折（账号：120200016886666，挂失金额：2,192元，开户日期为当年1月8日）挂失。

要求以模拟银行金苑支行柜员的身份进行相应业务处理。

项目活动2　储蓄存款解挂

【业务引入】

2015年3月27日，储户孙维持挂失申请书客户联来模拟银行金苑支行申请其挂失的活期存折（账号为00103000000201，开户日期为2011年1月2日）挂失销户。

【活动目标】

掌握储蓄存款解挂业务的操作流程与操作方法，能按照业务规程正确进行储蓄存款业务解挂操作。

【操作流程】

储蓄存款解挂业务操作流程见图2－53。

【操作步骤】

1. 业务受理。柜员接收客户的身份证件、储蓄挂失申请书客户联。若客户已找回挂失的存折（单），则还需接收存折（单）。

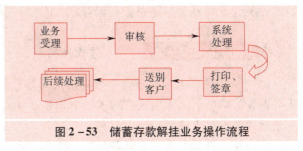

图2－53 储蓄存款解挂业务操作流程

2. 审核。柜员根据储户提供的有关资料，确认挂失时限已过、储户为客户本人后，按挂失申请书编号从专夹中抽出申请书银行留存联，会同主管柜员进行核对。

3. 系统处理。柜员输入解挂交易码，进入储蓄存折（单）解挂界面，录入账户信息、证件类型、证件号码等，经主管柜员审核并授权后确认提交。

4. 打印、签章。若为挂换、挂开业务，柜员根据系统提示打印新存折（单）和特殊业务凭证（若为存折，应先划新存折写磁后再打印）；若为挂撤、挂销和密码重置业务，则系统直接打印特殊业务凭证，挂销还需打印储蓄存款利息清单。

打印后，柜员审核各类存折（单）、特殊业务凭证和储蓄存款利息清单，确认无误后，在储蓄挂失申请书的"处理结果"栏注明处理结果，请客户在挂失申请书和特殊业务凭证上签名确认，并加盖业务公章和柜员名章（见图2－54）。然后柜员在新存折（单）上加盖储蓄专用章或业务专用章和柜员名章。

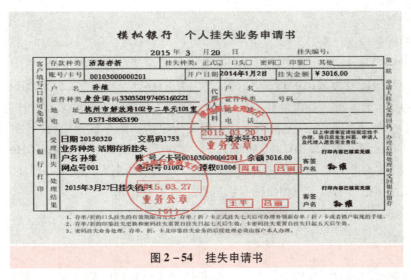

图2－54 挂失申请书

5. 送别客户。若为挂撤和密码重置业务，柜员将旧存折（单）交给客户；若为挂换、挂开业务，柜员将新开的存折（单）交给客户；若为挂销业务，柜员将现金（本息合计数）、储蓄存款利息清单请客户签名确认后交给客户，与客户道别。

6. 后续处理。柜员在挂失登记簿上写明处理结果，并与主管柜员分别签章确认，将特殊业务凭证（挂失申请书银行留存联作附件）和储蓄存款利息清单记账联整理存放。

 ［知识链接 2 - 8］ **个人存款证明**

1. 申请办理存款证明书的个人申请人资格：凡因出国留学、探亲、移民定居、经商或其他目的需要开具资信证明的居民个人和非居民个人，均可向开办个人存款证明业务的银行营业机构申请办理此项业务。

2. 可用于开具存款证明的个人金融资产包括客户在银行存入的本、外币定活期储蓄存款、购买的凭证式国债、个人外汇结构性存款、个人人民币理财产品。已被冻结、质押或所有权关系不明晰和个人代收费账户中的个人金融资产不能用于办理个人存款证明业务。

3. 对同一笔个人金融资产，在存款证明开出日可根据客户需求一次性开出相同金额的一份或多份存款证明。但同一笔个人金融资产不能在不同的日期、不同的营业机构开具存款证明。

4. 开具存款证明，应先办理个人金融资产冻结。申请开立存款证明所涉及的个人金融资产必须从存款证明开具之时起予以冻结止付。冻结止付期限由申请人决定，原则上在三个月以上，两年以内。

5. 存款证明仅作为客户本人在银行存放个人金融资产情况的证明，不能挂失，不得转让，不得为他人担保或作其他用途，也不能代替原个人金融资产凭证到银行办理取款、转存、续存等业务。

【活动练习】

模拟银行金苑支行当日发生下列业务：

1. 客户张君于 3 月 10 日来模拟银行金苑支行申请活期存款挂失后，3 月 13 日持本人身份证（身份证号为 330104198606062122）、活期存折（账号为 120200016886666，开户日期为当年 1 月 8 日，挂失金额：2,192 元）、挂失申请书客户联来撤销挂失。

2. 客户张君于 3 月 10 日来模拟银行金苑支行申请活期存款挂失后，3 月 17 日持本人身份证（身份证号为 330104198606062122）、活期存折（账号为 120200016886666，开户日期为当年 1 月 8 日，挂失金额：2,192 元）、挂失申请书客户联来办理挂失销户。

要求以模拟银行金苑支行柜员的身份进行相应业务处理。

项目活动3 **查询、冻结与扣划**

【活动目标】

了解金融机构协助有权机关查询、冻结和扣划业务处理的基本规定，能正确处理相关业务。

基本知识

1. 协助查询是指金融机构依照有关法律或行政法规的规定以及有权机关查询的要求，将单位或个人存款的金额、币种以及其他存款信息告知有权机关的行为。

办理协助查询业务时，经办人员应当核实执法人员的工作证件，以及有权机关县团级以上（含，下同）机构签发的协助查询存款通知书。司法机构处理案件、纠纷，行使司法权时，如有必要了解储户存款的有关情况，必须按照司法程序正式行文，由银行提供有关情况，司法部门在结案前，也必须承担保密义务。

2. 协助冻结是指金融机构依照法律的规定以及有权机关冻结的要求，在一定时期内禁止单位或个人提取其存款账户内全部或部分存款的行为。

办理协助冻结业务时，金融机构经办人员应当核实以下证件和法律文书：

（1）有权机关执法人员的工作证件；

（2）有权机关县团级以上机构签发的协助冻结存款通知书，法律、行政法规规定应当由有权机关主要负责人签字的，应当有主要负责人签字；

（3）人民法院出具的冻结存款裁定书、其他有权机关出具的冻结存款决定书。

冻结的期限最长不超过 6 个月，有特殊原因需要延长，应在冻结期满前重新办理冻结手续。逾期未重新办理冻结手续，视为自动撤销冻结。解除冻结时应由原通知单位提出正式的解除冻结存款通知书。

3. 协助扣划是指金融机构依照法律规定以及有权机关扣划的要求，将单位或个人存款账户内的全部或部分存款资金划拨到指定账户上的行为。

办理协助扣划业务时，金融机构经办人员应当核实以下证件和法律文书：

（1）有权机关执法人员的工作证件；

（2）有权机关县团级以上机构签发的协助扣划存款通知书，法律、行政法规规定应当由有权机关主要负责人签字的，应当有主要负责人签字；

（3）有关生效法律文书或行政机关的有关决定书。

4. 金融机构协助查询、冻结和扣划存款，应当在存款人开户的营业分支机构具体办理。营业机构协助办理时应进行过程登记（见图 2-55）。

模拟银行

协助查询、冻结、解冻、扣划登记簿

年月日	业务名称	户名	账号和金额	执行机关文号	执法人姓名、身份证号	批准人	经办人	授权人

图 2-55 协助查询、冻结、解冻、扣划登记簿

5. 有权机关是指依照法律、行政法规的明确规定，有权查询、冻结、扣划单位或个人在金融机构存款的司法机关、行政机关、军事机关及行使行政职能的事业单位。

表 2-7　　　　　　　　有权查询、冻结、扣划单位、个人存款的执法机关一览表

单位名称	查询		冻结		扣划	
	单位存款	个人存款	单位存款	个人存款	单位存款	个人存款
人民法院	有权	有权	有权	有权	有权	有权
税务机关	有权	有权	有权	有权	有权	有权
海关	有权	有权	有权	有权	有权	有权
人民检察院	有权	有权	有权	有权	无权	无权
公安机关	有权	有权	有权	有权	无权	无权
国家安全机关	有权	有权	有权	有权	无权	无权
军队保卫部门	有权	有权	有权	有权	无权	无权
监狱	有权	有权	有权	有权	无权	无权
走私犯罪侦查机关	有权	有权	有权	有权	无权	无权
监察机关（包括军队监察机关）	有权	有权	无权	无权	无权	无权
审计机关	有权	无权	无权	无权	无权	无权
工商行政管理机关	有权	无权	暂停结算	暂停结算	无权	无权
证券监管管理机关	有权	无权	无权	无权	无权	无权

　　注：本表所列机关是《金融机构查询、冻结、扣划工作管理规定》（2002）发布之日前有关法律、行政法规明确规定具有查询、冻结或者扣划存款权力的机关。规定发布实施之后，法律、行政法规有新规定的，从其规定。

　　金融机构经办人员在协助有权机关查询、冻结、扣划时应当注意的方面。

　　（1）协助查询方面：有权机关对个人进行查询时，只提供个人姓名，而不能提供身份证号码或者其他足以确定该个人存款账户的资料（比如户口簿、地址、单位、联系电话等），根据银发〔2002〕1号文第十一条第二款、银办函〔2001〕421号文规定，由于可能造成查询串户，侵犯其他存款人的合法权益，因此，银行不予协助查询。

　　（2）协助冻结方面：经办人员在受理协助冻结前，应当首先查询账户状态，对已办理冻结手续的，则不再受理新的冻结。但原有权机关仅冻结账户内的部分资金，另一有权机关要求对账户内的剩余未被冻结资金冻结的，可以办理，但应书面将已冻结情况告知该有权机关。

　　（3）协助扣划方面：① 若有权机关要求对个人定期存单进行部分扣划，应按要求金额进行扣划，将剩余金额重开一张新的定期存单。新开存单作代保管处理。经办人应联系客户，请其取回新开存单，并将原存单交还银行，交回的原存单作当日科目日结单附件上缴。② 原则上应当将款项直接划入有权机关指定的账户；但如果指定账户不是以有权机关名义开立的专用账户，而是其他非有权机关的账户，经办人员应当通过电话对有权机关执法人员的身份及扣划要求进行核实。有权机关要求提取现金的，一律不予协助。

　　📖［案例分析2-1］

　　某法院受理一市民遗产诉讼后至某银行，要求对该市民养母的生前存款情况进行查询。因经办人员不熟悉有关规定，仅凭法院提供的存款人姓名即办理了查询，误将一名

同名同姓客户的存款情况提供给了法院，法院据此将该笔存款判定由该市民继承。随后该市民持判决书来银行申请存单挂失，经办人员在没有认真核对存款人的身份与账户信息的情况下即为其办理了挂失，后存款被提前支取。银行发现错划后请求该市民退还存款未果后产生纠纷。

本案例是因经办人员不熟悉有关规定，在有权机关手续不全且未认真核对客户资料的情况下进行处理而导致的串户错划纠纷。

项目活动4　假币收缴

【业务引入】

2015年4月10日，模拟银行金苑支行柜员周虹办理储户孙维存款业务时，发现一张2005年版100元纸币假币，周虹当即与主管柜员吕丽办理了假币收缴手续。

【活动目标】

掌握假币收缴业务的操作流程与处理方法，能按照业务规程正确进行假币收缴业务操作。

【操作流程】

假币收缴业务操作流程见图2-56。

【操作步骤】

1. 发现假币。柜员在办理业务时发现假币应立即向客户声明，并马上报告主管柜员。

2. 双人确认。两名（含）以上持有反假币上岗资格证书的柜员在客户的视

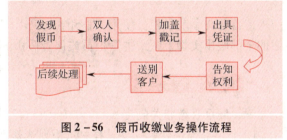

图2-56　假币收缴业务操作流程

线范围内采用人、机结合的方式进一步对假币进行鉴定和确认。

3. 加盖戳记。确认为假币后，两名（含）以上持有反假货币上岗资格证书的柜员在客户视线范围内办理假币收缴手续，对假人民币纸币，应当面加盖"假币"字样戳记；对假外币纸币及各种假硬币，应当面以统一格式的专用袋加封，封口处加盖"假币"字样戳记，并在专用袋上标明币种、券别、面额、张（枚）数、冠字号码、收缴人、复核人名章等细项。

4. 出具凭证。柜员输入交易码，进入假币收缴操作界面，完整录入中国人民银行统一设计的假币收缴凭证上所有内容后，打印假币收缴凭证，并请客户在银行留存联上签字确认；若客户拒绝签字，应在客户签字栏注明"客户拒签"，然后在假币收缴凭证（见图2-57）上加盖业务公章和经办柜员、复核柜员名章。将假币收缴凭证客户联交给客户。收缴的假币，柜员不得再交与持有人（客户），也不得自行将假币销毁。

5. 告知权利。柜员应告知客户，如对被收缴的货币真伪有异议，可自收缴之日起3个工作日内，持假币收缴凭证直接或通过收缴单位向中国人民银行当地分支机构或中国人民银行授权的当地鉴定机构申请鉴定。

6. 送别客户。柜员将假币收缴凭证客户联交给客户并告知权利后，与客户道别。

7. 后续处理。柜员使用"假币出入库"交易，选择"收缴入库"，查询"登记"状态下柜员假币收缴记录，与实物核对无误后，作入库处理。

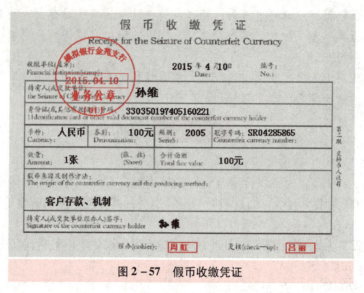

图 2-57 假币收缴凭证

待营业终了前，柜员使用"假币出入库"交易，选择"收缴出库"，将本人当日收缴的全部假币实物上缴给主管柜员或保管假币的指定柜员。

 [知识链接 2-9]

一、假币收缴相关规定

1. 金融机构在收缴假币过程中有下列情形之一的，应当立即报告当地公安机关，提供有关线索：

（1）一次性发现假人民币 20 张（枚）（含 20 张、枚）以上、假外币 10 张（枚）（含 10 张、枚）以上的；

（2）属于利用新的造假手段制造假币的；

（3）有制造贩卖假币线索的；

（4）持有人不配合金融机构收缴行为的。

2. 持有人对被收缴货币的真伪有异议，可以自收缴之日起 3 个工作日内，持假币收缴凭证直接或通过收缴单位向中国人民银行当地分支机构或中国人民银行授权的当地鉴定机构提出书面鉴定申请。

中国人民银行分支机构和中国人民银行授权的鉴定机构应当无偿提供鉴定货币真伪的服务，鉴定后应出具中国人民银行统一印制的货币真伪鉴定书，并加盖货币鉴定专用章和鉴定人名章。

3. 对盖有"假币"字样戳记的人民币纸币，经鉴定为真币的，由鉴定单位交收缴单位按照面额兑换完整券退还持有人，收回持有人的假币收缴凭证，盖有"假币"戳记的人民币按损伤人民币处理；经鉴定为假币的，由鉴定单位予以没收，并向收缴单位和持有人开具货币真伪鉴定书和假币没收收据。

对收缴的外币纸币和各种硬币，经鉴定为真币的，由鉴定单位交收缴单位退还持有人，并收回假币收缴凭证；经鉴定为假币的，由鉴定单位将假币退回收缴单位依法收缴，并向收缴单位和持有人出具货币真伪鉴定书。

二、假币收缴业务中常见情况的处理

1. 假币持有人（客户）拒绝在收缴凭证上签字怎么办？

答：若客户拒绝在收缴凭证上签字，柜员应在客户签字栏注明"客户拒签"，并请主管柜员签字证明。

2. 假币持有人（客户）坚持要看被收缴的假币怎么办？

答：如果假币持有人（客户）向银行柜员索要假币，银行柜员根据《中国人民银行假币收缴、鉴定管理办法》中"金融机构工作人员不得再把假币交与持有人"的规定，不得将假币交与该持有人。不过，这时候银行柜员可隔着柜台玻璃供持有人辨认，并耐心解释假币特征，以防假币重新流入社会。同时告知持有人如对被收缴的货币真伪有异议，可自收缴之日起3个工作日内，持假币收缴凭证直接或通过收缴单位向中国人民银行当地分支机构或中国人民银行授权的当地鉴定机构提出书面鉴定申请。

3. 柜员发现自己误收假币怎么办？

答：柜员误收假币只能自己承担损失，但不能擅自处理，否则就不单是经济问题了。

【活动练习】

模拟银行金苑支行当日发生下列业务：

1. 客户张君到银行柜台存款 10,000 元，其中有 1 张 100 元人民币纸币为假币（2005 年版，冠字号为 HF 73506643）。

2. 客户周坪到银行柜台存款 2,500 元，其中有 1 张 50 元人民币纸币为假币（2005 年版，冠字号为 SR 68604439）。

要求以模拟银行金苑支行柜员的身份进行相应业务处理。

项目活动5　票币兑换

【活动目标】

掌握票币兑换业务操作流程与处理方法，能按照业务规程正确进行票币兑换业务操作。

【操作流程】

票币兑换业务操作流程见图 2-58。

1. 业务受理。银行柜员仔细聆听客户口述主、辅币兑换或残缺币兑换的要求，接收需兑换的票币。

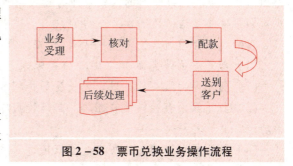

图 2-58　票币兑换业务操作流程

2. 核对。主、辅币兑换，柜员要确认客户兑换金额或请客户填写兑换清单，进行清点与核对；特殊残缺、污损人民币兑换由柜员按照《中国人民银行残缺污损人民币兑换办法》有关规定确定兑换标准，经复核、业务主管确认无误后，当着兑换人的面在损伤票币上加盖"全额"或"半额"戳记，分类别按全额、半额使用专用袋密封，填制金融机构特殊残缺污损人民币兑换单（见图 2-59），加盖有关人员名章；专用袋及封签应具有不可恢复性。如遇特殊原因的损伤票币需放宽标准的，兑换时需经有关领导批准。

金融机构特殊残缺污损人民币兑换单

金融机构名称（业务公章）：　　　　　　　　　　　兑换日期：　　年　月　日

特殊残缺污损人民币情况			兑　换　结　果		
券别	版别	数量（张、枚）	全额（张、枚）	半额（张、枚）	兑换金额（元）
合计					
备注					

业务主管：　　　　　复核：　　　　　经办：　　　　　持有人：

此单一式三联：一联金融机构留存；一联粘贴在专用袋上；一联交持有人

图 2 - 59　金融机构特殊残缺污损人民币兑换单

3. 配款。柜员清点与核对无误后，按客户要求（主、辅币兑换）或按鉴定（残缺票币兑换）配款。

4. 送别客户。柜员将配好的款项交与客户，待客户确认无误后与客户道别。

5. 后续处理。柜员将主、辅币兑换的现金放入钱箱，残缺币兑换的，将有关证明与被兑换、鉴定票币一起装封入袋，以备查考。鉴别人签章封口，交中国人民银行当地发行库销毁。

［知识链接 2 - 10］

1. 人民币票币兑换是银行出纳工作的一项重要任务。票币兑换包括主、辅币的兑换，也包括残缺票币的兑换。

2. 不宜流通人民币挑剔标准。在流通过程中因长期使用磨损或由于自然灾害等特殊原因以致不能再继续流通的人民币即为损伤票币，应将其剔出。挑剔损伤票币，既要考虑市场票币的整洁，又要贯彻节约的原则。挑剔时，根据中国人民银行 2003 年 12 月 1 日公布的《不宜流通人民币挑剔标准》，按以下标准掌握：

（1）纸币票面缺少面积在 20 平方毫米以上；

（2）纸币票面裂口两处以上、长度每处超过 5 毫米，裂口 1 处、长度超过 10 毫米；

（3）纸币票面存在纸质较绵软，起皱较明显，脱色、变色、变形，不能保持票面防伪功能等情形之一；

（4）纸币票面污渍、涂写字迹面积超过 2 平方厘米，或者不超过 2 平方厘米但遮盖了防伪特征之一；

（5）硬币有穿孔、裂口、变形、磨损、氧化及文字、面额数字、图案模糊不清等情形之一。

3. 损伤票币的兑换标准。

《中国人民银行残缺污损人民币兑换办法》规定：

（1）能辨别面额，票面剩余 3/4（含 3/4）以上，其图案、文字能按原样连接的残缺、污损人民币，应按原票面额给予全额兑换（见图 2 - 60）。

可兑换全额

可兑换全额

图2-60 全额兑换示意图

（2）能辨别面额，票面剩余1/2（含1/2）以上至3/4以下，其图案、文字能按原样连接的残缺、污损人民币，按原面额的一半兑换。

纸币呈正十字形缺少1/4的，按原面额的一半兑换（见图2-61）。

可兑换半额

可兑换半额

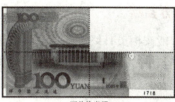
可兑换半额

图2-61 半额兑换示意图

4. 不予兑换的残缺人民币：

（1）票面残缺1/2以上者；

（2）票面污损、熏焦、水湿、油浸、变色不能辨别真假者；

（3）故意挖补、涂改、剪贴、拼凑、揭去一面者。

5. 持有人如对残缺、污损的人民币兑换结果有异议，经持有人要求，金融机构应出具认定证明并退回该残缺、污损人民币。

持有人可凭认定证明到中国人民银行分支机构申请鉴定，中国人民银行应自申请日起5个工作日内作出鉴定并出具鉴定书（见图2-62）。持有人可持中国人民银行的鉴定书及可兑换的残缺、污损人民币到金融机构进行兑换。

中国人民银行特殊残缺污损人民币鉴定书

鉴定单位名称（公章）：   鉴定日期：　年　月　日

持有人：			证件号码：		
特殊残缺污损人民币情况			鉴 定 结 果		
券别	版别	数量（张、枚）	全额（张、枚）	半额（张、枚）	兑换金额（元）
	合计				
备注					

业务主管：   复核：   鉴定：

此书一式四联：一联鉴定单位留存；一联粘贴在专用袋上；一联随专用袋传递给受理特殊残缺污损人民币兑换业务的金融机构；一联交持有人到金融机构办理特殊残缺污损人民币兑换业务

图2-62 特殊残缺污损人民币鉴定书

模块六
柜面日终操作处理

能力目标

　　能按柜员日终平账的处理流程和操作方法进行日终平账；能按有关规定整理凭证、印章，进行钞券捆扎；能按日终签退的处理流程和操作方法进行日终签退；能按规定进行钱箱交接。

☑ **工作任务** **柜面日终操作处理**

项目活动 1 **临柜柜员日终平账与签退**

【活动目标】

　　掌握临柜柜员日终平账与签退的操作流程和操作方法，能按照业务规程正确操作。

【操作流程】

　　临柜柜员日终平账与签退操作流程见图 2－63。

【操作步骤】

　　1. 柜员轧账。

图 2－63　临柜柜员日终平账操作流程

　　（1）检查柜员平账器。输入流水平账的交易代码，系统自动进行平账。如果借贷方金额相等，说明当天账务平衡，根据系统提示打印流水账和轧账单；如果借贷方金额不等，说明有错账存在，查找到错账后，经主管柜员授权后进行抹账；对当日不能核销的账项应挂账，次日查清原因后再进行相应处理。

　　（2）打印柜员平账报告表、柜员重要空白凭证核对表。轧平当天账务后，打印平账报告表和柜员重要空白凭证核对表。

　　（3）整理核对交易清单。整理核对交易清单时需要注意检查：交易清单的数量与柜员平账报告表上交易清单数是否相符，交易清单上的序号（传票号）是否保持连续；按传票号从小到大的顺序整理、排列交易清单，原始凭证应作为交易清单的附件。

　　2. 账实核对。

　　（1）核对现金。柜员对实物钱箱的现金按券别进行整理清点，核对电子钱箱与实物钱箱的余额，确保两者金额、券别完全一致。

（2）上缴现金。检查库存现金余额是否超过柜员日终限额，如超过限额，应将超柜员限额部分上缴。

（3）核对重要空白凭证。每日营业终了，柜员应将重要空白凭证与相关登记簿进行账实核对，确保账实、账账核对相符。

3. 上缴电子钱箱。账实相符后，主管柜员对各柜员的实物钱箱清点确认无误后，对实物钱箱双人双锁上缴，并同时收缴各柜员的电子钱箱。

4. 签退。

（1）完成日终平账，移交平账报告表及交易清单。营业终了，柜员核对现金、重要空白凭证无误后，按平账报告表、记账凭证、原始凭证及附件的顺序整理平账报告表及交易清单，并交主管柜员复核。

（2）办理柜员签退。主管柜员复核各柜员提交的平账报告表及交易清单无误后，临柜柜员办理签退手续。

临柜柜员签退时，只需输入签退的交易代码，根据系统提示选择相应的签退方式即可。

柜员签退分为正式签退和临时签退。柜员因故暂离岗位必须退出操作系统，即临时签退。此时，印章、重要空白凭证和现金都必须入保险箱（柜）加锁保管。已办理签退手续的柜员，若需要继续办理业务的，必须重新签到。

5. 后续处理。各柜员平账和签退后，整个营业网点还要进行日终业务处理，也包括平账和签退。

【活动练习】

请扮演模拟银行金苑支行柜员，完成以下日终工作：

1. 轧账。
2. 账实核对。
3. 上缴电子钱箱。
4. 签退。

项目活动2　实物钱箱上缴

【活动目标】

掌握柜员实物钱箱上缴的操作流程与操作方法，能按照业务规程正确进行实物钱箱上缴操作。

【操作流程】

柜员实物钱箱上缴操作流程见图2-64。

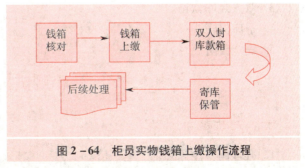

图2-64　柜员实物钱箱上缴操作流程

【操作步骤】

1. 钱箱核对。

（1）核对现金。柜员对实物钱箱的现金按券别进行整理清点，核对电子钱箱与实物钱箱的余额，确保两者金额、券别完全一致。

（2）上缴现金。检查库存现金余额是否超过柜员日终限额，如超过限额，应将超柜员限额部分上缴。

（3）核对重要空白凭证。每日营业终了，柜员应将重要空白凭证与相关登记簿进行账实核对，确保账实、账账核对相符。

2. 钱箱上缴。账实相符后，主管柜员对各柜员的实物钱箱清点确认无误后，对实物钱箱双人双锁上缴，并同时收缴各柜员的电子钱箱。

3. 双人封库款箱。库款箱必须双人双锁加封。

4. 寄库保管。运钞车到达网点，指定人员必须首先核实交接员身份，再由两名柜员与交接员清点、核实、交接库款箱，并办理交接手续（见图 2-65）。

图 2-65　网点款箱、封包上送清单

5. 后续处理。柜员撤离网点前，须对网点的机器设备、消防设备、电源、门窗、箱柜等进行检查，确保安全无误后，进行网点清场；由专人进行 110 布防后，关门上锁，柜员离开营业网点。

✉　**特别说明：** 网点平账由网点主管柜员负责办理，网点主管柜员在网点账务轧平前不得离岗。

【活动练习】

请扮演模拟银行金苑支行柜员，完成以下日终工作：

1. 钱箱核对。
2. 钱箱上缴。
3. 双人封库款箱。
4. 寄库保管。
5. 安全设防。

【小测试】

一、判断题

1. 办理储蓄业务必须一笔一清。　　　　　　　　　　　　　　　　　　　（　　）
2. 我国于 1999 年 11 月 1 日起实行个人存款账户实名制。　　　　　　　　（　　）
3. 教育储蓄不能提前支取。　　　　　　　　　　　　　　　　　　　　　（　　）
4. 整存整取定期储蓄存款是最基本的定期储蓄存款。　　　　　　　　　　（　　）

5. 活期储蓄存款的结息日为每季末月 20 日。　　　　　　　　　　（　　）

6. 教育储蓄存款的存期有 1 年、3 年和 5 年三个档次。　　　　　（　　）

7. 存本取息定期储蓄存款的取息期限可由储蓄机构选定。　　　　（　　）

8. 超限额的现金存、取款业务需要当场授权。　　　　　　　　　　（　　）

9. 整存整取定期储蓄存款的存期分为 3 个月、6 个月、1 年、3 年、5 年五个档次。
　　　　　　　　　　　　　　　　　　　　　　　　　　　　　　　　（　　）

10. 定活两便储蓄存款存期满 3 个月而不满 6 个月的，按支取日挂牌公告的 6 个月整存整取定期储蓄存款利率打 6 折计息。　　　　　　　　　　　　（　　）

11. 个人通知存款的本金起存金额是 5,000 元。　　　　　　　　　（　　）

12. 客户办理正式挂失手续时必须填写挂失申请书。　　　　　　　　（　　）

13. 一次性发现假人民币 10 张（枚）（含 10 张、枚）以上的，应当立即报告当地公安机关。　　　　　　　　　　　　　　　　　　　　　　　　　　　（　　）

14. 票面残缺二分之一以上的残损人民币可予兑换。　　　　　　　　（　　）

二、单选题

1. 储蓄存款个人利息所得税从（　　）时开始暂停征收。
A. 2007 年 8 月 15 日　　　　　　　　B. 2007 年 10 月 9 日
C. 2008 年 10 月 9 日　　　　　　　　D. 2010 年 4 月 1 日

2. 教育储蓄本金合计最高限额为（　　）。
A. 1 万元　　　　B. 2 万元　　　　C. 3 万元　　　　D. 5 万元

3. 储蓄存款支取金额超过（　　）应授权处理。
A. 1 万元　　　　B. 2 万元　　　　C. 5 万元　　　　D. 10 万元

4. 下列（　　）存款是最基本的定期储蓄存款。
A. 整存整取定期储蓄　　　　　　　　B. 零存整取定期储蓄
C. 教育储蓄　　　　　　　　　　　　D. 存本取息定期储蓄

5. 活期储蓄存款的计息方法是（　　）。
A. 固定积数计息法　　　　　　　　　B. 逐笔计息法
C. 日积数计息法　　　　　　　　　　D. 月积数计息法

6. 以下关于活期储蓄存款的规定中错误的是（　　）。
A. 人民币活期储蓄存款 1 元起存，多存不限
B. 活期储蓄存款按季计息
C. 结息日次日利息入账，并入本金
D. 未到结息日销户的，按开户日挂牌公告的活期储蓄存款利率计付利息

7. 以下关于整存整取定期储蓄存款的规定中错误的是（　　）。
A. 整年或整月的存期必须对年对月对日计
B. 算头不算尾，存入日起息，支取日不计息
C. 整存整取定期储蓄存款可以办理自动转存
D. 整存整取定期储蓄存款可以办理部分提前支取

8. 下列不属于定期储蓄存款的是（　　）。

A. 整存整取　　B. 零存整取　　　C. 存本取息　　　D. 定活两便

9. 存折口头挂失期限为（　　）。

A. 三天　　　　B. 五天　　　　　C. 七天　　　　　D. 十天

10. 下列单位中具有查询、冻结、扣划权力的有（　　）。

A. 人民法院　　B. 审计机关　　　C. 公安机关　　　D. 国家安全机关

11. 下列人民币可半额兑换的是（　　）。

A. 能辨别面额，票面剩余四分之三，其余图案、文字能照原样连接的

B. 能辨别面额，票面剩余二分之一，其余图案、文字能照原样连接的

C. 能辨别面额，票面残缺二分之一以上的

D. 故意挖补的票币

12. （　　）不能用于办理个人存款证明业务。

A. 客户在银行存入的人民币定期储蓄存款

B. 客户在银行购买的凭证式国债

C. 客户在银行购买的个人人民币理财产品

D. 客户个人代收费账户中的人民币活期储蓄存款

三、多选题

1. 起存金额 50 元的储蓄存款种类有（　　）。

A. 整存整取定期储蓄存款　　　　B. 零存整取定期储蓄存款

C. 教育储蓄存款　　　　　　　　D. 存本取息定期储蓄存款

2. 教育储蓄的开户对象为（　　）。

A. 在校学生　　　　　　　　　　B. 小学四年级（含）以上在校学生

C. 接受非义务教育　　　　　　　D. 接受成人教育

3. 以下属于日初安全检查内容的有（　　）。

A. 双人同时进入营业场所，并立刻撤除自动报警装置

B. 检查报警铃等安全防卫器具是否正常、完好

C. 检查二道门锁是否完好

D. 检查录像监控设备是否可以正常使用

4. 以下属于我国储蓄原则的是（　　）。

A. 存款自愿　　B. 取款自由　　　C. 存款有息　　　D. 为储户保密

5. 个人存款账户实名制所指的有效证件包括（　　）。

A. 居民身份证　　B. 工作证　　　C. 护照　　　　　D. 学生证

6. 以下属于零存整取定期储蓄存款和教育储蓄存款区别的是（　　）。

A. 起存金额不同　　　　　　　　B. 利率不同

C. 对象不同　　　　　　　　　　D. 存期不同

四、简答题

1. 请说出我国储蓄政策和原则。

2. 请说出定期储蓄存款的种类。

3. 请说出不宜流通人民币的挑剔标准。

4. 柜员日终的账实核对主要核对哪些内容?

5. 柜员临时签退需做好哪些工作?

表 2 – 8   近年储蓄存款年利率变动表

单位:%

日期	整存整取定期储蓄						零存整取、整存零取、存本取息			活期	通知存款	
	三个月	半年	一年	二年	三年	五年	一年	三年	五年		1 天	7 天
2012.06.08	2.85	3.05	3.25	4.10	4.65	5.10	2.85	3.05	3.25	0.40	0.85	1.39
2012.07.06	2.60	2.80	3.00	3.75	4.25	4.75	2.60	2.80	3.00	0.35	0.80	1.35
2014.11.22	2.35	2.55	2.75	3.35	4.00		2.35	2.55		0.35	0.80	1.35
2015.03.01	2.10	2.30	2.50	3.10	3.75		2.10	2.30		0.35	0.80	1.35
2015.05.11	1.85	2.05	2.25	2.85	3.50		1.85	2.05		0.35	0.80	1.35
2015.06.28	1.60	1.80	2.00	2.60	3.25		1.60	1.80		0.35	0.80	1.35
2015.08.26	1.35	1.55	1.75	2.35	3.00		1.35	1.55		0.35	0.80	1.35
2015.10.24	1.10	1.30	1.50	2.10	2.75		1.10	1.30		0.35	0.80	1.35

3 项目三　个人贷款业务处理

学习目标：

熟悉个人贷款业务相关业务规定，掌握个人贷款业务相关操作规程与处理手续。

模块一
个人质押贷款业务操作处理

能力目标

熟悉个人质押贷款业务基本业务规定，掌握个人质押贷款业务的操作规程，能按有关业务规定正确办理个人质押贷款的发放与收回，能根据不同的还贷期限计算个人质押贷款的利息。

基本知识

1. 个人质押贷款是指个人因急需资金，以在本行未到期的定期储蓄存单及凭证式国债作抵押，向银行申请获得贷款，到期归还贷款本息的一种贷款业务。

2. 贷款对象：中华人民共和国公民和中华人民共和国境内居民，凡具有完全民事行为能力的自然人，都可以向银行申请办理个人质押贷款。

3. 质押品：必须是未到期的整存整取、存本取息、外币定期储蓄存款存单等具有定期存款性质的权利凭证。凡是所有权有争议、已被设定为担保、挂失、失效状态或被依法止付的存单，不得作为质押品办理个人质押贷款。

4. 贷款额度：个人质押贷款的最高额度一般不得超过所质押存单（折）面额的90%。对于外币存单的面额，应当按照贷款申请当日公布的外汇（钞）买入价折成人民币计算。

5. 贷款期限：个人质押贷款的最长期限不得超过质押品的到期日；若用不同期限的多张存单（折）作质押，以距离到期日最近的时间确定贷款期限。

工作任务 个人质押贷款发放与收回

项目活动1 个人质押贷款发放

【业务引入】

2015年3月20日，客户张丽（身份证号码为330102197902033015）持一张存期为二年的50,000元面额的整存整取定期储蓄存单（开户日期为2013年7月25日的本行存单）来行申请办理个人质押贷款，贷款金额为35,000元，贷款期限2个月。

【活动目标】

掌握个人质押贷款发放的业务处理规定，能按照业务规定正确进行个人质押贷款的发放操作。

【操作流程】

个人质押贷款发放业务操作流程见图3-1。

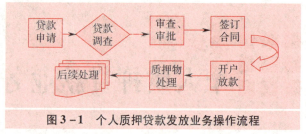

图3-1 个人质押贷款发放业务操作流程

【操作步骤】

1. 贷款申请。借款人申请贷款时，填写个人质押贷款申请审批表（见图3-2）。借款人、出质人须同时到场，并提供本人有效身份证件，填写质押凭证清单。

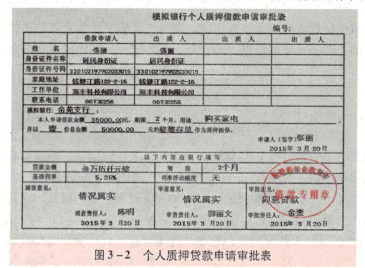

图3-2 个人质押贷款申请审批表

2. 贷款调查。贷款调查责任人对借款申请人的资格及权利质物的真实性、合法性进行调查。调查的主要内容有：

（1）借款人提供的有价权利凭证是否真实有效，有无到期，有无挂失、冻结、止付，有无争议或法律纠纷；

（2）借款人填写的个人情况是否属实，贷款金额是否符合规定，贷款用途是否正当合法；

（3）借款人是否以他人的权利凭证办理质押贷款，借款人、出质人是否提供了有效身份证件，是否具有完全民事行为能力。

调查责任人认定调查内容属实后，在申请审批表上签注明确意见，连同有关证明材料交贷款审查责任人审查。

3. 审查、审批。贷款审批责任人要认真审核借款人的有关材料和内容，对借款人尽快作出"贷"与"不贷"的明确答复。同意贷款，要在审批表中签署审批意见，通知贷款调查责任人办理质押凭证的止付手续（见图3-3）。

4. 签订合同。贷款审批责任人（或授权代理人）同借款人、出质人共同签订个人质押借款合同，由贷款行、借款人、出质人各执一份。

图 3－3　质押凭证止付通知书

5. 开户放款。银行经办柜员使用个人贷款账户开户交易，开立个人质押贷款账户；使用放款交易发放贷款，打印个人质押贷款借款凭证（见图 3－4）。

个人质押贷款发放的会计分录为

借：个人质押贷款——张丽户　　　　　　　　　　　　　　　35,000.00

　　贷：活期储蓄存款——张丽户　　　　　　　　　　　　　　35,000.00

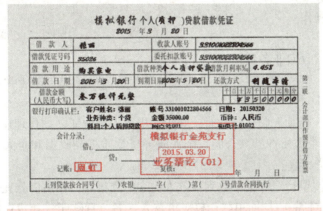

图 3－4　个人质押贷款借款凭证

6. 质押物处理。填制表外科目收入凭证（见图 3－5），进行质押物的账务处理。

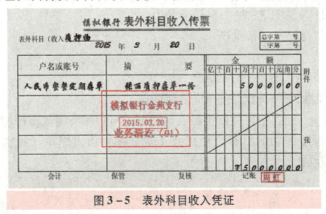

图 3－5　表外科目收入凭证

收入：质押物—人民币整整定期储蓄存单　　　　　　　　　50,000.00

7. 后续处理。表外科目记账后，经办人员将质押权利凭证交管库员入库保管，同时出具个人质押贷款质押品收据交与客户。

【活动练习】

模拟银行金苑支行当日发生下列业务：

2月18日上午，李明持一张存期为二年的100,000元面额的整存整取定期储蓄存单（开户日期为前年7月15日，本银行存单）申请个人质押贷款，贷款金额为60,000元，贷款限期为3个月。

要求以模拟银行柜员的身份进行相应业务的处理。

项目活动2　个人质押贷款收回与利息计算

【业务引入】

2015年5月20日，张丽到期归还2015年3月20日申请的35,000元个人质押贷款。

【活动目标】

掌握个人质押贷款收回业务处理规定，能按照业务规定正确进行个人质押贷款的收回操作。

【操作流程】

个人质押贷款收回业务操作流程见图3-6。

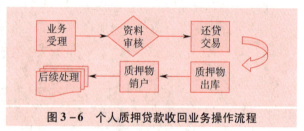

图3-6　个人质押贷款收回业务操作流程

【操作步骤】

1. 业务受理。借款人归还贷款时，必须凭借款人身份证（如代理还款的，还须出示代理人身份证）、个人质押借款合同、个人质押贷款质押品收据和个人质押贷款借款凭证到网点办理还贷事宜。

2. 资料审核。银行经办柜员收到借款人提交的资料后，调出借款凭证和贷款管理卡进行审核：有无质押品收据回单联；核对借款人姓名、贷款账号和借据编号；核对借款人有无逾期贷款，一般应先归还逾期贷款，再办理到期或提前还款。

3. 还贷交易。银行经办柜员使用还贷交易，收回贷款本息，并打印还贷凭证（见图3-7）和利息凭证（见图3-8）。会计分录为

借：活期储蓄存款——张丽户　　　　　　　　　　　　　35,312.08
或借：现金　　　　　　　　　　　　　　　　　　　　　35,312.08
　　贷：个人质押贷款——张丽户　　　　　　　　　　　　35,000.00
　　　　利息收入——个人质押贷款利息收入　　　　　　　　312.08

4. 质押物出库。经办柜员凭质押品收据回单联向管库员领取质押物。管库员使用质押品出库交易办理质押物的出库，并在抵（质）押物出入库单（见图3-9）签章后，将质押物交经办柜员。

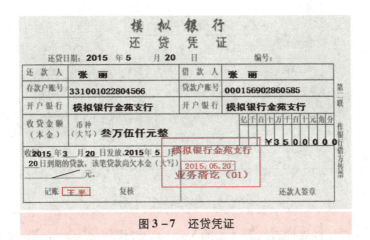

图 3 – 7　还贷凭证

图 3 – 8　利息凭证

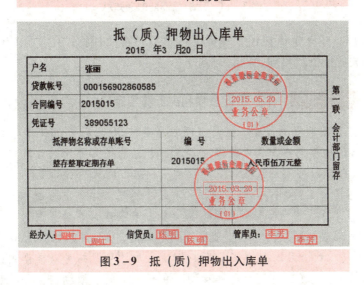

图 3 – 9　抵（质）押物出入库单

5. 质押物销户。银行经办柜员填制表外科目付出凭证（见图 3 – 10），进行质押物的销户处理。

付出：质押物—人民币整整定期储蓄存单　　　　　　　　　　　　　　50,000.00

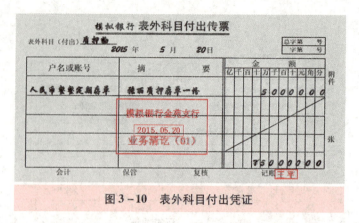

图 3-10　表外科目付出凭证

然后填制质押凭证处理通知书（见图 3-11），办理质押物的解除止付手续。

图 3-11　质押凭证处理通知书

6. 后续处理。经办柜员在还款凭证上签章后，将质押物、还款凭证回单联交借款人。同时将相关凭证资料整理归档。

 ［知识链接 3-1］　个人质押贷款利息计算规定

1. 个人质押贷款期限的计算，按月归还的每期按 30 天计算，按季归还的每期按 90 天计算，按年归还的每期按 360 天计算，不满一个月的按实际天数计算（如果贷款银行规定个人质押贷款期限按实际天数计算的，则应根据实际天数计算贷款利息）。

2. 个人质押贷款实行利随本清，到期一次还本付息。计算公式为

贷款利息 = 贷款还款金额 × 贷款日利率 × 累计天数

3. 个人质押贷款利率按同档次短期贷款利率确定，6 个月以内（含 6 个月）按 6 个月期贷款利率计息，6 个月以上的按 1 年期贷款利率计息，并可以根据中国人民银行有关规定，在规定的幅度范围内实行利率浮动。在贷款合同有效期内，如果遇到法定利率调整，按合同利率计息，不作调整。

4. 个人质押贷款发生逾期时，凡逾期在 1 个月以内（含 1 个月）的，按罚息利率计收罚息。逾期超过 1 个月时，贷款行处理质押存单或凭证式国债，用于抵偿贷款本息。

5. 借款人提前还款时，按原定利率和实际天数已计收的利息，不随期限、利率的变化而调整。

【活动练习】

模拟银行金苑支行当日发生下列业务：

5月18日下午，李明持本人身份证、个人质押借款合同、个人质押贷款质押品收据和个人质押贷款借据到模拟银行金苑支行办理他在当年2月18日所贷的60,000元个人质押贷款的还贷。

要求以模拟银行金苑支行柜员的身份进行相应业务的处理。

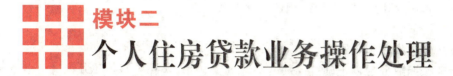

模块二
个人住房贷款业务操作处理

能力目标

掌握个人住房贷款的基本业务规定与操作规程，能按有关业务规定正确办理个人住房贷款业务的发放与收回业务处理。

基本知识

1. 个人住房贷款是银行向借款人发放的用于购买自用普通住房的贷款。

2. 贷款对象：凡具有完全民事行为能力的自然人，在符合下列条件的情况下都可以申请银行个人住房贷款。

（1）合法有效的身份或居留证明；

（2）有稳定的经济收入、良好的信用、偿还贷款本息的能力；

（3）有合法有效的购买（建造、大修）住房的合同、协议以及贷款银行要求提供的其他证明文件；

（4）有贷款银行认可的资产进行抵押或质押，或有足够代偿能力的法人、其他经济组织或自然人作为保证人；

（5）贷款银行规定的其他条件。

3. 贷款额度：个人住房贷款的发放一般是按拟购（建造、大修）住房价格扣除其不低于房款30%的首付款后的数量确定，最高为所购住房全部价款或评估价值（以低者为准）的70%。

4. 贷款期限：银行可根据实际情况，合理确定贷款期限，但最长不得超过30年。

5. 担保方式：个人住房贷款可实行抵押、质押和保证三种担保方式。贷款银行可根据借款人的具体情况，采用一种或同时采用几种贷款担保方式。

6. 贷款利率：按照中国人民银行有关规定执行，可在人民银行公布的同期同档次基准利率的基础上，在规定的范围内浮动。

工作任务 个人住房贷款业务操作处理

项目活动 个人住房贷款发放与收回

【业务引入】

2015 年 3 月 6 日，客户李军与华元房产公司签订购房合同，房款总价 1,500,000 元，首付 450,000 元，与模拟银行金苑支行签订按揭贷款协议，办理 1,050,000 元的住房贷款。该笔贷款采用委托分期扣款方式归还贷款本息。

【活动目标】

掌握个人住房贷款发放和收回的业务处理规定，能按照业务规程正确进行个人住房贷款业务发放与收回业务操作。

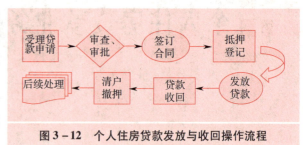

图 3-12 个人住房贷款发放与收回操作流程

【操作流程】

个人住房贷款发放与收回操作流程见图 3-12。

【操作步骤】

1. 受理贷款申请。银行受理借款申请人提交的申请及有关资料后，初审借款人填写的贷款申请表以及身份证、户口簿、婚姻证明、购房合同、收入证明、购房首付款凭证及其他贷款银行所需的资料。

2. 审查、审批。贷款银行审查审批人员按照规定对贷款申请进行审查、审批。

3. 签订合同。银行审批同意的，与借款申请人签订个人住房贷款借款合同、担保合同及其他法律文件。同时与借款申请人协商购买房屋保险，借款人同意购买的，应一次性交齐房屋保险费用。

4. 抵押登记。借款申请人与贷款银行按照规定到房屋管理部门进行房屋抵押登记，领取他项权证。

5. 发放贷款。借款及担保合同生效后，银行按规定发放贷款，将贷款资金划入开发商售房账户。会计分录为

借：个人住房贷款——李军户   105,000.00
　　贷：活期存款——华元房产公司户   105,000.00

6. 贷款收回。银行采取委托扣款方式或柜台收取现款方式按期收回贷款本息。

（1）委托扣款方式：借款人应与贷款行签订委托扣款协议，贷款行按期收回贷款本息。会计分录为

借：活期储蓄存款——李军户   分期扣款金额
　　贷：个人住房贷款——李军户   分期扣款本金
　　　　利息收入——个人住房贷款利息收入   分期扣款利息

（2）柜台还款方式：借款人将现金或信用卡、储蓄卡交柜台经办人办理贷款本息按期收回手续。会计分录为

借：活期储蓄存款——李军户　　　　　　　　　　　　分期还款金额
或借：现金
　　贷：个人住房贷款—李军户　　　　　　　　　　　分期还款本金
　　　　利息收入——个人住房贷款利息收入　　　　　分期还款利息

7. 清户撤押。当借款人按期还清全部借款本息后，信贷部门应销记抵（质）押物及权证登记簿，同时填制抵押物、质押物转出通知书通知会计部门和抵（质）押物保管部门。会计部门、保管部门审核无误后据此办理清户撤押手续。

8. 后续处理。信贷经办人员办妥每笔贷款后，定期将收集齐全的有关资料整理，将合同正本交档案专管员，并办理有关移交手续。合同副本留信贷部门专人保管以备日常管理。贷款本息结清后信贷部门应通知档案专管员将档案正式归档。

 ［知识链接3－2］　　个人住房贷款的还款方式

个人住房贷款的还款方式主要有两种：

（1）等额本息还款法，即每月以相等的额度平均偿还贷款本息，直至期满还清。其每月还款额的计算公式是

$$每月还款额 = \frac{本金 \times 利率 \times (1 + 利率)^{还款总期数}}{(1 + 利率)^{还款总期数} - 1}$$

（2）等额本金还款法，即每月等额偿还贷款本金，贷款利息随本金逐月递减。每月还款额的计算公式是

每月还款额 ＝ 每月还款本金 + 每月还款利息
　　　　　 ＝ 贷款本金/贷款期月数 + （本金 – 已归还累计本金）×月利率

借款人可以根据自己不同情况和需要选择还款方式。但一笔贷款合同只能选择一种还款方式，合同签订后不得更改。

✉ **特别说明**：在贷款合同有效期内，若遇中国人民银行调整利率，对于已经发放的贷款，贷款期限在1年以内（含1年）的，按照贷款合同利率执行；贷款期限在1年以上的，从次年第一期还款日起，利率实行一年一定，每年第一期还款日为利率调整日，从每年第一期还款日起，按当年1月1日人民银行规定的法定贷款利率执行新的利率规定，分段计息。对于已经签署贷款合同，但尚未发放的贷款，按照贷款实际发放日中国人民银行公布的利率执行。

 ［知识链接3－3］　　其他个人贷款业务

一、个人汽车消费贷款

1. 个人汽车消费贷款是商业银行向申请购买汽车的借款人发放的担保贷款。

2. 贷款对象：年龄在18～60周岁，具有完全民事行为能力的自然人，符合下列条件的情况下都可以申请个人汽车消费贷款。

（1）具有当地常住户口或有效身份证明，有固定的住址；

（2）具有稳定、合法的收入来源或个人合法资产，足够偿还贷款本息；

（3）具备贷款银行认可的信用资格，并能够提供有效担保；

（4）能够支付规定的首期付款；

（5）如所购车辆为商用车的，借款人应具备合法运营资格；

（6）贷款人规定的其他条件。

3. 贷款额度：所购车辆为自用车的，贷款金额不超过所购汽车价格的80%；所购车辆为商用车的，贷款金额不超过所购汽车价格的70%，其中，商用载货车贷款金额不超过所购汽车价格的60%，所购车辆为二手车的，贷款金额不超过借款人所购汽车价格的50%，且贷款额度不超过20万元。

4. 贷款期限：借款人所购车辆为自用车的，贷款期限（含展期）不得超过5年；所购车辆为商用车或二手车，贷款期限（含展期）不得超过3年。

5. 贷款担保：申请个人汽车贷款，借款人须提供一定的担保措施，包括质押、以贷款所购车辆作抵押、房地产抵押、第三方保证等。还可采用购买个人汽车消费贷款履行保证保险的方式。

6. 贷款利率：根据贷款期限长短按中国人民银行公布的相应档次贷款利率执行，并允许贷款银行按中国人民银行规定实行上下浮动。

7. 贷款偿还：采用按月（季）偿还贷款本息的方式，具体还款方式可采取等额本息还款法和等额本金还款法。贷款期限在1年以内（含1年）的可采用到期一次性偿还贷款本息的方式。

二、国家助学贷款

1. 国家助学贷款是由政府主导、财政贴息、财政和高校共同给予银行一定风险补偿金，银行、教育行政部门与高校共同操作的，帮助高校经济困难学生支付在校学习期间所需的学费、住宿费及生活费的银行贷款。

2. 贷款对象：中华人民共和国（不含香港特别行政区、澳门特别行政区和台湾地区）普通高等学校中经济确实困难的全日制本、专科生（含高职生），研究生和第二学位学生，符合下列条件的情况下都可以申请国家助学贷款。

（1）具有中华人民共和国国籍，年满16周岁的需持有中华人民共和国居民身份证；

（2）具有完全民事行为能力（未成年人申请国家助学贷款须由其法定监护人书面同意）；

（3）诚实守信，遵纪守法，无违法违纪行为；

（4）学习刻苦，能够正常完成学业；

（5）因家庭经济困难，本人及其家庭所能筹集到的资金，不足以支付其学习期间的学习和生活基本费用。

3. 贷款额度：按照每人每学年最高不超过6,000元的标准，总额度以能正常完成学业所需年度乘以学年所需金额确定，具体贷款额度由借款人所在学校按本校的总贷款额度、学费、住宿费和生活费标准以及学生的困难程度确定。

4. 贷款期限：贷款学生应在毕业后1~2年内开始偿还贷款本金，6年内还清贷款本息。

5. 贷款担保：国家助学贷款是信用贷款，学生不需要办理贷款担保或抵押，但需要承诺按期还款，并承担相关法律责任。

6. 贷款利率：执行中国人民银行规定的同期限贷款基准利率，不上浮。

7. 贷款偿还：贷款学生在校学习期间的助学贷款利息全部由财政补贴，并由有关部门直接交付给银行经办，贷款学生毕业后的利息由贷款本人全额支付。如出现还款违约行为，由此发生的罚息必须由贷款本人全部承担。

三、个人综合消费贷款

1. 个人综合消费贷款是商业银行向借款人发放的用于指定消费用途的人民币担保贷款。

2. 贷款对象：具有完全民事行为能力的自然人，符合下列条件的情况下都可以申请个人综合消费贷款。

（1）在贷款银行所在地有固定住所、有常住户口或有效居留证明，年龄在 65 周岁（含）以下的中国公民；

（2）有正当职业和稳定的经济收入，具有按期偿还贷款本息的能力；

（3）具有良好的信用记录和还款意愿，无不良信用记录；

（4）能提供银行认可的合法、有效、可靠的担保；

（5）有明确的贷款用途，且贷款用途符合相关规定；

（6）贷款行规定的其他条件。

3. 贷款额度：贷款额度由银行根据借款人资信状况及所提供的担保情况确定具体贷款额度。以个人住房抵押的，贷款金额最高不超过抵押物价值的 70%；以个人商用房抵押的，贷款金额最高不超过抵押物价值的 60%。

4. 贷款期限：贷款期限最长不超过 5 年，对贷款用途为医疗和留学的，期限最长可为 8 年（含），不展期。

5. 贷款利率：贷款利率按照中国人民银行规定的同期同档次期限利率执行。

借款人向贷款人申请大额耐用消费品贷款，必须提供保证、抵押和质押三种有效担保方式。

6. 贷款偿还：贷款期限在 1 年（含）以内的，可采用按月还息，按月、季、按半年或一次还本的还款方式；期限超过 1 年的，可采用按月还本付息方式。

　　🌀 动动脑　除上述贷款外，商业银行开办的个人贷款业务还有哪些？

【小测试】

一、判断题

1. 个人质押贷款的质押物可以是人民币的整存整取定期储蓄存单，也可以是外币定期储蓄存单。　　　　　　　　　　　　　　　　　　　　　　　　　　（　　）

2. 个人质押贷款的最长期限可以超过质押品的到期日。　　　　　（　　）

3. 个人住房贷款的利率按商业性贷款利率执行，下限放开，实行上限管理。（　　）

4. 个人住房贷款的贷款额度最高为所购住房全部价款的 70%。　（　　）

5. 个人住房贷款在贷款合同有效期内，若遇中国人民银行调整利率，对于已经发放的贷款，贷款期限在 1 年以上的，还是按照贷款合同利率执行。　　　　（　　）

6. 国家助学贷款的贷款学生在校学习期间和毕业后的助学贷款利息全部由财政补贴。　　　　　　　　　　　　　　　　　　　　　　　　　　　　　（　　）

7. 个人汽车消费贷款还款方式可采取等额本息还款法和等额本金还款法。（　　）

8. 借款人向贷款人申请大额耐用消费品贷款，必须提供保证、抵押和质押三种有效担保方式。（　　）

二、选择题

1. 个人质押贷款的最高额度一般不得超过所质押存单面额的（　　）。

A. 60%　　　　　　　B. 70%　　　　　　　C. 80%　　　　　　　D. 90%

2. 下列不可以作为个人质押贷款质物的是（　　）。

A. 整存整取定期存单　　　　　　B. 凭证式国库券

C. 外币整存整取定期存单　　　　D. 活期储蓄存折

3. 个人汽车消费贷款中如所购车辆为自用车的，贷款金额不超过所购汽车价格的（　　）。

A. 50%　　　　　　　B. 60%　　　　　　　C. 70%　　　　　　　D. 80%

4. （　　）是信用贷款，不需要办理贷款担保或抵押。

A. 个人住房贷款　　　　　　　　B. 个人汽车消费贷款

C. 国家助学贷款　　　　　　　　D. 个人综合消费贷款

5. （　　）的贷款利率执行中国人民银行规定的同期限贷款基准利率，不上浮。

A. 个人质押贷款　　　　　　　　B. 个人住房贷款

C. 个人汽车消费贷款　　　　　　D. 国家助学贷款

三、填空题

1. 个人住房贷款的还款方式主要有_____和_____。

2. 个人质押贷款利率按同档次短期贷款利率确定，6 个月以内（含 6 个月）按_____期贷款利率计息，6 个月以上的按_____期贷款利率计息，并可以根据中国人民银行有关规定，在规定的幅度范围内实行利率浮动。

3. 申请个人汽车消费贷款，借款人须提供一定的担保措施，包括_____、_____、_____、_____等。还可采用_____的方式。

4. 国家助学贷款要求学生在毕业后_____年内开始偿还贷款本金，_____年内还清贷款本息。

5. _____是商业银行向借款人发放的用于指定消费用途的人民币担保贷款。

项目四　个人结算业务处理

学习目标：

　　熟悉支付结算相关业务规定，掌握个人支付结算业务相关操作规程与处理手续。

模块一
汇兑业务操作处理

能力目标

　　熟悉个人汇兑业务汇款汇出与汇款汇入的结算规定，熟悉个人汇兑业务的凭证格式，掌握具体的填写要求，能按个人汇款业务规定正确进行个人汇兑汇出业务与汇入业务各环节的具体操作处理。

基本知识

　　1. 汇兑是汇款人委托银行将其款项支付给收款人的结算方式。汇兑适用于单位和个人的各种款项的结算。签发汇兑凭证必须记载下列事项：表明"汇兑"的字样；无条件支付的委托；确定的金额；收款人名称；汇款人名称；汇入地点、汇入行名称；汇出地点、汇出行名称；委托日期；汇款人签章。汇兑凭证上欠缺上列记载事项之一的，银行不予受理。汇兑凭证上记载汇款人名称、收款人名称，其在银行开立存款账户而又欠缺记载账号的，

银行不予受理。汇兑业务根据汇出行与汇入行联系方式的不同分为信汇、电汇两种，目前各家商业银行均通过其系统内的电子汇划系统或人民银行大额、小额支付系统办理汇兑业务。

　　2. 汇兑业务包括汇款汇出与汇款汇入两个操作环节，见图 4-1。

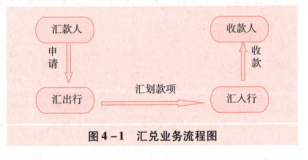

图 4-1　汇兑业务流程图

工作任务　个人汇款汇出与汇入

项目活动 1　**个人汇款汇出**

【业务引入】

　　2015 年 4 月 9 日，客户孙维来银行申请将现金 160,000 元汇给南昌的李小兵。

【活动目标】

　　掌握个人汇款汇出业务的操作方法与基本要领，能按照业务规程正确进行个人汇款汇出业务操作。

【操作流程】

个人汇款汇出业务操作流程见图 4-2。

图 4-2 个人汇款汇出业务操作流程

【操作步骤】

1. 业务受理。汇款人委托银行办理汇兑时，应向银行填交一式三联个人结算业务申请书（见图 4-3）。第一联由银行作记账凭证；第二联由银行凭以发报；第三联为银行给客户的回单。

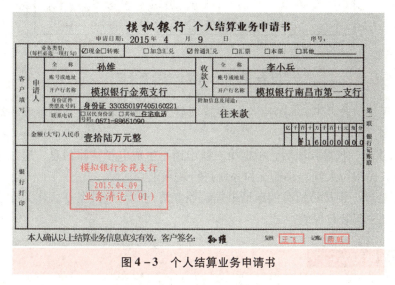

图 4-3 个人结算业务申请书

2. 凭证审核。银行柜员接到客户提交的申请书，应认真审核以下内容：

（1）凭证各栏内容是否正确、齐全、清晰；

（2）申请人名称是否准确，大小写金额是否一致，开户行名称、申请日期是否填明；

（3）申请人账户余额是否足够支付，现金交付的，现金数额是否准确；

（4）汇款人和收款人均为个人，需要在汇入银行支取现金的，应在申请书的"金额"大写栏先填写"现金"字样，后填写金额，或者选择"现金"业务类型。

3. 交易处理，送别客户。现金汇款的，第一联申请书作现金收入凭证。会计分录为

借：现金　　　　　　　　　　　　　　　　　　　　160,000.00

　　贷：应解汇款——孙维户　　　　　　　　　　　160,000.00

借：应解汇款——孙维户　　　　　　　　　　　　　160,000.00

　　贷：清算资金往来　　　　　　　　　　　　　　160,000.00

在柜员操作系统中将相关业务信息录入，进行系统操作处理。

如为个人转账汇款的，款项直接从汇款人个人存款账户中划付。

同时按照规定收取业务手续费（见图 4-4）。

借：现金（或活期存款）　　　　　　　　　　　　　50.00

　　贷：手续费收入　　　　　　　　　　　　　　　50.00

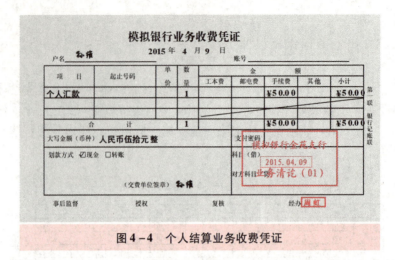

图4-4 个人结算业务收费凭证

经审核无误，收妥汇款与相关手续费款项后，将第三联申请书加盖业务清讫章交汇款人，送别客户。

4. 汇划款项。收妥款项后，根据第二联申请书生成电子往账信息，通过系统内电子汇兑系统或人民银行大额、小额支付系统进行款项汇划。

5. 后续处理。柜员将留存的申请书加盖业务清讫章与柜员名章，作为办理业务的凭证与其他凭证一起装订保管。

 〔知识链接4-1〕

表4-1　　　　　　　　　　部分银行个人汇款汇费的收取标准

银行机构名称	省内异地汇款	省外异地汇款
中国银行	现金和账户均为每笔按交易金额的0.5%收取，最低2元，最高50元	按交易金额1%收取，最低1元，最高50元
中国工商银行	1. 柜台：按交易金额的0.5%收取，最低1元，最高50元 2. 电话银行和网上银行汇款统一按1%收取，最高50元。其中网上银行可打9折	按交易金额的1%收取，最低1元，最高限额为50元
中国建设银行	1. 柜台：按交易金额的0.5%收取，最低1元，最高50元 2. ATM：按交易金额的0.5%收取，最低1元 最高10元 3. 网银：免费	按交易金额的0.5%收取，最低2元，最高50元
中国农业银行	1. 柜台/取款机：按交易金额的5‰收取，最低1元，最高50元 2. 网上银行：按交易金额的4‰收取，最低1元，最高20元 3. 缴费机：不收费，但是厦门地区不能转账	1. 柜台/取款机：按交易金额的5‰收取，最低1元，最高50元 2. 网上银行：按交易金额的4‰收取，最低1元，最高20元 3. 缴费机：不收费，但是厦门地区不能转账
交通银行	1. 柜台：按交易金额的4‰收取，最低1元，最高50元 2. 网上银行：按交易金额的1.5‰收取，最高50元 3. ATM等自助设备：按交易金额的2‰收取，最高50元	

续表

银行机构名称	省内异地汇款	省外异地汇款
招商银行	1. 柜台：按交易金额的5‰收取，最低5元 2. 网上银行：A. 快速汇款：按交易金额的2‰收取，最低5元，最高50元；B. 普通汇款：按交易金额的1‰收取，最低10元，最高50元；C. 异地他行：按交易金额的1‰收取，最低10元，最高50元	
中国民生银行	1. 柜台现金汇款按交易金额的1‰收取，最低1元，最高50元 2. 卡卡转账汇款按交易金额的3‰收取，最低5元，最高50元 3. 网上银行汇款按交易金额的1‰收取，最低1元，最高50元	
兴业银行	现金和转账两种汇款方式都免费	1. 现金柜台汇款：按交易金额的1‰收取，最高不超过20元 2. 转账方式汇款，柜台、电话、网上银行均免费
中国光大银行	1. 异地汇款，有结算账户的：金额1万元以下，每笔约为5元；1万~10万元，每笔约为10元；10万~50万元，每笔约为15元；50万~100万元，每笔约为20元；100万元以上，按万分之二收取，最高为200元 2. 异地汇款，无结算账户的：按1‰收取，最低1元，最高50元 3. 网上银行异地汇款手续费标准为交易金额的5‰，最低5元，最高50元	
中信银行	按交易金额的5‰收取，最高20元。其中网上银行为2‰，最低10元，最高50元	

注：小额支付系统相关收费标准已经出台。大致的收费标准为：同城的普通贷记、实时借记和实时贷记业务基准价格为0.5元/笔；普通借记、定期借记和定期贷记业务基准价格为0.08元/笔；异地支付业务将按基准价格的150%收取费用。

【活动练习】

模拟银行金苑支行当日发生下列业务：

1. 客户丁一新提交现金360,000元及个人结算业务申请书申请办理汇兑业务，收款人为李仪，汇入行为模拟银行长沙市红星路支行。

2. 客户王晓君提交现金190,000元及汇兑业务委托书申请办理汇兑业务，收款人为张新，汇入行为模拟银行广州市天河支行。

要求以模拟银行金苑支行柜员的身份进行相应业务的处理，包括凭证审核、业务数据录入、凭证盖章与凭证处理。

项目活动2　个人汇款汇入

【业务引入】

2015年4月10日，模拟银行南昌市第一支行经办人员收到模拟银行金苑支行的贷报信息，系一笔个人现金汇入款，金额160,000元，汇款人孙维，收款人李小兵当日来行办理取现手续。

【活动目标】

掌握个人汇款汇入业务的操作方法与基本要领，能按照业务规程正确进行个人汇款汇入业务操作。

【操作流程】

个人汇款汇入业务操作流程见图4-5。

【操作步骤】

1. 来账确认、凭证打印及交易处理。汇入行收到汇出行的汇款信息审核无误后打印补充报单。对于收款人为个人，不能直接入账的汇款。以补充报单第一联作贷方传票（见图4-6），另填转账借方传票办理转账。会计分录为

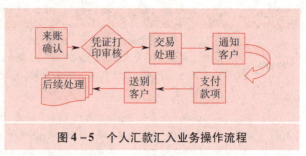

图4-5 个人汇款汇入业务操作流程

    借：清算资金往来　　　　　　　　　　　　　　　　　160,000.00

    　贷：应解汇款——李小兵户　　　　　　　　　　　　　160,000.00

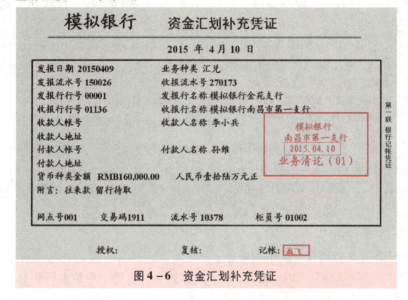

图4-6 资金汇划补充凭证

2. 通知客户。账务处理完毕，登记应解汇款登记簿，并在汇兑凭证上编列应解汇款顺序号，补充报单第二联留存专夹保管。另以便条通知收款人来银行办理取款手续。

3. 支付款项。收款人持便条来行办理取款时，汇入行应按规定认真审核，无误后，按下列手续处理：

（1）转账支付的。应由原收款人向银行填制支款凭证，会计分录为

借：应解汇款——收款人户

　贷：××科目

以补充报单第二联凭证作借方凭证附件，同时销记应解汇款登记簿。

（2）支付现金的。应一次办理现金支付手续。未注明"现金"字样，需要支取现金的，由汇入行按照现金管理规定审核支付。另填制一联现金借方凭证（见图4-7），补充报单第二联凭证作附件。会计分录如下：

    借：应解汇款——李小兵户　　　　　　　　　　　　　160,000.00

    　贷：现金　　　　　　　　　　　　　　　　　　　　160,000.00

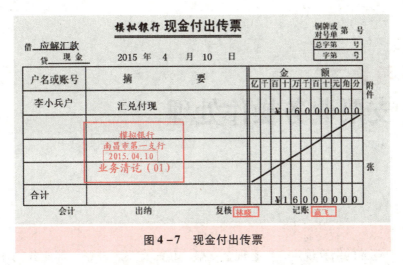

图4-7 现金付出传票

4. 送别客户，后续处理。业务处理完毕送别客户。柜员将现金借方凭证加盖业务清讫章与柜员名章，补充报单第二联凭证加盖附件章，作为办理业务的凭证与其他凭证一起装订保管。销记应解汇款登记簿。

特殊情况处理：收款人需要分次支取的，应凭补充报单第二联注销应解汇款登记簿中的该笔汇款，并如数转入应解汇款科目分户账内（不通过分录，以丁种账代替），银行审核收款人填制的支款凭证，其预留签章和收款人身份证件无误后，办理分次支付手续。待最后结清时，将补充报单第二联凭证作借方凭证附件。

需要转汇的，应重新办理汇款手续，其收款人及汇款用途必须是原汇款人的收款人和用途，补充报单第一联备注栏注明不得转汇的，不予办理转汇。

✉ **特别说明：**个人汇款，在汇入行没有解付的情况下汇款人可以申请办理退汇。汇入行对于超过两个月仍无法解付的个人汇款可以主动办理退汇手续。

【活动练习】

汇兑汇入银行当日发生下列业务：

1. 模拟银行长沙市红星路支行收到一笔个人现金汇入款，金额360,000元，汇款人丁一，汇出行是模拟银行金苑支行，收款人李仪，审核无误，经通知当日收款人来行办理取现手续。

2. 模拟银行广州市天河支行收到一笔个人现金汇入款，金额190,000元，汇款人王晓君，汇出行是模拟银行金苑支行，收款人张新，审核无误，经通知当日收款人来行办理取现手续。

要求以汇入银行柜员的身份进行相应业务的处理，包括凭证审核、业务数据录入、凭证盖章与凭证处理。

模块二
支票业务操作处理

能力目标

　　熟悉支票业务的结算规定，熟悉现金支票、转账支票、进账单等业务凭证格式，掌握相关业务凭证具体的填写要求，能按支票业务的具体规定正确进行个人现金支票业务取现与转账支票业务付款、收款等业务环节的具体操作处理。

基本知识

　　1. 个人支票是个人签发的，委托办理支票存款业务的银行，在见票时无条件支付确定的金额给收款人或者持票人的票据。个人支票以个人信誉为保证，以支票为支付结算凭证，可用于转账、取现和购物。签发的支票有效期为 10 天。

　　2. 在银行申请个人支票，首先要开立支票存款账户。开立账户要填写银行个人支票账户开立申请书，并提供个人印鉴。申请人需年满 18 周岁。银行受理申请后，应对客户进行信用评估，基本条件包括有稳定的资产和收入，月薪不低于一定金额（目前多数银行定为 5,000 元人民币），信用良好，当前无债务纠纷。同时要求个人存款余额须达到一定金额（10,000 元人民币左右）以上。

　　3. 申请人购买支票时要出具有效身份证件，在支票购买凭证上加盖预留银行的个人印章或签名，交纳个人支票的工本费，即可获得支票。目前个人支票分为两种，一种是个人现金支票，主要用于直接到银行支取现金。个人现金支票每次可购 3 张，每张工本费定为 0.80 元；另一种是个人转账支票，更多地用于购物或其他消费。个人转账支票 5 张为最高限购数，每张工本费稍高，为 1.20 元。

　　4. 个人支票不允许透支。当使用者以透支的方式开具个人支票后，不仅将受到该张支票总金额 5% 但不低于 1,000 元的罚款外，还将被取消个人支票使用资格。也就是说，如有一次信用不良记录，使用资格就随之消失。

　　5. 签发支票必须记载下列事项：表明"支票"的字样；无条件支付的委托；确定的金额；付款人名称；出票日期；出票人签章。支票的金额、收款人名称，可以由出票人授权补记，未补记前不得背书转让和提示付款。签发支票应使用碳素墨水或墨汁填写，支票的金额、日期、收款人不得更改，其他内容更改，须有出票人加盖预留银行印鉴证明。

✅ 工作任务 个人现金支票与转账支票业务操作处理

项目活动 1 个人现金支票取款

【业务引入】

2015 年 5 月 5 日，客户叶灵来行提交刘英（个人结算账号：001201010000312）签发的现金支票，金额 14,100 元支取往来款。

【活动目标】

掌握个人现金支票取款业务的操作方法与基本要领，能按照业务规程正确进行个人现金支票取款操作。

【操作流程】

个人现金支票取款业务操作流程见图 4 - 8。

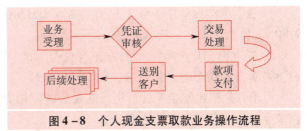

图 4 - 8 个人现金支票取款业务操作流程

【操作步骤】

1. 业务受理。银行柜员受理持票人提交的现金支票（见图 4 - 9）。

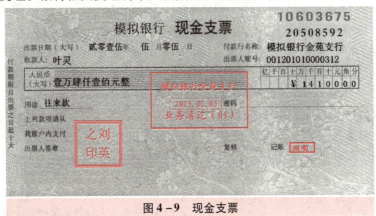

图 4 - 9 现金支票

2. 凭证审核。银行柜员受理持票人提交的支票时应审核以下内容：

（1）现金支票必须记载的事项是否齐全，是否用墨汁或碳素墨水填写，出票日期、出票金额、收款人有无涂改，其他内容涂改是否由出票人签章证明。

（2）现金支票是否是统一规定印制的凭证，支票是否真实，提示付款期为自出票日起 10 天，到期日为法定节假日的顺延，是否在有效期内，是否属远期支票。

（3）大小写金额是否一致，出票人账户余额是否足够支付。

（4）是否挂失票据，核对其签章与预留银行签章是否相符。使用支付密码的支票还应审核密码是否正确。

（5）现金支票背书与收款人是否一致，持票人还应交验身份证并摘录号码和发证机关名称。

（6）凭现金支票支取的现金是否符合国家的现金管理规定。

3. 交易处理。审核无误后，以现金支票作现金付出传票办理转账。会计分录为

借：活期存款——刘英户　　　　　　　　　　　　　　　　14,100.00

贷：现金　　　　　　　　　　　　　　　　　　　　　　　　　14,100.00

4. 款项支付，送别客户。银行柜员账务处理审核无误后凭现金支票进行配款，对号将现金交与取款人，送别客户。

5. 后续处理。银行柜员在现金支票上加盖业务清讫章及柜员名章，作为办理业务的凭证与其他凭证一起装订保管，登记现金付出日记簿。

【活动练习】

模拟银行金苑支行当日发生下列业务：

1. 张巨提交赵明（个人结算账号：001201010000311）签发的现金支票，金额9,800元支取往来款。柜员审核无误予以办理。

2. 王琳提交开户单位北大方正（账号：00120101000308）签发的现金支票，金额13,800元支取劳务费。柜员审核无误予以办理。

要求以模拟银行金苑支行柜员的身份进行相应业务的处理，包括凭证审核、业务数据录入、凭证盖章与凭证处理。

项目活动2　个人转账支票付款与收款

【业务引入】

2015年5月6日，客户刘英（个人结算账号：001201010000312）签发转账支票与进账单，金额38,600元，支付同行开户单位神州家电公司（账号：001201010000415）家电购置款。

【活动目标】

掌握个人转账支票业务的操作方法与基本要领，能按照业务规程正确进行个人转账支票业务操作。

【操作流程】

个人转账支票业务操作流程见图4-10。

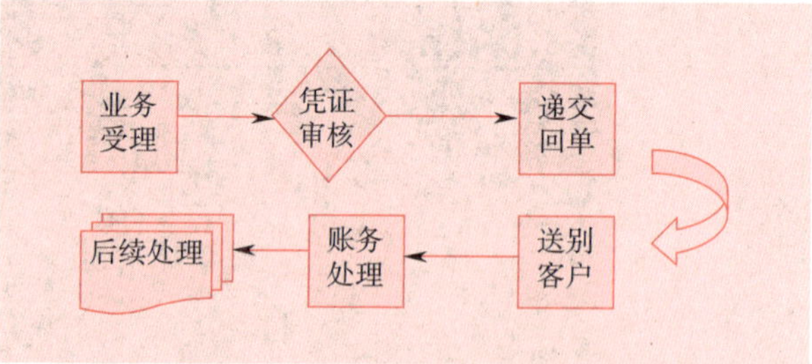

图4-10　个人转账支票业务操作流程

【操作步骤】

1. 业务受理。出票人应按照支付结算办法规定签发转账支票，出票人或持票人应在支票规定的提示付款期内填交转账支票和三联进账单。

2. 凭证审核。银行柜员受理持票人或出票人提交的支票时应审核以下内容：

（1）转账支票必须记载的事项是否齐全，是否用墨汁或碳素墨水填写，出票日期、出票金额、收款人有无涂改，其他内容涂改是否由出票人签章证明。

（2）转账支票是否是统一规定印制的凭证，支票是否真实，提示付款期为自出票日起10天，到期日为法定节假日的则顺延，是否在有效期内，是否属远期支票。

（3）转账支票大小写金额是否一致，与进账单上相关要素是否相符，出票人账户余额是否足够支付。

（4）对于背书转让的支票是否按规定的范围转让，其背书转让是否连续有效，签章

是否符合规定，使用粘单的是否在粘贴处签章。

（5）是否挂失票据，核对其签章与预留银行签章是否相符。使用支付密码的支票还应审核密码是否正确。

（6）转账支票是否在支票的背面作委托收款背书（持票人或出票人直接向出票人开户行提交，无须作委托收款背书）。

3. 递交回单，送别客户。银行柜员按前述要求认真审核无误后，进账单第一联加盖业务受理章（见图4-11）作回单交送票人，送别客户。

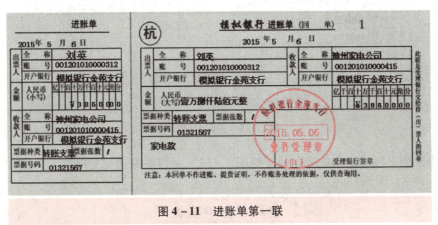

图4-11 进账单第一联

4. 分别情况进行账务处理。

（1）出票人与持票人均在同一系统银行开户，内部转账的。支票作转账借方传票，进账单第二联作转账贷方传票，办理转账（见图4-12、图4-13）。会计分录为

借：活期存款——刘英户　　　　　　　　　　　　　　　38,600.00

　　贷：活期存款——神州家电公司户　　　　　　　　　　　38,600.00

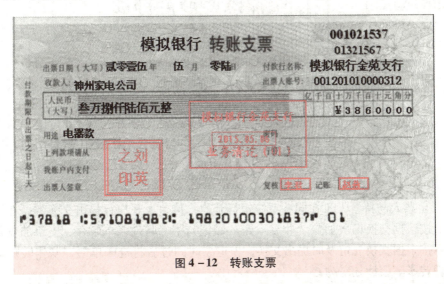

图4-12 转账支票

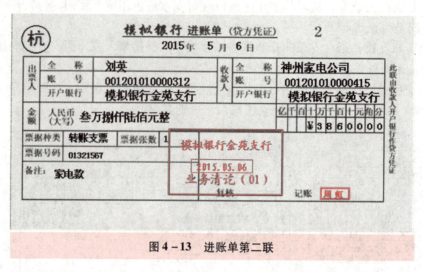

图 4 – 13　进账单第二联

进账单第三联加盖业务清讫章（见图 4 – 14）后作收账通知交持票人。

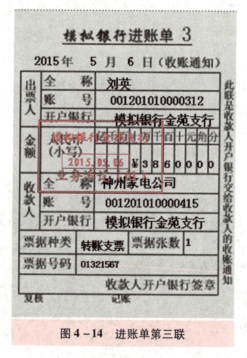

图 4 – 14　进账单第三联

（2）出票人与持票人不在同一系统银行开户，持票人开户行提出交换的。在第二联进账单上按票据交换场次加盖"收妥入账"戳记与第三联进账单暂存，支票加盖票据交换专用章按票据交换规定及时提出交换，俟退票时间过后将进账单第二联作转账贷方传票，办理转账。会计分录为

借：准备金存款

　贷：活期存款——持票人户

进账单第三联加盖业务清讫章作收账通知交持票人。

出票人开户行收到交换提入的支票后，经审核无误，支票作转账借方传票，办理转账。会计分录为

借：活期存款——出票人户

　　贷：准备金存款

　　　　（3）出票人与持票人不在同一系统银行开户，出票人开户行提出交换的。

认真审核无误后，支票作转账借方传票，办理转账。会计分录为

借：活期存款——出票人户

　　贷：准备金存款

进账单第二联加盖票据交换专用章连同第三联按票据交换规定及时提出交换。

持票人开户行收到交换提入两联进账单，审核无误，将进账单第二联作转账贷方传票，办理转账。会计分录为

借：准备金存款

　　贷：活期存款——持票人户

进账单第三联加盖业务清讫章作收账通知交收款人。

新情况：如果持票人、出票人处在异地的，持票人提交支票和进账单后，其开户行应通过支票影像传输系统将支票有关信息传输给出票人开户行提示付款，经出票人开户行审核无误后，通过小额支付系统清算资金。

5. 后续处理。银行柜员在相关记账凭证上加盖业务清讫章及柜员名章，作为办理业务的凭证与其他凭证一起装订保管，需提出交换的业务凭证按规定进行操作处理。

 [知识链接4-2]　**认识人民币银行结算账户**

人民币银行结算账户是指银行为存款人开立的办理资金收付结算的人民币活期存款账户，按存款人分为单位银行结算账户和个人银行结算账户，单位银行结算账户按用途分为基本存款账户、一般存款账户、专用存款账户、临时存款账户。个体工商户凭营业执照以字号或经营者姓名开立的银行结算账户，纳入单位银行结算账户管理。个人因投资、消费使用各种支付工具，包括借记卡、信用卡在银行开立的银行结算账户，纳入个人银行结算账户管理。

个人银行结算账户功能

个人银行结算账户有三个功能：

一是活期储蓄功能，可以通过个人结算账户存取存款本金和支取利息。

二是普通转账结算功能，通过开立个人银行结算账户，办理汇款，支付水、电、话、气等基本日常费用，代发工资等转账结算服务，使用汇兑、委托收款、借记卡、定期借记、定期贷记、电子钱包（IC卡）等转账支付工具。

三是通过个人银行结算账户使用支票、信用卡等信用支付工具。

开立个人银行结算账户应出具的证明文件

1. 中国居民，应出具居民身份证或临时身份证。

2. 中国人民解放军军人，应出具军人身份证件。

3. 中国人民武装警察，应出具武警身份证件。

4. 香港、澳门居民，应出具港澳居民往来内地通行证。台湾居民，应出具台湾居民来往大陆通行证或者其他有效旅行证件。

5. 外国公民，应出具护照。

6. 法律、法规和国家有关文件规定的其他有效证件。按规定，还可要求申请人出具户口簿、驾驶执照、护照等有效证件。

 ［知识链接 4 -3］

表 4 -2 　　　　　　　　　　　　　**人民币基本结算业务收费表**

结算种类		手续费（元／每笔）	邮电费（元／每笔）				备注
			邮费		电报费		
			普通	快件	普通	加急	
银行汇票		1	0.5	2.5			
本票		0.6					使用清分机的本票、支票收取手续费1元。
支票		0.6					
未在银行开户的个人汇款和办理银行汇票	5,000元以下	按票面金额1%					不足1元的收取1元。
	5,000元（含）以上	50					
电子退汇		0.5			5.85	11.7	汇款退汇，其费用可以向汇款人收取现金，也可以从款项中扣收，并出具收费收据。
挂失	符合挂失规定的汇票、本票、支票	按票面金额1‰					不足5元，收取5元。银行汇票，挂失止付人要求通知对方行的，应另收邮费或电报费。

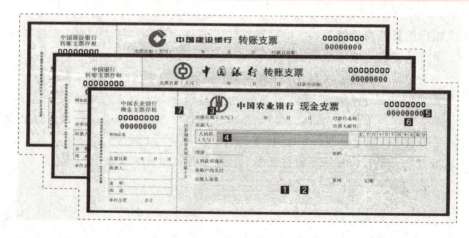

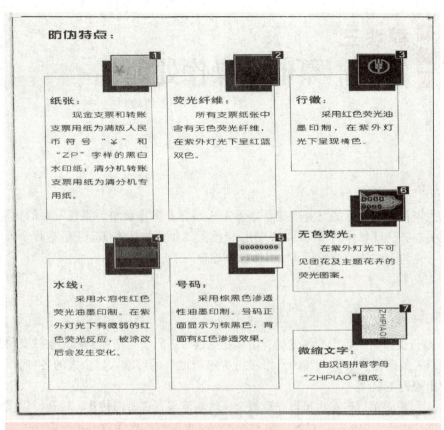

图 4-15　201 + 0 版支票防伪特点

【活动练习】

模拟银行金苑支行当日发生下列业务：

1. 票据交换提入进账单一份，收款人为本行开户的张君（个人结算户账号 0012010000322），付款人是在工行开户的雅商电子公司，支付租金 17,800 元，审核无误办理转账（雅商电子公司账号：002201010000753）。

2. 张君（个人结算户账号 0012010000322）签发转账支票与进账单，金额 7,300 元，系支付同行开户单位钱江宾馆（账号：001201010000532）住宿费。柜员审核无误予以办理。

要求以模拟银行金苑支行柜员的身份进行相应业务的处理，包括凭证审核、业务数据录入、凭证盖章与凭证处理。

模块三
银行汇票业务操作处理

能力目标

熟悉银行汇票业务的结算规定，熟悉个人结算业务申请书、银行汇票的凭证格式，掌握相关业务凭证具体的填写要求，能按银行汇票业务的具体规定正确进行个人银行汇票签发、兑付、结清等业务环节的具体操作处理。

基本知识

1. 银行汇票是出票银行签发的，由其在见票时按照实际结算金额无条件支付给收款人或持票人的票据。银行汇票的出票银行为银行汇票的付款人。个人的各种款项结算，可以使用银行汇票。

2. 银行汇票可以转账也可以支取现金。转账汇票允许背书转让，转让时以实际结算金额为准。银行汇票的实际结算金额不得更改，更改则汇票无效。银行汇票的实际结算金额低于出票金额的，其多余金额由出票银行退交申请人。申请人与收款人均为个人并交存现金办理的，可以申请签发现金银行汇票。银行汇票的提示付款期限为自出票日起一个月。

3. 银行汇票的核算过程包括签发、兑付款和结清三个阶段，见图 4 – 16。

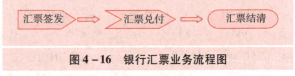

图 4 – 16　银行汇票业务流程图

工作任务　个人银行汇票的签发、兑付与结清

项目活动1　个人银行汇票签发

【业务引入】

2015 年 5 月 11 日，客户孙维提交现金 95,000 元申请签发现金银行汇票一份，收款人为张洪，代理付款行为模拟银行吉林市分行营业部。

【活动目标】

掌握个人银行汇票签发业务的操作方法与基本要领，能按照业务规程正确进行个人银行汇票签发业务操作。

【操作流程】

个人银行汇票签发业务操作流程见图4-17。

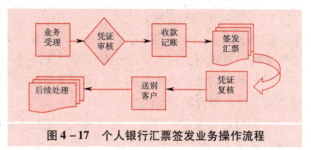

图4-17　个人银行汇票签发业务操作流程

【操作步骤】

1. 业务受理。申请人申请办理银行汇票签发业务时，应向银行填交一式三联个人结算业务申请书（见图4-18）：第一联作借方凭证；第二联作贷方凭证；第三联为银行给客户的回单。

2. 凭证审核。银行柜员受理审核凭证。应认真审核业务申请书填写的各项内容是否符合要求，填明现金字样的，申请人和收款人是否均为个人，并交存现金。

3. 收款记账。审核无误，从个人结算户转账办理的，以申请书第一联作借方凭证，第二联作贷方凭证办理转账。会计分录为

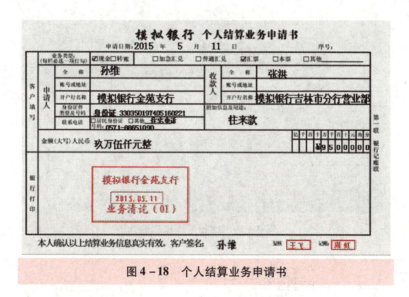

图4-18　个人结算业务申请书

借：活期存款——申请人户

　　贷：汇出汇款

直接交现金办理的，会计分录为

借：现金　　　　　　　　　　　　　　　　　　　　　95,000.00

　　贷：汇出汇款　　　　　　　　　　　　　　　　　　95,000.00

同时按照规定收取业务手续费。会计分录为

借：现金（或活期存款）

　　贷：手续费收入

4. 签发银行汇票。款项收妥，银行柜员按照规定签发银行汇票。银行汇票一式四联：第一联卡片，第二联汇票，第三联解讫通知，第四联多余款收账通知。华东三省一

市汇票为两联：第一联卡片，第二联汇票。

汇票签发的具体要求：

（1）出票日期和金额必须大写；

（2）现金汇票应在银行汇票各联"出票金额人民币（大写）"之后紧接着填写"现金"字样，再填写大写金额，并在代理付款行名称栏填明确定的代理付款行名称；

（3）签发转账银行汇票的，一律不填写代理付款行名称，申请书注明"不得转让"字样的，应在银行汇票备注栏内注明。

5. 银行汇票复核—传递—送别客户。银行汇票经复核无误，复核柜员在银行汇票第二联（见图4-19）上加盖汇票专用章并由授权的经办人签名或盖章，连同银行汇票第三联、申请书第三联一并交申请人。

6. 后续处理。银行柜员在相关记账凭证上加盖相关业务印章及柜员名章，作为办理业务的凭证与其他凭证一起装订保管。将第一联卡片加盖经办、复核名章，逐笔登记汇出汇款明细账后与银行汇票第四联一并专夹保管。编制表外科目记账凭证（见图4-20），销记重要空白凭证登记簿。

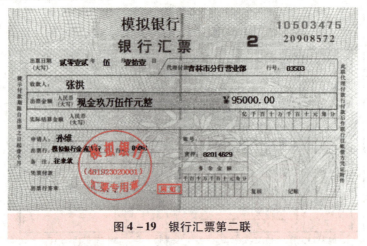

图4-19　银行汇票第二联

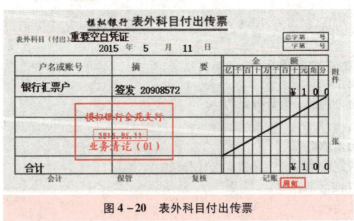

图4-20　表外科目付出传票

【活动练习】

模拟银行金苑支行当日发生下列业务：

1. 李伟提交现金 280,000 元及银行汇票申请书申请签发现金银行汇票一份，收款人为赵明，代理付款行为模拟银行长春市分行营业部。

2. 章晓飞提交现金 160,000 元及银行汇票申请书申请签发现金银行汇票一份，收款人为李剑，代理付款行为模拟银行沈阳市分行城北支行。

要求以模拟银行金苑支行柜员的身份进行相应业务的处理，包括凭证审核、业务数据录入、凭证盖章与凭证处理。

项目活动2　个人银行汇票兑付

【业务引入】

2015 年 5 月 15 日，客户张洪向模拟银行吉林市分行营业部提交现金银行汇票和进账单，申请兑付现金，银行汇票系模拟银行金苑支行签发，金额 95,000 元，原申请人为孙维。

【活动目标】

掌握个人银行汇票兑付业务的操作方法与基本要领，能按照业务规程正确进行个人银行汇票兑付业务操作。

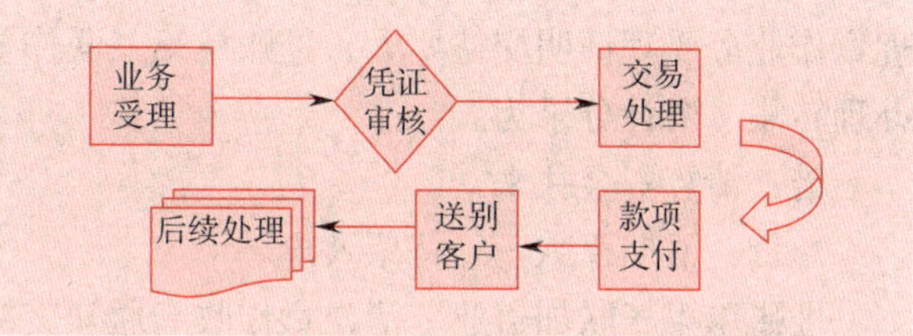

图 4-21　个人银行汇票兑付业务操作流程

【操作流程】

个人银行汇票兑付业务操作流程见图 4-21。

【操作步骤】

1. 业务受理。代理付款行经办柜员受理持票人填交的银行汇票、解讫通知和三联进账单。

2. 凭证审核。代理付款行经办柜员应认真审核以下有关内容：

（1）汇票和解讫通知的号码、内容是否一致；

（2）汇票是否真实，是否超过提示付款期限；

（3）汇票填明的持票人是否在本行开户，与进账单上的名称是否一致；

（4）汇票必须记载的事项是否齐全，出票金额、实际结算金额、出票日期、收款人名称等是否更改，其他记载事项的更改是否由出票行签章证明；

（5）出票行的签章是否符合规定，加盖的汇票专用章是否与印模相符；

（6）汇票的实际结算金额是否在出票金额以内，与进账单金额是否一致，多余金额结计是否正确；

（7）持票人是否在背面签章（见图 4-22），背书转让汇票背书是否连续。

未在本行开户的持票人交来银行汇票、解讫通知和三联进账单时，除认真审核上述有关内容外，还必须审核持票人的身份证件，并要求提交持票人的身份证件复印件留存备查。

3. 交易处理与款项支付。经审核无误的银行汇票应根据情况的不同分别处理：

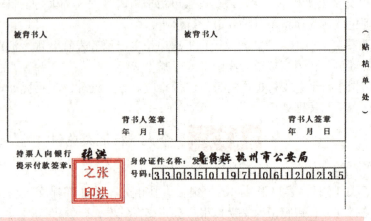

图4-22 银行汇票背面（持票人在银行汇票背面签章）

（1）持票人在本行开立个人结算账户的。经审核无误后，进账单第一联加盖业务受理章作业务受理证明交持票人，进账单第二联作贷方凭证，汇票第二联作借方凭证附件办理转账。会计分录为

借：清算资金往来

　　贷：活期存款——持票人户

进账单第三联加盖业务清讫章作收账通知交持票人，第三联汇票解讫通知加盖业务清讫章，后凭以生成电子往账信息划转出票行。

（2）持票人未在本行开立个人结算账户的。经审核无误后，以持票人姓名开立应解汇款账户，并在该分户账上填明汇票号码以备查考，以第二联进账单作贷方凭证（见图4-23），汇票第二联作借方凭证附件（见图4-24），办理转账。会计分录为

借：清算资金往来　　　　　　　　　　　　　　　　　　　　95,000.00

　　贷：应解汇款——张洪户　　　　　　　　　　　　　　　95,000.00

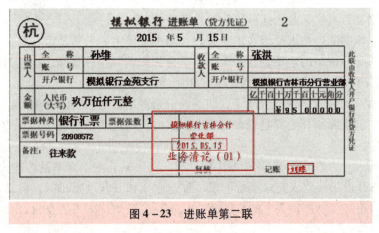

图4-23 进账单第二联

原持票人需要支取现金的，代理付款行经审核汇票上填明"现金"字样，申请人、收款人确为个人，以及填写的代理付款行名称确为本行的，可以办理现金支付手续，超过柜员操作权限的，需要主管柜员授权。

未填明"现金"字样需要支取现金的，由代理付款行按照现金管理规定审核支付。支付现金时另填制一联现金借方凭证（见图4－25），办理现金支付手续。会计分录为

　　借：应解汇款——张洪户　　　　　　　　　　　　　　　　　95，000.00
　　　　贷：现金　　　　　　　　　　　　　　　　　　　　　　95，000.00

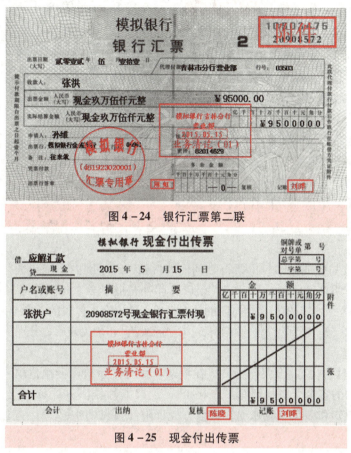

图4－24　银行汇票第二联

图4－25　现金付出传票

　　注意：原持票人需要一次或分次办理转账支付的，应由其填制支付凭证，并向银行交验身份证件。会计分录为

　　借：应解汇款——持票人户
　　　　贷：活期存款——××户
　　或贷：准备金存款

　　4. 送别客户与后续处理。送别客户后，银行柜员在相关记账凭证上加盖业务清讫章及经办人员名章，作为办理业务的凭证与其他凭证一起装订保管，同时按规定将汇票解付信息通知出票行。

【活动练习】
　　银行汇票代理付款行发生下列业务：
　　1. 模拟银行长春市分行营业部收到客户赵明提交的现金银行汇票和进账单，申请兑付现金，银行汇票系模拟银行金苑支行（00001）签发，金额280，000元，原申请人为李伟。
　　2. 模拟银行沈阳市分行城北支行收到客户李剑提交现金银行汇票和进账单，申请兑付现

金，银行汇票系模拟银行金苑支行（00001）签发，金额160,000元，原申请人为章晓飞。

要求以代理付款行柜员的身份进行相应业务的处理，包括凭证审核、业务数据录入、凭证盖章与凭证处理。

项目活动3 **个人银行汇票结清**

【业务引入】

2015年5月16日，模拟银行金苑支行经办人员收到模拟银行吉林市分行营业部发来的汇票解讫信息，报单金额95,000元，实际结算金额95,000元，汇票系客户孙维5天前申请签发，收款人为张洪。

【活动目标】

掌握个人银行汇票结清业务的操作方法与基本要领，能按照业务规程正确进行个人银行汇票结清业务操作。

【操作流程】

个人银行汇票结清业务操作流程见图4-26。

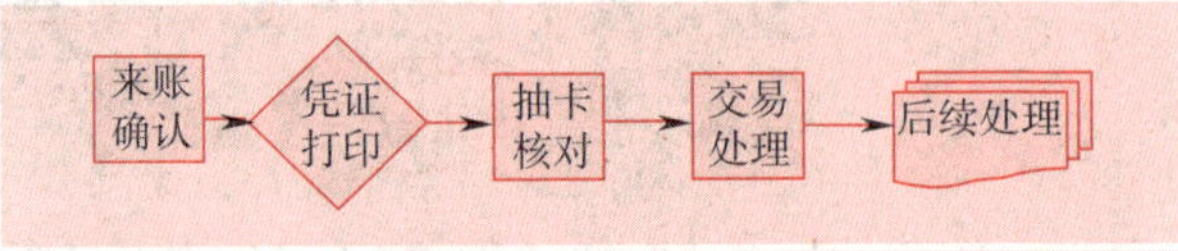

来账确认 → 凭证打印 → 抽卡核对 → 交易处理 → 后续处理

图4-26 个人银行汇票结清业务操作流程

【操作步骤】

1. 来账确认与凭证打印。出票行收到代理付款行通过网内系统或大额、小额支付系统发来的银行汇票兑付信息，经审核无误后打印补充报单。

2. 抽卡核对。出票行柜员根据打印的补充报单，抽出专夹保管的汇票卡片，经核对确属本行签发，报单金额与实际结算金额相符，多余金额结计正确无误后，分别情况处理。

3. 交易处理。

（1）汇票全额付款。出票行柜员应在汇票卡片的实际结算金额栏填入全部金额，在多余款收账通知的多余金额栏填写"—0—"，汇票卡片作借方凭证（见图4-27），补充报单或解讫通知和多余款收账通知作借方凭证附件（见图4-28），办理转账。会计分录为

借：汇出汇款   95,000.00

贷：清算资金往来   95,000.00

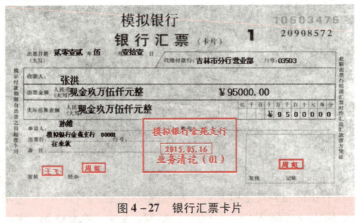

图4-27 银行汇票卡片

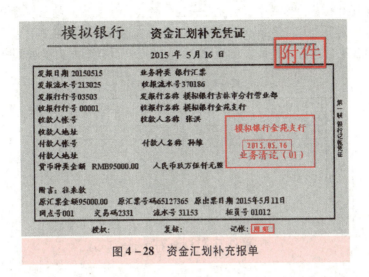

图 4-28 资金汇划补充报单

（2）汇票部分付款。出票行柜员应在汇票卡片的实际结算金额栏填写实际结算金额，将多余金额填写在多余款收账通知的多余金额栏内，汇票卡片作借方凭证，补充报单或解讫通知作多余款转账贷方凭证办理转账。会计分录为

借：汇出汇款

　　贷：清算资金往来

　　　　活期存款——申请人户

注意：如果申请人未在出票银行开立账户，多余金额应先转入"其他应付款"科目，通知申请人持申请书存根及本人身份证件来行办理取款手续。

4.后续处理。银行柜员在相关记账凭证上加盖业务清讫章及柜员名章，作为办理业务的凭证与其他凭证一起装订保管，同时销记汇出汇款账。

【活动练习】

模拟银行金苑支行当日发生下列业务：

1.收到模拟银行长春市分行营业部的银行汇票解讫信息，报单金额280,000元，实际结算金额280,000元。汇票系客户李伟10天前申请签发的现金银行汇票，收款人为赵明。审核无误予以结清。

2.收到模拟银行沈阳市分行城北支行的银行汇票解讫信息，报单金额160,000元，实际结算金额160,000元。汇票系客户章晓飞5天前申请签发的现金银行汇票，收款人为李剑。审核无误予以结清。

要求以模拟银行金苑支行柜员的身份进行相应业务的处理，包括凭证审核、业务数据录入、凭证盖章与凭证处理。

 [知识链接4-4] 现金银行汇票挂失处理

确系填明"现金"字样和代理付款行的汇票丧失，失票人到出票行或代理付款行挂失时，应提交两联挂失止付通知书（见图4-29）。代理付款行先受理的，应登记挂失登

记簿后立即通知出票行。出票行先受理或接到代理付款行通知后，应查对汇出汇款账和汇票卡片，经核对相符，确属本行签发并未注销的，方可受理。挂止付通知书登记挂失登记簿后，与原汇票卡片与多余款收账通知一并专夹保管，凭以控制付款。如失票人委托出票行通知代理付款行挂失的，出票行应立即向代理付款行发出挂失通知。

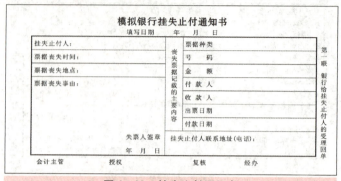

图4-29　挂失止付通知书

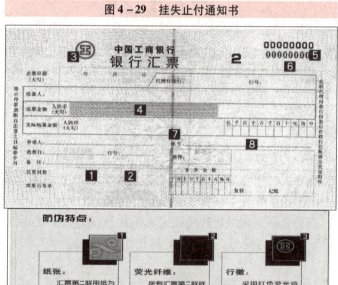

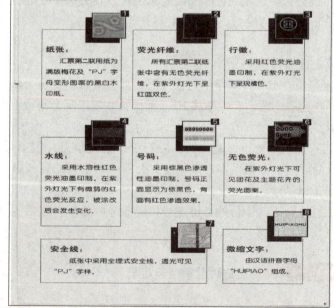

图4-30　2010版银行汇票防伪特点

模块四
银行本票业务操作处理

能力目标

　　熟悉银行本票业务的结算规定，熟悉银行本票的凭证格式，掌握相关业务凭证具体的填写要求，能按银行本票业务的具体规定正确进行个人银行本票签发、兑付、结清等业务环节的具体操作处理。

基本知识

　　1. 个人在同一票据交换区域的各种款项结算可以使用银行本票。银行本票的出票人为经中国人民银行当地分支行批准办理银行本票业务的银行机构。申请人与收款人均为个人且交存现金办理的可以申请签发现金银行本票。

　　2. 银行本票的提示付款期限自出票日起最长不超过 2 个月。逾期代理付款行不予受理。用于支取现金的银行本票仅限于向出票行或其系统内营业机构提示付款。银行本票可以在同一票据交换区域内背书转让，但用于支取现金的银行本票不能背书转让。

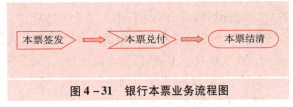

图 4-31　银行本票业务流程图

　　3. 银行本票的核算过程包括签发、兑付和结清三个阶段（见图 4-31）。

工作任务　个人银行本票的签发、兑付与结清

项目活动1　个人银行本票签发

【业务引入】

　　2015 年 5 月 7 日，客户孙维提交现金 80,000 元申请签发现金银行本票一份，收款人为赵新新。模拟银行金苑支行经办人员按规定为其办理银行本票签发业务。

【活动目标】

　　掌握个人银行本票签发业务的操作方法与基本要领，能按照业务规程正确进行个人银行本票签发业务操作。

【操作流程】

个人银行本票签发业务操作流程见图 4 - 32。

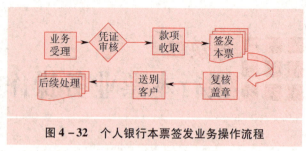

图 4 - 32　个人银行本票签发业务操作流程

【操作步骤】

1. 业务受理。申请人申请办理银行汇票签发业务时，应向银行填交一式三联个人结算业务申请书（见图 4 - 33）：第一联由银行作借方凭证；第二联作贷方凭证；第三联为银行给客户的回单。

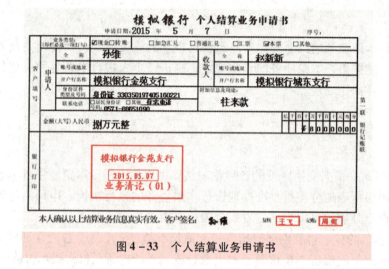

图 4 - 33　个人结算业务申请书

2. 凭证审核。出票银行柜员受理审核凭证。认真审核申请书填写的各项内容是否符合要求，填明现金字样的，申请人和收款人是否均为个人，并交存现金。

3. 款项收取。申请书经审核无误后，从个人结算户转账办理的，以申请书第一联作借方凭证，第二联作贷方凭证办理转账。会计分录为

借：活期存款——申请人户

　　贷：开出本票

直接交现金办理的：

借：现金　　　　　　　　　　　　　　　　　　　　　　　　80,000.00

　　贷：开出本票　　　　　　　　　　　　　　　　　　　　　80,000.00

同时按照规定收取业务手续费。会计分录为

借：现金（或活期存款）

　　贷：手续费收入

4. 签发银行本票。银行本票一式两联：第一联卡片，第二联本票。签发银行本票的具体要求：

（1）出票日期和金额必须大写。

（2）如果申请人申请签发转账本票的，在本票上现金框前打钩。反之在转账框前

打钩。

（3）申请书注明"不得转让"字样的，应在银行本票备注栏内注明。

5. 银行本票复核盖章。填写的银行本票经复核无误后，经办人员在银行本票第二联上按规定程序加编本票密押，加盖银行本票专用章（见图 4－34）并由授权的经办人签名或盖章后交申请人。

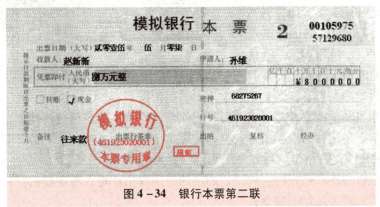

图 4－34　银行本票第二联

6. 送别客户与后续处理。送别客户后，银行柜员在相关记账凭证上加盖业务清讫章及柜员名章，作为办理业务的凭证与其他凭证一起装订保管。第一联卡片联加盖经办、复核名章后留存，专夹保管。登记重要空白凭证登记簿。

根据中国人民银行依托小额支付系统办理银行本票业务的相关规定，出票银行出票后应将银行本票出票信息实时录入本行业务处理系统。代理出票的，出票银行应于当日内将银行本票出票信息传递至代理清算行。

【活动练习】

模拟银行金苑支行当日发生下列业务：

1. 孙力提交现金 150,000 元及个人结算业务申请书申请签发现金银行本票一份，收款人为赵明。

2. 丁学玲提交 250,000 元个人结算业务申请书申请签发转账银行本票一份，收款人为李剑。

要求以模拟银行金苑支行柜员的身份进行相应业务的处理，包括凭证审核、业务数据录入、凭证盖章与凭证处理。

项目活动 2　个人银行本票兑付

【业务引入】

2015 年 5 月 10 日，模拟银行城东支行经办柜员收到客户赵新新提交本行 3 天前签发的现金银行本票一份，金额 80,000 元，申请兑付现金，原申请人为孙维。

【活动目标】

掌握个人银行本票兑付业务的操作方法与基本要领，能按照业务规程正确进行个人银行本票兑付业务操作。

【操作流程】

个人银行本票兑付业务操作流程见图4-35。

【操作步骤】

1. 业务受理。银行本票兑付时持票人应提交银行本票，如果转入个人结算户的还需提交三联进账单。

2. 凭证审核。银行柜员应认真审核以下有关内容：

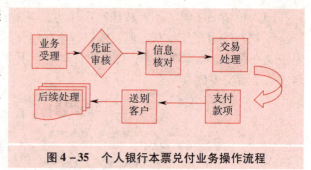

图4-35　个人银行本票兑付业务操作流程

（1）银行本票是否真实，是否超过提示付款期限；

（2）本票填明的持票人是否在本行开户，与进账单上的名称是否一致；

（3）本票必须记载的事项是否齐全，金额、出票日期、收款人名称等是否更改，其他记载事项的更改是否由出票行签章证明；

（4）出票行的签章是否符合规定，加盖的票据专用章是否与印模相符；

（5）持票人是否在背面签章；

（6）审核持票人的身份证件，并要求持票人提交身份证件复印件留存备查。

3. 信息核对。审核无误后，兑付行应将本票信息录入计算机系统，电子信息通过小额支付系统发送出票行进行确认，收到确认成功信息并打印业务回执后方可办理本票解付手续，进行账务处理。

4. 交易处理。本票由记账、复核人签章并记载兑付日期后，与打印的业务回执一起作为解付银行本票科目凭证附件，第二联进账单作贷方凭证。会计分录为

借：待清算支付款项

　贷：活期存款——持票人户

5. 支付款项，送别客户。银行经办柜员将款项转入持票人账户后，将进账单第一联加盖业务受理章、第三联进账单加盖业务清讫章作收账通知一并交给持票人。

6. 后续处理。小额支付系统银行本票资金清算时，兑付行收到小额支付系统发来的已清算通知后进行账务处理。会计分录为

借：准备金存款

　贷：待清算支付款项

银行经办柜员在相关记账凭证上加盖业务清讫章及柜员名章，作为办理业务的凭证与其他凭证一起装订保管。

特殊情况处理：现金本票处理

现金银行本票需要到出票行或其系统内营业机构直接兑付现金。

出票行或出票行系统内银行接到持票人交来的现金银行本票时，抽出专夹保管的本票卡片进行核对，或通过小额支付系统进行本票信息的实时比对。

经核对银行本票相关信息相符后，还必须认真审核本票上填写的申请人和收款人是否均为个人，审核持票人的身份证件，持票人在本票背面"持票人向银行提示付款签章"处是否签章和注明身份证件名称、号码及发证机关（见图4-36），并要求持票人提交身份证件复印件留存备查。

收款人委托他人向出票行或出票行的系统行提示付款的，必须查验收款人和被委托人的身份证件，在本票背面是否作委托收款背书，是否注明收款人和被委托人的身份证件名称、号码及发证机关，并要求提交收款人和被委托人身份证件复印件留存备查。

审核无误后，办理付款手续（超过柜员操作权限的，需要授权），本票作借方凭证（见图4-37），本票卡片作附件，进行相应账务处理。其会计分录为

借：本票　　　　　　　　　　　　　　　　　　　　　80,000.00

　　贷：现金　　　　　　　　　　　　　　　　　　　　　80,000.00

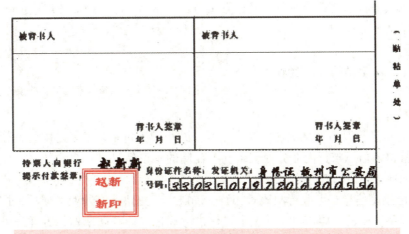

图4-36　本票背面（持票人在本票背面签章）

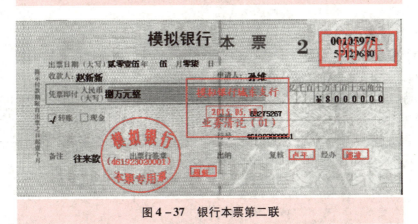

图4-37　银行本票第二联

【活动练习】

模拟银行城东支行当日发生下列业务：

1. 赵明提交现金银行本票，申请兑付现金，银行本票系本行签发，金额150,000元，原申请人为孙力。审核无误予以处理。

2. 赵欣欣提交转账银行本票和进账单，申请兑付，银行本票系市工行签发，金额193,000元，原申请人为王洁婷。审核无误予以处理。

要求以模拟银行城东支行柜员的身份进行相应业务的处理，包括凭证审核、业务数据录入、凭证盖章与凭证处理。

项目活动3　　个人银行本票结清

【业务引入】

2015年5月11日，模拟银行金苑支行经办人员收到市工行营业部转账银行本票已兑付信息，金额92,000元，原申请人为刘英（个人结算账号：001201010000312），收款人为在市工行营业部开户的雅商电子公司（账号：002201010000753），支付购货款。

【活动目标】

掌握个人银行本票结清业务的操作方法与基本要领，能按照业务规程正确进行个人银行本票结清业务操作。

【操作流程】

个人银行本票结清业务操作流程见图4-38。

图4-38　个人银行本票结清业务操作流程

【操作步骤】

1. 解付信息核对与信息确认。当出票行收到小额支付系统发来的解付本票电子信息时，出票行将该信息与行内业务处理系统中存储的本票信息进行自动核对，经系统确认无误后发回应答信息。

2. 销记系统信息。出票行经核对相符，确属本行出票，打印业务回单，同时销记行内业务处理系统中的本票信息。本票卡片作借方凭证，业务回单作借方凭证的附件。会计分录为

借：本票　　　　　　　　　　　　　　　　　　　　　　　92,000.00
　　贷：待清算支付款项　　　　　　　　　　　　　　　　　92,000.00

3. 清算资金。小额支付系统对业务回执轧差成功的，出票行在收到小额支付系统已清算通知时进行账务处理，会计分录为

借：待清算支付款项　　　　　　　　　　　　　　　　　　92,000.00
　　贷：准备金存款　　　　　　　　　　　　　　　　　　　92,000.00

4. 后续处理。银行柜员在相关记账凭证上加盖业务清讫章及柜员名章（见图4-39），作为办理业务的凭证与其他凭证一起装订保管。

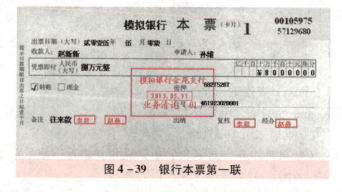

图4-39　银行本票第一联

【活动练习】

模拟银行金苑支行当日发生下列业务：

收到市工行已兑付的银行本票信息，金额250,000元，原申请人为丁学玲，收款人

为李剑，银行本票系本行签发，审核无误予以处理。

要求以模拟银行金苑支行柜员的身份进行相应业务的处理，包括凭证审核、业务数据录入、凭证盖章与凭证处理。

 [知识链接4-5] 银行本票挂失处理

未解付的银行本票丧失，失票人可以填写挂失止付通知书并签章后，向出票行挂失止付。出票行接到失票人提交的挂失止付通知书后，应审核挂失止付通知书填写的是否符合要求，并抽出原专夹保管的本票卡片核对，确属本行签发并确未注销时方可受理。出票行受理失票人挂失止付申请后，在计算机系统中登记挂失止付信息，凭以控制付款或退款。

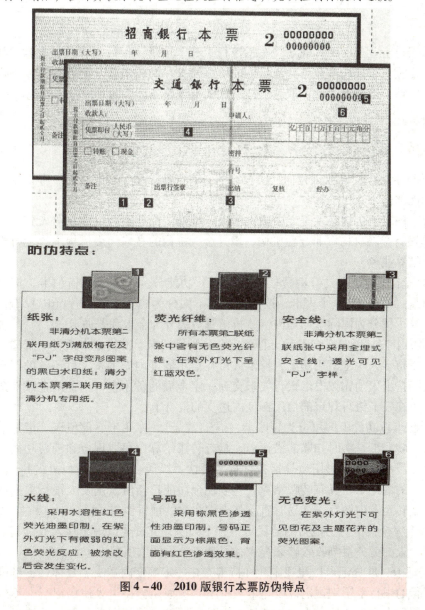

图4-40 2010版银行本票防伪特点

模块五
银行卡业务操作处理

能力目标

熟悉银行卡业务的结算规定，熟悉银行卡开卡申请、银行卡存款、取款、挂失、销卡等凭证格式，掌握相关业务凭证具体的填写要求，能按银行卡业务的具体规定正确进行银行卡申请、银行卡存款、取款、挂失、销卡等业务环节的具体操作处理。

基本知识

1. 银行卡是指由商业银行向社会发行的具有消费信用、转账结算、存取现金等全部或部分功能的信用支付工具。

银行卡的发卡机构必须是经中国人民银行批准的商业银行（包括外资银行、合资银行）和非银行金融机构。非金融机构、境外金融机构的驻华代表机构不得发行银行卡和代理收单结算业务。

2. 银行卡按其是否具有消费信贷（透支）功能分为信用卡和借记卡，按对象不同分为单位卡（商务卡）、个人卡，按信息载体不同分为磁条卡、芯片（IC）卡，按使用范围和结算币种分为国际卡与国内卡，按信誉等级分为金卡和普通卡。

3. 信用卡按是否向发卡银行交存备用金分为贷记卡、准贷记卡两类。贷记卡是指发卡银行给予持卡人一定信用额度，持卡人可在信用额度内先消费、后还款的银行卡；准贷记卡是指持卡人须先按发卡银行要求交存一定金额的备用金，当备用金账户余额不足支付时，可在发卡银行规定的信用额度内透支的银行卡。

4. 借记卡按功能不同可分为转账卡（含储蓄卡）、专用卡、储值卡。借记卡不具备透支功能。转账卡是实时扣账的借记卡，具有转账结算、存取现金和消费功能；专用卡是指具有专门用途（专门用途是指在百货、餐饮、饭店、娱乐行业以外的用途）、在特定区域使用的借记卡，具有转账结算、存取现金功能；储值卡是发卡银行根据持卡人要求将其资金转至卡内储存，交易时直接从卡内扣款的预付钱包式借记卡。

5. 具有完全民事行为能力的公民可申领个人卡，其资金以现金存入或以其工资性款项及属于个人的劳务报酬收入转账存入，严禁将单位的款项存入个人卡账户。

6. 贷记卡、准贷记卡按照规定允许持卡人在一定额度内透支，具体透支额度，则根据各家银行的银行卡管理规定以及持卡人资信状况而定。持卡人使用银行卡不得发生恶意透支。银行卡丧失，持卡人应立即持本人身份证件或其他有效证明，并按规定提供有关情况，向发卡银行或代办银行申请挂失。发卡银行或代办银行审核后办理挂失手续。

7. 发卡银行对准贷记卡及借记卡（不含储值卡）账户内的存款，按照中国人民银行规定的同期同档次存款利率及计息办法计付利息。发卡银行对贷记卡账户的存款、储值卡（含 IC 卡的电子钱包）内的存款不计付利息。

📋 工作任务　银行卡业务柜台处理

项目活动 1　银行卡申请开卡

【业务引入】

2015 年 5 月 16 日，客户孙维持本人身份证件（证件号码：330350197405160221）来模拟银行金苑支行申领借记卡，存入 3,000 元人民币。

【活动目标】

掌握银行卡申请开卡业务的操作方法与基本要领，能按照业务规程正确进行银行卡开卡业务操作。

【操作流程】

银行卡申请开卡业务操作流程见图 4 - 41。

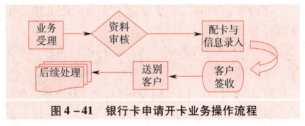

图 4 - 41　银行卡申请开卡业务操作流程

【操作步骤】

1. 业务受理。客户需要申请开办银行卡时，柜员或者大堂经理向客户介绍相关银行卡产品，提醒客户认真阅读领用合约或者银行卡/信用卡章程，并指导客户填写银行卡申请书（见图 4 - 42）。

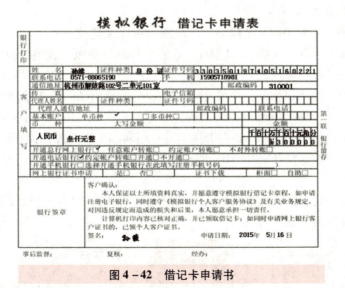

图 4 - 42　借记卡申请书

申请办理借记卡时申请人需要提供身份证及其复印件，申请办理贷记卡时申请人根据需要还应提供工作证明、收入证明、居住证明等资料，如条件不符合，还需要提供担保相关证明文件等。

2. 资料审核。银行经办柜员收到申请人提交的有关资料后，应认真审核：

（1）审核申领人填写的申请表内容是否真实、完整，签名、印章是否齐全；

（2）申领人是否符合条件，提供的有关材料及其有关附件是否真实、齐全。

此外，柜员对于申请信用卡的客户，还需要审核以下内容：

（1）担保是否符合条件，提供的有关材料、证明性文件及其有关附件是否真实、齐全；

（2）担保人的签字是否真实、有效，原件与复印件是否一致。

经办柜员进行初审后，在申请表上签署初审意见，将申请表、领用协议及有关材料报审核人员进行复核。

3. 配卡与信息录入。柜员进行审核后，对于符合借记卡开卡条件的客户，柜台可以直接办理开卡，进行即时配卡与信息录入。在进行配卡时，柜员需要检验借记卡是否完好，磁条是否存在问题等细节。然后使用借记卡开户交易进行信息录入处理，建立客户信息，进行开户处理。在申请表上记录银行卡卡号，加盖经办柜员名章，登记开销户登记簿。

申请贷记卡的，需要银行卡部及信用卡中心的审核审批，柜员应将相应客户资料转交银行卡部。

4. 客户签收与送别客户。银行柜员将已经开好的银行卡和申请书客户联交与客户签收，送别客户。

5. 后续处理。银行经办柜员编制表外科目付出传票，销记重要空白凭证登记簿。

贷记卡申请在获得批准后，一般会用电话或邮件通知客户后，将制好的卡片直接邮寄给客户，所以客户无须亲自到柜台领卡。

【活动练习】

模拟银行金苑支行当日发生下列业务：

客户张凡于 5 月 8 日来行申请办理借记卡，存现 2,000 元。

张凡的个人资料：

身份证号码：305090197105120313；性别：男；文化程度：大学本科；婚姻状况：已婚；职务：部门经理；年收入 70,000 元左右；职称：中级；住宅性质：按揭购房；住宅面积：113 平方米；邮政编码：310018；电话：0571 - 86913188；工作单位：达顺贸易有限公司；单位性质：企业；单位地址：下沙高教园西区；现居住地详细地址：杭州市下城区春青坊 5 - 303；邮政编码：310004；电话：0571 - 87218848；配偶姓名：朱蓓蓓；配偶的身份证号码：318050197405160222；配偶的工作单位：佳好进出口贸易公司；配偶电话：0571 - 83128516；距离最近的亲友姓名：张逸飞；关系：兄弟；亲友电话：0571 - 85168312。

要求以模拟银行金苑支行柜员的身份进行相应业务的处理，包括凭证审核、业务数据录入、凭证盖章与凭证处理。

项目活动 2　　银行卡存现

【业务引入】

2015 年 5 月 25 日，客户孙维持借记卡（卡号：4033918000256301）来行办理存现，金额 6,800 元。

【活动目标】

　　掌握银行卡存现业务的操作方法与基本要领，能按照业务规程正确进行银行卡存现业务操作。

【操作流程】

　　银行卡存现业务操作流程见图4-43。

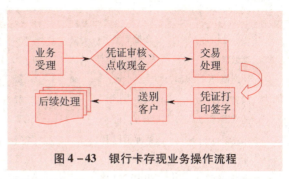

图4-43　银行卡存现业务操作流程

【操作步骤】

　　1. 业务受理。客户将现金与银行卡一起交银行经办柜员，口头核对金额。委托其他人代为办理的，需要代理人提交有效身份证件。

　　2. 凭证审核、点收现金。银行经办柜员认真核对银行卡、身份证件等资料是否真实有效。同时核对现金数量与真伪。

　　3. 交易处理。柜员审核无误后，登录到借记卡/信用卡交易系统，输入卡号、存现币种、存现金额、对账科目等要素，在系统自动授权后，打印存款凭条（见图4-44），并进行相应的账务处理。会计分录为

　　借：现金　　　　　　　　　　　　　　　　　　　　　　　　　　6,800.00

　　　　贷：活期储蓄存款——孙维户　　　　　　　　　　　　　　　6,800.00

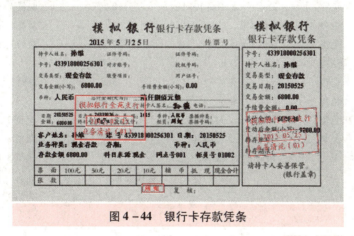

图4-44　银行卡存款凭条

　　4. 凭证打印签字，送别客户，后续处理。柜员将存款凭条交与客户签字确认，然后在存款凭条上加盖业务清讫章与柜员名章，作为办理业务的凭证与其他凭证一起装订保管。将银行卡连同存款凭条回单一并交客户。

　［知识链接4-6］

表4-3　　　　　　　　　各银行卡年费手续费收费比较一览表

银行名称	银行卡名称	年费	挂失手续费	损坏换卡手续费
中国银行	长城电子借记卡	10元	10元	5元
中国工商银行	牡丹灵通卡	10元	10元	5元
中国建设银行	龙卡储蓄卡	10元	10元	5元

银行名称	银行卡名称	年费	挂失手续费	损坏换卡手续费
中国农业银行	金穗借记卡	10 元	10 元	5 元
交通银行	太平洋借记卡	10 元	10 元	5 元
招商银行	一卡通	免费	10 元	免费
民生银行	民生借记卡	免费	10 元	10 元
浦发银行	东方借记卡	免费	10 元	免费
兴业银行	兴业借记卡	免费	10 元	免费
光大银行	阳光卡	免费	10 元	3 元
上海银行	申卡借记卡	免费	10 元	免费
广东发展银行	广发借记卡	免费	10 元	免费
华夏银行	华夏卡	免费	10 元	免费

表 4 – 4 　　　　　　　　　**各银行卡 ATM 取款收费比较一览表**

银行名称	本行同城取款	本行异地取款	同城跨行取款	异地跨行取款
中国银行	免费	10 元	2 元	12 元
中国工商银行	免费	最低 1 元，最高 50 元	2 元	最低 3 元，最高 52 元
中国建设银行	免费	最低 2 元，最高不设限	2 元	最低 4 元，最高不设限
中国农业银行	免费	最低 1 元，最高 100 元	2 元	最低 3 元，最高 102 元
交通银行	免费	最低 2 元，最高不设限	2 元	最低 5 元，最高不设限
招商银行	免费	最低 5 元，最高不设限	2 元	最低 7 元，最高不设限
民生银行	免费	5 元	免费	5 元
浦发银行	免费	免费	5 元	最低 5 元，最高不设限
兴业银行	免费	免费	2 元	2 元
光大银行	免费	最低 5 元，最高 10 元	免费	最低 5 元，最高 10 元
上海银行	免费	最低 2 元，最高 50 元	免费	最低 3 元，最高 52 元
深圳发展银行	免费	最低 1 元，最高 50 元	2 元	最低 3 元，最高 52 元
华夏银行	免费	免费	每日每卡前 1 笔免费，第 2 笔起 2 元/笔	每日每卡前 1 笔免费，第 2 笔起 2 元/笔

 ［知识链接 4 – 7］　**金融 IC 卡**

　　金融 IC 卡是由商业银行（信用社）或支付机构发行的，采用集成电路技术，遵循国家金融行业标准，具有消费信用、转账结算、现金存取全部或部分金融功能，可以具有其他商业服务和社会管理功能的金融工具。金融 IC 卡又称为芯片银行卡，是以芯片作为介质的银行卡。芯片卡容量大，可以存储密钥、数字证书、指纹等信息，其工作原理类似于微型计算机，能够同时处理多种功能，为持卡人提供一卡多用的便利。

　　金融 IC 卡是现代信息技术与金融服务高度融合的工具，采用芯片技术与金融行业标准，可兼具银行卡、保障卡、管理卡等多重功能，具有安全性、便利性、标准性和可扩展性等优点。中国人民银行经反复论证，实施了银行卡从磁条卡向金融 IC 卡迁移的战略，目前该项工作呈现良好的发展势头，工商银行、农业银行、中国银行、建设银行、交通银行、邮储银行及部分全国性股份制商业银行和城市商业银行已开始发行金融 IC 卡。

【活动练习】

模拟银行金苑支行当日发生下列业务：

客户张凡于 5 月 29 日来行办理借记卡存现业务，存款金额 20,000 元。

要求以模拟银行金苑支行柜员的身份进行相应业务的处理，包括凭证审核、业务数据录入、凭证盖章与凭证处理。

项目活动3　银行卡取现

【业务引入】

2015 年 5 月 28 日，客户孙维持借记卡（卡号：4033918000256301）来行办理取现，金额 4,000 元。

【活动目标】

掌握银行卡取现业务的操作方法与基本要领，能按照业务规程正确进行银行卡取现业务操作。

【操作流程】

银行卡取现业务操作流程见图 4－45。

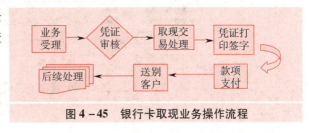

图 4－45　银行卡取现业务操作流程

【操作步骤】

1. 业务受理。客户取现时应将银行卡交柜员，口头核对取现金额。借记卡大额取现需要提交持卡人有效身份证件；信用卡取现要求提交持卡人有效身份证件，照片卡免验身份证，超过支付限额的，代理银行应向发卡银行索权，并在取现单上填写授权号码。

2. 凭证审核。银行柜员认真核对取款人身份证件与取款本人是否相符（注：若客户为持卡人本人，根据持卡人要求进行相应的临柜操作；若客户并非持卡人本人，持信用卡取现的，按照规定，拒绝办理相应业务；若通过观察，发现有异常情况，可以联系持卡人本人，及时冻结相应银行卡账户，特殊情况下，也可以采用报警等非常手段保护持卡人利益）。

银行柜员审核卡片时应重点关注：

（1）审核来卡是否为本行规定的受理卡，只有本行受理卡种才能进行相应操作。

（2）审核卡片的真伪：辨别银行卡真伪时，首先触摸银行卡材质，是否 PVC 或 PVCA 的材质；其次观察银行卡外观的主要要素是否齐全，特别要注意银行卡的主要防伪安全标志。

（3）审核卡片的细节：审核银行卡细节方面，主要包括：卡片签名条上是否有"样卡"字样；卡片是否有打洞、剪角、毁坏或涂改的痕迹；卡是否在有效期内；卡片正面的拼音姓名与卡片背面持卡人的签名是否相符，标明的性别与持卡人性别是否一致等。

3. 取现交易处理。柜员在进行审核后，读取银行卡磁卡信息，登录到借记卡/信用卡交易系统，输入卡号、取现币种代码、取现金额、对账科目，摘要、有效期、授权号码等要素，等待客户输入交易密码，在系统自动授权后，打印取款凭条（见图 4－46），并进行相应的账务处理。会计分录为

借：活期储蓄存款——孙维户　　　　　　　　　　　　　4,000.00
　　贷：现金　　　　　　　　　　　　　　　　　　　　　　　　4,000.00

4. 凭证打印签字，款项支付，送别客户。银行柜员将取现传票交予客户签字确认，根据客户的取款金额进行配款，将现金连同身份证件、银行卡、取款凭条回单一并交与客户点收，送别客户。

5. 后续处理。银行柜员在银行卡取款凭条上加盖业务清讫章与柜员名章，作为办理业务的凭证与其他凭证一起装订保管。

模拟银行银行卡取款凭条

2015年5月28日　　传票号

持卡人姓名：孙维　证件号码：　证件号码：

卡号：433918000256301　对方账号：　授权号码：

交易类型：现金取款　用户证号：

交易金额(小写)：4000.00　手续费金额(小写)：0.00

币种：人民币　总计金额(大写)：肆仟元整

模拟银行金苑支行　2015.05.28　业务清讫（01）

日期 20150528　日志号：28268104　交易码：1010　币种：人民币　票据种类：

金额：4000.00　终端号：0g7u　授权主管：　柜员：周虹　票据号码：

客户姓名：孙维　账号 433918000256301　日期：20150528

业务种类：现金取款　存期：　币种：人民币

取款金额 4000.00　科目去向 现金　网点号 001　柜员号 01002

票面	100元	50元	20元	10元	辅币	抵现	现金合计
张数							

周虹　复核：

模拟银行
银行卡取款凭条

卡号：433918000256301
持卡人姓名：孙维
交易类型：现金取款
交易日期：20150528
交易金额：4000.00
手续费金额：0.00
总计金额：4000.00
交易后余额(小写)：5800.00
转存账号：
转存期限：
模拟银行金苑支行　2015.05.28　业务清讫（01）
请持卡人妥善保管。
（银行盖章）

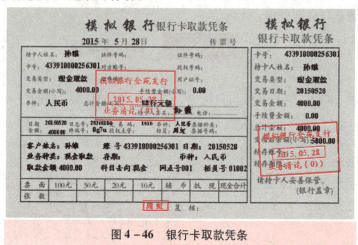

图 4－46　银行卡取款凭条

【活动练习】

模拟银行金苑支行当日发生下列业务：

客户张凡于6月7日来行办理借记卡取现业务，金额3,000元。

要求以模拟银行金苑支行柜员的身份进行相应业务的处理，包括凭证审核、业务数据录入、凭证盖章与凭证处理。

项目活动4　银行卡挂失

【业务引入】

2015年6月3日，客户孙维持本人身份证件（证件号码：330350197405160221）来行办理借记卡（卡号：4033918000256301）挂失业务。

【活动目标】

掌握银行卡挂失业务的操作方法与基本要领，能按照业务规程正确进行个银行卡挂失业务操作。

【操作流程】

银行卡挂失业务操作流程见图4－47。

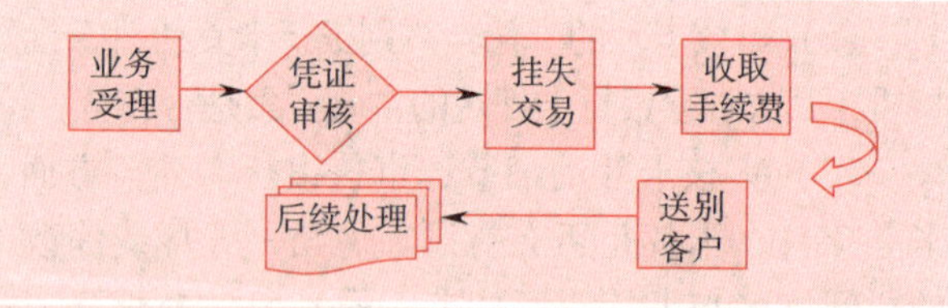

图 4－47　银行卡挂失业务操作流程

【操作步骤】

1. 业务受理。客户填写银行卡挂失申请书（一式两联，客户存根联，银行凭证联，见图4－48），连同身份证件一起交柜员。

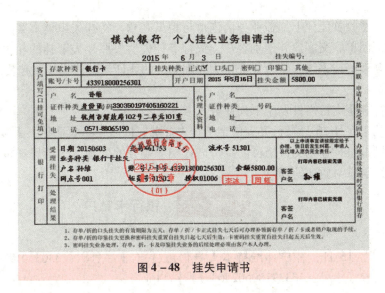

图 4 - 48　挂失申请书

2. 凭证审核。银行经办柜员收到申请人提交的有关资料后，应认真审核相关资料的内容是否准确、完整。如客户本人不能前往办理，可以委托他人代为办理挂失手续，被委托人需要出示其有效身份证明，柜员审核委托人的身份证件。

3. 挂失交易。柜员使用"客户信息查询"交易，确认账户是否存在，存款是否未被支取，核对存款账户的所有信息与挂失申请书的一致性。

信用卡如发现透支则要求客户先归还透支本金和利息。

若委托他人代为办理挂失手续，则柜员输入委托人相关信息。

客户输入交易密码，柜员获得授权，并经过复核后，打印挂失交易记录。

4. 收取手续费。银行经办柜员根据规定收取银行卡挂失手续费。填制或打印挂失手续费收款凭证（见图 4 - 49），进行账务处理。会计分录为

借：现金　　　　　　　　　　　　　　　　　　　　　　　　　　10.00

　　贷：手续费收入　　　　　　　　　　　　　　　　　　　　　　10.00

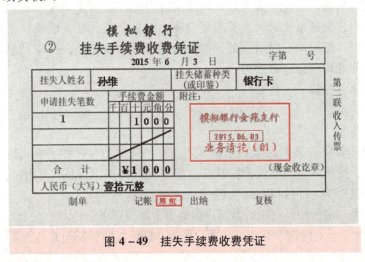

图 4 - 49　挂失手续费收费凭证

5. 送别客户，后续处理。银行经办柜员在银行卡挂失申请书上加盖业务公章与柜员

名章，在手续费收款凭证上加盖业务清讫章与柜员名章，将挂失申请书客户回单联和手续费收款凭证回单联交客户并送别客户。银行卡挂失后按照挂失解挂的相关业务规定由持卡人申请办理解挂手续。其余凭证作为办理业务的凭证与其他凭证一起装订保管。

【活动练习】

模拟银行金苑支行当日发生下列业务：

客户张凡于 6 月 16 日来行办理借记卡挂失业务，同时银行收取挂失手续费 10 元。

要求以模拟银行金苑支行柜员的身份进行相应业务的处理，包括凭证审核、业务数据录入、凭证盖章与凭证处理。

项目活动 5　　银行卡销户

【业务引入】

2015 年 6 月 15 日，客户孙维持本人身份证件（证件号码：330350197405160221）来行办理借记卡（卡号：4033918000256301）销户业务。

【活动目标】

掌握银行卡销户业务的操作方法与基本要领，能按照业务规程正确进行银行卡销户业务操作。

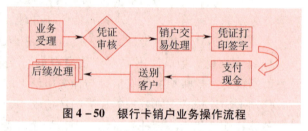

图 4 - 50　银行卡销户业务操作流程

【操作流程】

银行卡销户业务操作流程见图 4 - 50。

【操作步骤】

1. 业务受理。客户填写银行卡销户申请书，连同身份证件、银行卡一起交柜员。

2. 凭证审核。银行柜员收到申请人提交的有关资料后，应认真审核相关资料的内容是否准确、完整。凭证审核要求同挂失操作。

3. 销户交易处理。柜员审核银行卡的合法性，使用客户信息查询交易户名、卡号等账户信息，核对余额，贷记卡如有欠款则要求客户先归还透支本金和利息。柜员进入操作界面，进行销户交易系统录入。要求客户输入交易密码，在系统确认正确后，等待授权。授权成功后，打印销户结清凭证，按照余额打印取款凭条，打印利息清单，经核对无误后进行账务处理。会计分录为

借：活期储蓄存款——孙维户　　　　　　　　　　　　5,800.00
　　利息支出　　　　　　　　　　　　　　　　　　　　　2.23
　贷：现金　　　　　　　　　　　　　　　　　　　　5,802.23

4. 凭证打印签字，支付现金，送别客户。有关凭证交客户签字确认后，柜员根据余额与利息清单，按照现金付款流程配款并自复平衡，将现金连同一联销户申请书、取款凭证回单、利息清单、证件等一并交客户并送别客户。

5. 后续处理。银行柜员在银行卡销户申请书上加盖业务公章与柜员名章，在取款凭证和利息清单上加盖业务清讫章与柜员名章，作为办理业务的凭证与其他凭证一起装订保管。

【活动练习】

模拟银行金苑支行当日发生下列业务：

客户张凡于 6 月 20 日来行办理借记卡销户业务。

要求以模拟银行金苑支行柜员的身份进行相应业务的处理，包括凭证审核、业务数据录入、凭证盖章与凭证处理。

【小测试】

一、判断题

1. 银行汇票实际结算金额可以更改。　　　　　　　　　　　　（　　）
2. 现金银行汇票的申请人和收款人必须为个人，并且交现金办理。（　　）
3. 单位和个人在同一票据交换区域需要支付各种款项，可以使用银行本票。

（　　）
4. 银行汇票的核算过程包括出票、付款和结清三个阶段。　　　（　　）
5. 票据的大写日期未按要求规范填写的，银行可以受理，但由此造成损失的，也由银行承担赔偿责任。　　　　　　　　　　　　　　　　　　　　　　（　　）
6. 背书不得附有条件，被背书人注明"不得转让"的票据不能再背书转让。

（　　）
7. 票据均可背书转让，但填明"现金"字样的票据均不得背书转让。（　　）
8. 个人汇款的汇款人如发现款项汇错了，可以申请退回。　　　（　　）
9. 银行卡按是否要向发卡银行交存备用金可分为信用卡和借记卡。（　　）
10. 银行卡挂失必须由客户本人办理，卡补发可由代理人代办，但需提供代办人身份证。　　　　　　　　　　　　　　　　　　　　　　　　　　　　（　　）

二、单选题

1. 银行汇票的背书转让以（　　　）为准。
A. 出票金额　　　　　　　B. 申请书票面金额　　　　　C. 实际结算金额
2. 出票银行只能为（　　　）签发现金银行汇票。
A. 申请人和收款人均为单位　　　　　　B. 收款人为个人
C. 申请人和收款人均为个人　　　　　　D. 申请人为个人
3. 银行汇票的提示付款期限为（　　　）。
A. 自出票日起 2 个月　　B. 自出票日起 1 个月　　　C. 自出票日起 6 个月
4. 以下不可以背书转让的票据是（　　　）。
A. 现金支票　　B. 转账支票　　C. 转账汇票　　D. 转账本票
5. 以下说法正确的有（　　　）。
A. 银行汇票自出票日起 1 个月内均可向付款人提示付款
B. 银行本票自出票日起 1 个月内均可向付款人提示付款
C. 现金支票自出票日起 1 个月内均可向付款人提示付款
D. 转账支票自出票日起 1 个月内均可向付款人提示付款
6. 下列票据中，应加盖银行汇票专用章的是（　　　）。
A. 现金支票　　B. 银行本票　　C. 银行汇票　　D. 转账支票

7. 汇入银行对于汇入的款项，已向收款人发出取款通知，经过（　　）无法交付的汇款，汇入行应主动退汇。

A. 1 个月　　　　B. 10 天　　　　C. 2 个月　　　　D. 3 个月

8. 银行本票的提示付款期限自出票日起最长不超过（　　）。

A. 1 个月　　　　B. 2 个月　　　　C. 3 个月　　　　D. 6 个月

9. 储蓄卡属于（　　）。

A. 转账卡　　　B. 专用卡　　　C. 储值卡　　　　D. 准贷记卡

10. 商业银行与营利性机构合作发行的银行卡品种是（　　）。

A. 贷记卡　　　B. 借记卡　　　C. 联名卡　　　D. 认同卡

三、多选题

1. 出票人不得签发（　　）。

A. 现金支票　　　　　　　　B. 空头支票

C. 支付密码错误的支票　　　　D. 签章与预留银行印鉴不符的支票

2. 我国《票据法》规定的票据是狭义的票据，即指（　　）。

A. 汇票　　　B. 本票　　　C. 支票　　　D. 发票

3. 银行汇票必须记载下列事项（　　）。

A. 表明"银行汇票"的字样　　　B. 无条件支付的委托

C. 出票金额　　　　　　　　　D. 出票日期

4. 下列票据需加盖银行汇票专用章的有（　　）。

A. 银行汇票　　　　　　　　B. 银行承兑汇票

C. 银行本票　　　　　　　　D. 再贴现票据

5. 在同城和异地均可使用的结算方式为（　　）。

A. 转账支票　　　　　　　　B. 现金支票

C. 银行汇票　　　　　　　　D. 信用卡

E. 银行本票

6. 票据上不能更改的内容为（　　）。

A. 出票日期　　　B. 金额　　　C. 收款人名称　　　D. 付款人名称

7. 银行卡可分为（　　）。

A. 贷记卡　　　B. 借记卡　　　C. 准贷记卡　　　D. 信用卡

8. 信用卡按是否向发卡银行交存备用金可分为（　　）。

A. 贷记卡　　　B. 联名卡　　　C. 准贷记卡　　　D. 认同卡

9. 借记卡按功能不同可分为（　　）。

A. 转账卡　　　B. 专用卡　　　C. 储值卡　　　D. 储蓄卡

四、填空题

1. 银行卡是指由商业银行向社会发行的具有_____、_____、_____等全部或部分功能的领用支付工具。

2. 银行卡的发行机构必须是经批准的_____和_____。

3. 银行卡按其是否具有消费信贷（透支）功能分为_____和_____，按对象不同分为_____、_____。

4. 转账支票必须记载的事项是否齐全，是否用墨汁或碳素墨水填写，_____、_____、_____有无涂改，其他内容涂改是否有出票人签章证明。

5. 银行汇票的核算过程包括_____、_____和_____三个阶段。

6. 银行本票的提示付款期自出票日起最长不超过_____。

7. 银行汇票的提示付款期限为_____。

8. 支票的提示付款期限为_____。

5 项目五　代理业务处理

学习目标:

熟悉商业银行代理业务的种类,掌握各项代理业务的基本规定和操作流程,具备办理商业银行各项代理业务的能力。

模块一
代理国债业务操作处理

能力目标

熟悉国债业务买入与卖出的基本规定，熟悉业务办理凭证的具体填写要求和操作流程，能够熟练办理凭证式国债的买入、兑付业务处理。

基本知识

1. 凭证式国债的基本规定。

（1）凭证式国债是指不印制实物债券，采用填制"中华人民共和国凭证式国债收款凭证"的方式，通过商业银行和邮政储蓄柜台，面向城乡居民个人和各类投资者发行的国债。可记名，可以办理挂失、质押贷款、出具资产证明书等业务，但不可上市转让。

（2）凭证式国债的起存金额为100元（含100元），并且购买的金额必须是100的整数倍。

（3）凭证式国债按发行日公布的利率计息，若公布日至发行结束日遇储蓄存款利率调整，尚未发行的本期国债票面利率，在利率调整日按同档期银行储蓄存款利率的相同百分点做同向调整。

（4）凭证式国债自购买之日开始计息，到期一次性还本付息，逾期支取不计付利息。发行期结束后，投资人可以提前兑取，但只能全部支取，并且银行要按照凭证式国债金额1‰收取手续费。若持有时间不满半年不计付利息，超过半年的按实际持有天数及发行时公布的同档次利率支付利息。

（5）凭证式国债免征个人利息所得税。

（6）国债买卖期，对于提前兑付的凭证式国债，经办行可在控制发行额度内继续由居民买入，其持券期限从购买之日起计算，但利息只计算到该券规定到期日止。若持券人急需用款，也可再度卖出，买卖价格按规定办法计算。

2. 储蓄国债（电子式）的基本规定。

（1）储蓄国债（电子式）是指财政部在中华人民共和国境内发行，面向个人投资者销售的、以电子方式记录债权的人民币债券，投资者需开立债券账户和资金账户，并填写购买申请后方可办理。储蓄国债（电子式）不可流通转让，但可以办理提前兑取、质押贷款、非交易过户、开立储蓄国债（电子式）持有证明（财产证明）等。

（2）储蓄国债（电子式）从开始发行之日起计息，付息方式分为利随本清和定期付息。财政部于指定付息日或到期日通过试点商业银行向投资者支付利息和本金。

（3）储蓄国债（电子式）免征个人利息所得税，发行利率一般高于相同期限银行定期存款年收益率，逾期不计利息。

（4）储蓄国债（电子式）兑付资金由原售出机构直接支付至投资者资金清算账户；提前支取储蓄国债（电子式）按当期国债发行文件规定的提前兑取扣息方式扣息后支付本息。提前兑取金额须为 100 元的整数倍，按兑取本金额的 1‰ 收取手续费。

📋 工作任务 国债买入与兑付

项目活动1 国债买入

【业务引入】

2015 年 3 月 10 日，李红持现金和本人身份证件来行购买凭证式国债 100,000 元，定期 5 年（证件号码：330105197201216022）。

【活动目标】

掌握凭证式国债买入业务的操作方法与基本要领，能按照业务规程正确进行凭证式国债买入业务操作。

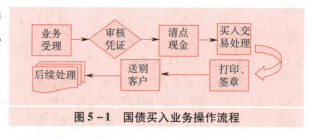

图 5-1 国债买入业务操作流程

【操作流程】

国债买入业务操作流程见图 5-1。

【操作步骤】

1. 业务受理。客户来银行办理凭证式国债买入业务时，提交身份证件，还应向银行填交一式两联凭证式国债购买申请表（见图 5-2）。

图 5-2 凭证式国债购买申请表

2. 审核凭证。接到客户填交的凭证式国债购买申请表，应认真审查以下内容：

（1）客户是否持有效身份证件，如为代理还要持代理人有效身份证件；

（2）申请书内容是否正确、齐全、清晰。

3. 清点现金。如客户是现金购买凭证式国债的，柜员需清点现金；如客户是转账购买凭证式国债的，柜员需先办理转账业务。

4. 买入交易处理。启动"债券发行"交易，按照凭证式国债购买申请表填写的内容录入户名、购买金额、凭证号码等要素，需要授权的则请示主办柜员或业务主管授权。

5. 打印、签章。打印凭证式国债收款凭证（见图5-3）和凭证式国债购买申请表；审核打印好的凭证，在凭证式国债购买申请表上加盖业务清讫章和柜员名章，在凭证式国债收款凭证上加盖业务公章和柜员名章。会计分录为

借：现金　　　　　　　　　　　　　　　　　　　　100,000.00
　　贷：代理发行债券——代理发行国债户　　　　　　　　　100,000.00
若为转账购买的，会计分录为
借：活期存款
　　贷：代理发行债券——代理发行国债户

图5-3 凭证式国债收款凭证（买入）

6. 送别客户。柜员把凭证式国债收款凭证、凭证式国债购买申请表客户回单联、客户身份证件交付给客户，送别客户。

7. 后续处理。凭证式国债购买申请表银行记账联留存，整理相关的凭证。

动动脑 凭证式国债和储蓄国债（电子式）的异同点？

【活动练习】

模拟银行金苑支行当日发生下列业务：

1. 客户王海波于3月10日持现金50,000元购买5年期凭证式国债，利率为5.32%，其身份证号码为305230197802242031。

2. 客户张枚于6月10日持活期储蓄存折转账100,000元购买3年期储蓄国债（电子式），利率为4.67%，其身份证号码为305210196405072029。

要求以模拟银行金苑支行柜员的身份进行相应业务的处理，包括凭证审核、业务数据录入、凭证盖章与凭证处理。

项目活动2　国债兑付

【业务引入】

2015年6月18日，李红持本人身份证件及2015年3月10日购买的100,000元5年

期凭证式国债来银行提出兑付申请。

【活动目标】

掌握凭证式国债兑付业务的操作方法与基本要领，能按照业务规程正确进行凭证式国债兑付业务操作。

【操作流程】

凭证式国债兑付业务操作流程见图5-4。

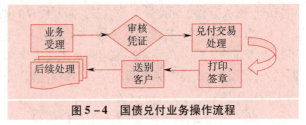

图5-4　国债兑付业务操作流程

【操作步骤】

1. 业务受理。客户来银行办理凭证式国债兑付业务时，应向银行递交凭证式国债收款凭证；如果是大额或提前支取的还需要提供存款人本人身份证件；如果是代理兑付的，需要提供存款人及代理人的身份证件。

2. 审核凭证。柜员需审核下列内容：

（1）是否为同城或分行辖区营业网点发行的凭证式国债；

（2）凭证式国债是否到期，如果是需要出具身份证件的，还要审核客户的身份证件是否有效，并把客户的身份证件相关信息记录在凭证式国债收款凭证背面。

3. 兑付交易处理。启动"凭证式国债兑付"交易，根据提示录入账号、金额等要素，如果超过5万元（含）则需要授权，确认交易并进行电子钱箱的配款。会计分录为

借：代理兑付债券——代理兑付国债户　　　　　　　　　　　　100,000.00

　　贷：现金　　　　　　　　　　　　　　　　　　　　　　　　　　　100,000.00

或借：代理兑付债券——代理兑付国债户

　　　贷：活期存款——李红户

⊠　**特别说明：** 存款半年以内的国债是没有利息的。因为这笔凭证式国债存款业务期限不足半年，故没有利息支出。

4. 打印、签章。打印凭证式国债收款凭证和一式两联债券兑付清单，债券兑付清单交客户签字；在凭证式国债收款凭证（见图5-5）和兑付清单上加盖业务清讫章和柜员名章，超权限需授权的还需要加盖授权人名章。

图5-5　凭证式国债收款凭证（兑付）

5. 送别客户。将客户身份证件、需要支付的现金本息和兑付清单客户回单联交给客户，送别客户。

6. 后续处理。将凭证式国债收款凭证、兑付清单银行记账联留存，整理相关的凭证。

 动动脑 同样存期的凭证式国债和整存整取定期存款在提前支取时，办理的程序有何不同？利息的计算方法有何不同？

[知识链接 5 −1]

凭证式国债发行期间，根据包销合同规定的缴款日期和比例，由商业银行总行按照各行分销额度的一定比例划收发行资金，一并按时足额划缴财政部。凭证式国债到期兑付时，财政部将兑付本息资金划付各承销银行，承销银行根据发行期各行实际缴款情况逐级下拨。

【活动练习】

模拟银行金苑支行当日发生下列业务：

1. 客户王海波 5 月 30 日来支取 3 月 10 日购买的 5 年期凭证式国债，金额 50,000元，请办理相关的支取事项并计算利息。

2. 客户张枚 7 月 28 日来支取 6 月 10 日购买的 3 年期储蓄国债（电子式），金额100,000 元，请办理相关的支取事项并计算利息。

要求以模拟银行金苑支行柜员的身份进行相应业务的处理，包括凭证审核、业务数据录入、凭证盖章与凭证处理。

模块二
基金业务操作处理

能力目标

熟悉基金业务的基本规定，熟练掌握办理基金开户、认购/申购、赎回，以及其他基金业务的操作流程，能够正确处理各项基金业务。

基本知识

1. 目前银行营业网点办理的基金均为开放式基金。开放式基金是指基金发行总额不固定，基金单位总数可以根据市场供求情况增加或减少，投资人可以按基金的净值在规定的营业场所申购或者赎回基金单位的一种基金。

2. 相对于封闭式基金，开放式基金具有市场选择性强、流动性好、透明度高、方便投资等方面的优势。

3. 基金的申购与赎回遵循"金额申购、份额赎回"的原则，即申购以金额申请，赎回以份额申请。

4. 基金发行期间，投资人必须在发行期内办理认购手续；发行期结束，营业网点立即停止接收认购申请。基金续存期内，投资人必须在规定的基金开放日内提交基金交易申请。

5. 投资人在基金发行期结束一段时间后才可办理基金申购、赎回业务，间隔时间依据"基金招募说明书"中的规定执行。

6. 投资人买卖开放式基金需要承担以下费用：

（1）认购费。有前端收费和后端收费两种方式。前端收费是在投资人认购款中一次性扣除，后端收费即在赎回时从赎回金额中扣除。目前国内的开放式股票基金的认购费率一般为认购金额的1%～2%，复制型基金的认购费率全部为2%，是收费标准中最高的一种。

（2）申购费。我国法律规定，基金申购费率一般为申购金额的1%～2%，并且适用的费率一般随申购金额的增加而降低，或者随持有时间的增长而降低。

（3）赎回费。我国法律规定，基金赎回费率不得超过赎回金额的3%，赎回费收入在扣除基本手续费后，余额应该归还基金所有者。

（4）基金管理费。基金管理费是指支付给实际运用基金资产、为基金提供专业服务的基金管理人的费用。管理费逐日计提，月底由托管人从基金资产中一次性支付给基金管理人，不须另向投资人收取。

（5）基金托管费。基金托管费是指基金托管人为基金提供服务而向基金投资人收取的费用。托管费逐日计提，按月从基金资产中一次性支付给基金托管人，不须另向投资人收取。

（6）其他费用。

7. 开放式基金的收益分配形式包括现金分配和再投资等。

✅ 工作任务　基金的认（申）购与赎回

项目活动1　基金账户开户申请

【业务引入】

2015年3月12日，张东持本人身份证件来银行申请开立个人基金账户（身份证件号码：330210198002023016）。

【活动目标】

掌握基金账户开户申请业务的操作方法与基本要领，能按照业务规程正确进行基金账户开户申请业务操作。

【操作流程】

基金账户开户申请业务操作流程见图5-6。

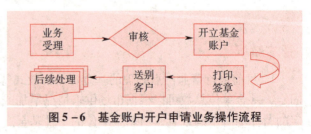

图5-6　基金账户开户申请业务操作流程

【操作步骤】

1. 业务受理。客户来银行办理基金账户申请业务时，除提供本人有效身份证件外还应填写一式两联代理基金开/销户申请书（见图5-7）。

2. 审核。银行经办柜员受理客户申请后，应按规定对相关证件资料进行审核。

（1）审核客户的有效身份证件，原件和复印件是否齐全；基金业务只能客户本人办理；

图5-7 代理基金开/销户申请书

（2）审核客户填写的代理基金开/销户申请书的客户信息栏内容是否完整、清晰、正确。如果客户还没有银行资金账号的，还应填交储蓄开户申请表，开立与基金交易卡（基金账户）捆绑的银行资金账号。

3. 开立基金账户。柜员审核相关证件无误后，确定符合办理基金开户条件的，开立基金交易卡（基金账户），输入客户的详细个人信息，同时开通转账业务，使新开办的基金账户与客户指定的银行资金账户建立捆绑。

4. 打印、签章。柜员打印代理基金开/销户申请书和证券业务回单（见图5-8）一式两联，交客户签字，并在代理基金开/销户申请书与证券业务回单上加盖业务公章和柜员名章。

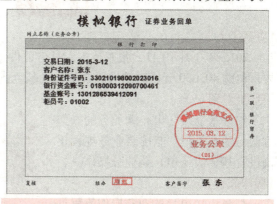

图5-8 证券业务回单

5. 送别客户。柜员把代理基金开/销户申请书与证券业务回单的客户回单联与客户身份证件、银行资金账户、基金账户一并交客户，送别客户。

6. 后续处理。柜员把代理基金开/销户申请书与证券业务回单的银行记账联留存，整理相关的凭证。

✉ **特别说明：**每个投资人针对同一基金登记注册机构只可开立唯一的基金账户，仅限投资人本人使用。

 ［知识链接5-2］

申购开放式基金单位数量份额的计算方法如下：

申购份额 = 申购金额（1－申购费率）/申购当日基金单位资产净值

比如，某投资者投资1万元申购某开放式基金，对应费率为1.5%，假设申购当日基金单位资产净值为1.2568元，则其可得到的申购份额为

申购份额 = 10,000×（1－1.5%）/1.2568 = 7,837.36（份）

开放式基金的赎回费用及赎回金额采用未知价法，计算方法如下：

赎回金额＝赎回日基金单位资产净值×赎回份额×（1−赎回费率）

比如，某投资者赎回某开放式基金 8,567.25 份基金单位，赎回费率为 0.5%，假设赎回当日基金单位资产净值为 1.1022 元，则其可得到的赎回金额为

赎回金额＝1.1022×8,567.25×（1−0.5%）＝9,395.61（元）

【活动练习】

模拟银行金苑支行当日发生下列业务：

1. 客户王娜持本人有效身份证于 3 月 30 日来银行要求开办一个基金账户，身份证号码为 330103197802241029，借记卡账户为 001020016719632。

2. 要求每一位学生亲自在模拟银行金苑支行柜台为自己开立一个基金账户，通过基金账户的开立进一步了解此业务的办理规程和相关事宜。

要求学生两人一组分别以模拟银行金苑支行柜员和客户的身份进行相应业务处理，包括凭证审核、业务数据录入、凭证盖章与凭证处理。

项目活动 2　基金认（申）购

【业务引入】

2015 年 3 月 19 日，张东持本人身份证件、已开立的个人基金账户和银行资金账户要求申购 40,000 元博时精选股票基金（基金代码：050004）。

【活动目标】

掌握基金认（申）购业务的操作方法与基本要领，能按照业务规程正确进行基金认（申）购业务操作。

【操作流程】

基金认（申）购业务操作流程见图 5−9。

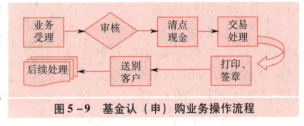

图 5−9　基金认（申）购业务操作流程

【操作步骤】

1. 业务受理。客户办理基金的认（申）购业务时，应提供本人有效身份证件及复印件、基金交易卡（基金账户）、与交易卡相对应的银行资金账户，填写一式两联基金认购/申购委托单（见图 5−10）。如果银行资金账户金额不足，也可以持现金办理认（申）购业务。

图 5−10　基金认购/申购委托单

2. 审核。银行经办柜员按规定对客户提交的证件资料进行审核。

（1）审核客户本人的有效身份证件及复印件；

（2）审核客户填写的基金认购/申购委托单内容是否完整、清晰、正确。如果客户是第一次申购某基金时，柜员还需要审核增开基金账户的相关手续是否填写完整，即客户需再次填写开放式基金账户业务申请表，在"增开交易账户"栏内注明要认购/申购的基金。

3. 清点现金。如果客户银行资金账户余额不足时，可持现金来办理基金的认（申）购业务，柜员清点现金无误后，应把该款项先存入客户的银行资金账户。

4. 交易处理。柜员刷客户银行卡，提示客户输入交易密码，客户输入密码后，系统进入录入界面，输入基金认购/申购委托单交易代码，录入客户填写的基金认（申）购信息，确认后客户银行资金账户内的资金划入基金账户，同时基金认购/申购交易成功。

5. 打印、签章。柜员打印基金认购/申购委托单和证券业务回单，交易手续费直接从客户银行资金账户扣除，交客户签字，并在基金认购/申购委托单和证券业务回单上加盖业务公章和柜员名章。

6. 送别客户。柜员把基金认购/申购委托单和证券业务回单的客户回单联与客户身份证件、基金账户、银行资金账户等一并交给客户，送别客户。

7. 后续处理。柜员把基金认购/申购委托单和证券业务回单的银行记账联留存，整理相关的凭证。

 ［知识链接 5 - 3］

1. 代销银行按"未知价格"原则和"金额申购"原则办理基金的申购，申购价格以开放日当天基金单位资产净值加按一定比例收取的申购费计算。

2. 当认购数额不符合基金公司规定的首次最低投资额，或者客户的认购申请没有得到基金公司的验证时，基金认购交易会被确认失败。

3. 客户可以办理开放式基金认购/申购的撤销手续，填写基金申购/赎回委托撤销单，撤销当天办理的委托交易，隔天业务不予受理。

4. 客户认购基金后，应在 T + 2 日到柜台办理认购基金的第一次确认手续，打印清算交割单（该交割单中只有清算金额而无确认份额），确认认购申请是否被基金公司接受，避免延误再次认购时机。

【活动练习】

模拟银行金苑支行当日发生下列业务：

1. 客户王娜于 4 月 2 日持本人身份证、基金账户（基金交易卡）、银行资金账户等到银行办理基金的申购，欲申购 50,000 元华安策略优选基金，该基金的基金代码为 040008，客户填写基金认购/申购委托单，到柜台办理此业务。

2. 客户王娜于 4 月 5 日持本人身份证、基金账户（基金交易卡）、银行资金账户等到银行办理基金的申购，欲申购 100,000 元上投优势基金，该基金的基金代码为 375010，客户填写基金认购/申购委托单，到柜台办理此业务。

要求以模拟银行金苑支行柜员的身份进行相应业务的处理，包括凭证审核、业务数据录入、凭证盖章与凭证处理。

项目活动3　基金赎回

【业务引入】

2015年4月12日，张东持本人身份证件、已开立的个人基金账户和银行资金账户来银行要求赎回博时精选股票基金（基金代码：050004）。

【活动目标】

掌握基金赎回业务的操作方法与基本要领，能按照业务规程正确进行基金赎回业务操作。

【操作流程】

基金赎回业务操作流程见图5-11。

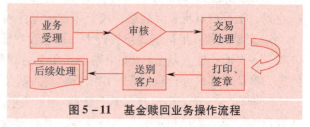

图5-11　基金赎回业务操作流程

【操作步骤】

1. 业务受理。客户办理基金赎回业务时，应向柜员提供本人有效身份证件，基金交易卡、与交易卡相捆绑的银行资金账户，填写一式两联"基金赎回/预约赎回委托单"（见图5-12）。

2. 审核。银行经办柜员按规定审核客户提交的证件资料。

（1）审核客户本人的有效身份证件原件及复印件；

（2）审核客户填写的基金赎回/预约赎回委托单内容是否完整、清晰、正确；

（3）查询客户基金账户，应无挂失、无冻结、无权益、无未完成的交易委托等。

3. 交易处理。柜员输入基金赎回交易代码，录入客户赎回基金的交易信息，确认后交易成功。日终确认赎回交易价格后，赎回资金将划入与客户基金账户捆绑的银行资金账户。

4. 打印、签章。柜员打印基金赎回/预约赎回委托单和证券业务回单，交客户签字；并在基金赎回/预约赎回委托单和证券业务回单上加盖业务公章和柜员名章。交易手续费直接从客户银行资金账户扣除。

图5-12　基金赎回/预约赎回委托单

5. 送别客户。柜员把客户签好的基金赎回/预约赎回委托单和证券业务回单客户回单联与客户身份证件、基金卡、银行资金账户等一并交给客户，送别客户。

6. 后续处理。柜员把客户签好的基金赎回/预约赎回委托单和证券业务回单银行记账联留存，整理相关的凭证。

✉ **特别说明：**各种基金收取的开户费、认购费、申购费、赎回费以及转托管费等都不相同。

【活动练习】

模拟银行金苑支行当日发生下列业务：

1. 客户王娜于 4 月 28 日持本人身份证、基金账户（基金交易卡）、银行资金账户等到银行办理基金的赎回，欲赎回 10,000 份华安策略优选基金，该基金的基金代码为040008，客户填写基金赎回/预约赎回委托单，到柜台办理此业务。

2. 客户王娜于 5 月 12 日持本人身份证、基金账户（基金交易卡）、银行资金账户等到银行办理基金的赎回，欲赎回 20,000 份上投优势基金，该基金的基金代码为 375010，客户填写基金赎回/预约赎回委托单，到柜台办理此业务。

要求以模拟银行金苑支行柜员的身份进行相应业务的处理，包括凭证审核、业务数据录入、凭证盖章与凭证处理。

模块三
代理缴费业务操作处理

能力目标

熟悉银行代理缴费业务的种类、基本规定等，掌握银行办理各类代理缴费业务的操作流程。

基本知识

1. 代理缴费业务是指银行与代理业务单位签订相关协议，又与客户建立相应的委托支付关系，根据委托单位提供的代收清单，代理客户缴交某项费用（如水电费、电话费等），并通过转账或现金缴费的方式将款项划转委托单位的一种服务方式。

2. 客户有两种途径缴纳各项费用，一是与银行签订转账付款协议，委托银行定期从客户指定的银行账户划拨相应的资金给公用事业单位；二是客户定期持公用事业单位的各项费用清单来银行办理现金交纳业务。

3. 代理缴费业务主要涉及通信、物业管理、社会保障、税费、交通、行政事业等九大类近 100 个品种。具体可办理的业务有：

（1）通信类：电话初装费、电话费、电子银行服务费等；

（2）物业管理费：水费、电费、燃气费、物业管理费、有线电视费等；

（3）社会保障费：医疗保险金、失业保险金、养老保险金等；

（4）税务类：国税、地税等；

（5）交通类：出租车管理费、汽油费、养路费、交通罚款等；

（6）行政事业类：公共事业费、各种行政罚款、工商管理费等；

（7）报刊订阅类：报刊订阅费等；

（8）代理股票交易业务：主要包括银证转账业务；

（9）其他：代企业清收欠款、学生学杂费、咨询费、单位集资款等。

工作任务　代理缴费的申请与续缴费

项目活动1　代理缴费业务申请

【业务引入】

2015 年 4 月 17 日，赵悦持本人身份证件来银行申请开办代理缴纳电费业务。

【活动目标】

掌握代理缴费业务申请的操作方法与基本要领，能按照业务规程正确进行代理缴费业务的申请操作。

【操作流程】

代理缴费业务申请的操作流程见图 5 – 13。

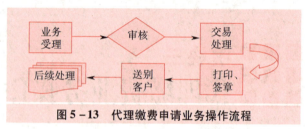

图 5 – 13　代理缴费申请业务操作流程

【操作步骤】

1. 业务受理。客户办理代理缴费业务申请时，应向柜员提供本人的有效身份证件，填写公共事业费自动转账付款授权书（见图 5 – 14）。

图 5 – 14　公共事业费自动转账付款授权书

2. 审核。经办柜员按规定审核客户提交的相关证件资料。

（1）审核客户的有效身份证件；

（2）审核客户填写的公共事业费自动转账付款授权书内容是否完整、清晰、正确；

（3）如果客户没有银行的账户，要求客户开立账户；如果客户有银行的账户，要审核该账户是否为本行所受理的账户，是否为客户本人的账户。

3. 交易处理。柜员输入代理缴费申请交易代码，录入客户信息，确认后交易成功。

4. 打印、签章。柜员打印业务受理单，交客户签字，并在公共事业费自动转账付款授权书和业务受理单上加盖业务公章和柜员名章。

5. 送别客户。柜员把公共事业费自动转账付款授权书和业务受理单的客户回单联与客户银行账户、身份证件等一并交给客户，送别客户。

6. 后续处理。柜员把公共事业费自动转账付款授权书和业务受理单的银行记账联留存，整理相关的凭证。

 ［知识链接5－4］

1. 客户办理代理缴纳业务的申请时，可以持他人的身份证件，替他人缴纳款项，但委托扣款的银行账户必须是授权人本人的账户。

2. 若本人终止授权时，须立书面终止授权书，送受理银行，银行在接到终止授权书的一个月后执行。

3. 立授权书日即授权生效日。

【活动练习】

模拟银行金苑支行当日发生下列业务：

1. 客户孙红5月5日持本人身份证、本人银行卡，意委托银行代理其缴纳水费，客户银行卡卡号为60142820296155408，身份证号码为330109196707191025，客户居住地址为杭州市下城区青春坊8－220，邮编：310004，客户填写公共事业费自动转账付款授权书后，到柜台办理此业务。

2. 客户张斌5月18日持本人身份证、代理人身份证和银行卡，意委托银行代理授权人缴纳煤气费，张斌身份证号码为330207198012112031，代理授权人为田鹏，身份证号码为330206197001081033，银行卡卡号为4518105129673896，居住地址为杭州市孩儿巷20－313，邮编310012，联系电话为13908883166，客户填写公共事业费自动转账付款授权书后，到柜台办理此业务。

要求以模拟银行金苑支行柜员的身份进行相应业务的处理，包括凭证审核、业务数据录入、凭证盖章与凭证处理。

项目活动2　代理续缴费

【业务引入】

2015年5月4日，田萌持现金来银行缴纳电费124.50元。

【活动目标】

掌握代理续缴费业务的操作方法与基本要领，能按照业务规程正确进行代理续缴费业务操作。

【操作流程】

代理续缴费业务操作流程见图 5-15。

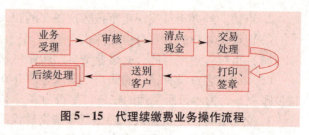

图 5-15　代理续缴费业务操作流程

【操作步骤】

1. 业务受理。柜员受理客户的代理续缴费业务时，如果客户已经与银行签订了自动扣款授权协议，银行会定期从客户指定的银行账户扣除相应的缴费金额；如果客户对扣款金额有疑问，可协助客户查询扣款明细账，不需要做重复扣款交易。如果客户是办理现金缴款业务的，柜员要求客户填写现金收费凭条（见图 5-16）。

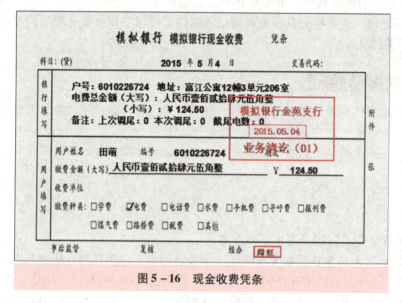

图 5-16　现金收费凭条

2. 审核。柜员审核客户填写的现金收费凭条内容是否正确、完整、清晰；审核客户所持的催缴通知单，确定是否为本行受理范围内的业务。

3. 清点现金。清点客户续缴费的现金，在监控下和客户视线内的柜台上清点，清点后与客户填写的现金收费凭条金额核对，无误后将现金放置于桌面上，待该业务办理结束后再予以收存。

4. 交易处理。柜员输入代理续缴费业务代码，录入缴费相关内容，确认后交易成功。会计分录为

借：现金　　　　　　　　　　　　　　　　　　　　　　　　124.50

　　贷：其他应付款——代缴电费户　　　　　　　　　　　　　124.50

5. 打印、签章。柜员打印现金收费凭条和代缴费收据，并加盖业务清讫章和柜员名章。

6. 送别客户。柜员把代缴费收据交付客户做付款凭证，送别客户。

7. 后续处理。柜员把现金收费凭条留存，整理相关的凭证。

【活动练习】

模拟银行金苑支行当日发生下列业务：

1. 客户李军 5 月 5 日持煤气费催缴通知单来柜台缴纳煤气费 78.56 元，客户住址为杭州下沙未名园 3 – 212，户号 31540071。

2. 客户王平 5 月 12 日持水费催缴通知单来柜台缴纳水费 69.32 元，客户住址为杭州市江干区采荷东区 9 – 405，户号 26895276。

要求以模拟银行金苑支行柜员的身份进行相应业务的处理，包括凭证审核、业务数据录入、凭证盖章与凭证处理。

【小测试】

一、判断题

1. 国库券业务的起存金额为 100 元（含 100 元）且为 100 元的整数倍。　　（　　）

2. 银行受理代理缴费业务的委托时，与客户必须签订相关授权扣款的协议。

（　　）

3. 凭证式国债发行结束后，中间如遇到利率调整不随着变动。　　　　（　　）

4. 凭证式国债提前支取时要按照凭证金额的 1% 收取手续费。　　　（　　）

5. 凭证式国债可以作为质押贷款的凭证。　　　　　　　　　　（　　）

6. 储蓄国债（电子式）从开始发行之日起计息，付息方式为利随本清。　（　　）

7. 基金遵循"金额申购、份额赎回"的原则。　　　　　　　　　（　　）

8. 客户办理代理缴费业务申请时，可以持他人的身份证件，替他人缴纳款项。

（　　）

9. 凭证式国债逾期计付复息。　　　　　　　　　　　　　　　（　　）

10. 相对于封闭式基金，开放式基金的流动性较弱。　　　　　　　（　　）

二、单选题

1. 以下关于凭证式国债说法正确的有（　　　）。

A. 凭证式国债可记名、可挂失，也可上市转让

B. 凭证式国债若提前支取按支取日当日活期利率计息

C. 凭证式国债可办理部分提前支取

D. 凭证式国债逾期不计付利息

2. 投资者持有凭证式国债到期兑付时，应缴纳（　　　）。

A. 1% 的提前兑取手续费　　　　　　　B. 20% 的个人利息所得税

C. 5% 的个人利息所得税　　　　　　　D. 不需缴纳任何税费

3. 投资者购买凭证式国债的起息时间是（　　　）。

A. 当年 1 月 1 日　　　　　　　　　　B. 当期国债发行开始日

C. 购买日　　　　　　　　　　　　　D. 当期国债发行结束日

4. 代理发行业务主要有代理发行（　　　）。

A. 代发放红利　　　　　　　　　　　B. 代理开放式基金业务

C. 代收电费　　　　　　　　　　　　D. 代收话费

5. 下列（　　）不属于银行代收业务。

A. 代收水费 　　　　　　　　　B. 代收煤气费

C. 代收电费 　　　　　　　　　D. 代卖各类保险

三、多选题

1. 下列关于凭证式国债说法正确的有（　　）。

A. 凭证式国债可记名 　　　　　B. 凭证式国债可以办理挂失

C. 凭证式国债可以上市转让 　　D. 凭证式国债使用专用凭证

2. 以下关于基金业务说法正确的是（　　）。

A. 目前银行营业网点办理的基金大多为开放式基金

B. 基金发行期结束一段时间后才可以办理基金申购、赎回业务

C. 代销银行按照"未知价格"原则办理基金的申购

D. 各种基金收取的开户费、认购费、申购费、赎回费等均相同

3. 代理业务从资金清算的方向上来分可以分为（　　）。

A. 代收类 　　　　　　　　　　B. 代付类

C. 转账类 　　　　　　　　　　D. 代理发行类

4. 代付业务主要有（　　）。

A. 银证转账 　　　　　　　　　B. 代发工资

C. 代卖各类保险 　　　　　　　D. 代发养老金

5. 基金代销业务是指银行接受管理人的委托，通过银行（　　）等渠道接受投资人开放式基金认购、申购、赎回等交易申请的业务。

A. 电话银行 　　　　　　　　　B. 营业网点

C. 多媒体自助查询终端 　　　　D. 网上银行

项目六　个人外汇业务处理

学习目标：

　　熟悉个人外币存款业务、个人外币兑换业务相关业务规定，掌握个人外币存款业务、个人外币兑换业务相关操作规程与处理手续。

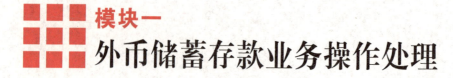

模块一
外币储蓄存款业务操作处理

能力目标

熟悉个人外币存款业务的核算规定，熟悉个人外币存款业务的凭证格式，掌握具体的填写要求，能按个人外币存款业务的具体规定正确进行各环节业务的操作处理。

基本知识

1. 外汇是外国货币或以外国货币表示的，用于国际结算的支付手段。它包括：外国货币（现金），指外国钞票（纸币）、铸币等；外币支付凭证，指票据、银行存款凭证、邮政储蓄凭证等；外币有价证券，指政府公债、公司债券、股票等其他外汇资金。

外汇存款是银行组织吸收外汇资金的主要渠道，是银行外汇资金来源的重要组成部分。外汇存款的种类，可以按存款的对象、存入资金形态、存款期限和存取方式进行分类。

2. 外汇存款按存款对象，可分为单位外汇存款和个人外币储蓄存款。中国公民、港澳台同胞、居住在中国（含港澳台地区）境内外的外国人、外籍华人和华侨，均可凭实名制认可的有效身份证件在银行办理外币储蓄存款。

3. 外汇存款按存入资金形态，可分为现汇存款和现钞存款。现汇存款是指以境外汇入或携入的外币票据转存的存款，现钞存款是指存款人从境外携入或持有可自由兑换的外币现钞存入的存款。

4. 外汇存款按存款期限，可分为定期存款和活期存款。

5. 目前外币储蓄存款的币种包括美元、港元、英镑、欧元、日元、加拿大元、澳大利亚元、瑞士法郎和新加坡元等。

工作任务　外币储蓄存款业务操作处理

项目活动1　个人外币储蓄存款开户

【业务引入】

2015年1月6日，孙维持本人身份证件来行存入1,000欧元，6个月定期储蓄存款，存入2,000美元活期储蓄存款（证件号码：330350197405160221）。

【活动目标】

掌握个人外币储蓄存款业务开户的操作方法与基本要领，能按照业务规程正确进行个人外币储蓄存款业务开户操作。

【操作流程】

个人外币储蓄存款开户业务操作流程见图6－1。

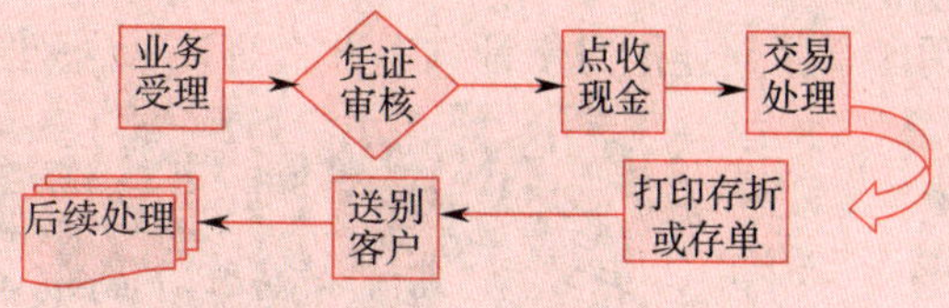

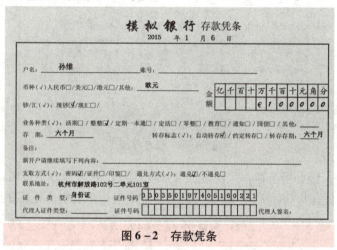

图6－1 个人外币储蓄存款开户业务操作流程

【操作步骤】

1. 业务受理。客户申请开立外币存款账户时，应填写存款凭条（见图6－2），填写内容包括日期、户名、储种、币种、存入金额、有效身份证件名称与号码、地址等（代他人存款还需填写代理人的姓名、有效身份证件名称与号码），可预留签字或印鉴。同时将现金与身份证件一起交银行工作人员。

2. 凭证审核，点收现金。经办柜员按照规定审核客户提交的有效身份证件与存款凭条相关内容。按规定当面清点现金，核对金额，鉴别真伪。

3. 交易处理。经办柜员选择外币活期（定期）储蓄存款开户界面，按画面提示录入相关要素进行记账操作。预留密码的由客户通过密码键盘输入密码。打印存款凭条交客户确认签名，收回凭条（见图6－5）。

图6－2 存款凭条

个人外币存款的现钞户如办理现钞存入时直接通过现钞办理，不必通过汇钞套算。其会计分录为

借：现金　　　　　　　　　　　　　　　　　　　　　EUR 1,000.00

　贷：定期储蓄存款——孙维户　　　　　　　　　　　EUR 1,000.00

借：现金　　　　　　　　　　　　　　　　　　　　　USD 2,000.00

　贷：活期储蓄存款——孙维户　　　　　　　　　　　USD 2,000.00

个人外币存款的现汇户如办理现汇存入时会计分录为

借：汇入汇款（或其他科目）　　　外币

　贷：活期（定期）储蓄存款——××户　　　外币

4. 打印存折或存单，送别客户。经办柜员账务记载成功后，打印存单（见图6-3）或打印存折（见图6-4）、写磁，核对内容无误后，在存单（或存折）上加盖储蓄业务专用印章后，连同身份证件一并交客户，送别客户。

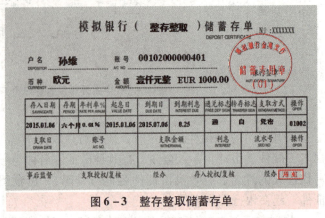

图6-3 整存整取储蓄存单

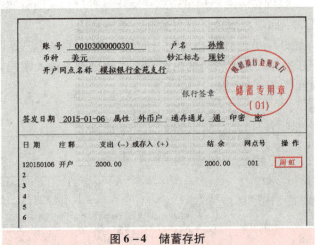

图6-4 储蓄存折

5. 后续处理。经办柜员在存款凭条上加盖业务清讫章与经办柜员名章（见图6-5），作为办理业务的凭证与其他凭证一起装订保管。同时登记重要空白凭证登记簿。

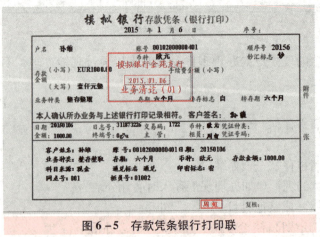

图6-5 存款凭条银行打印联

付出：重要空白凭证——存折　1.00

　　　　　　　　——存单　1.00

［知识链接 6 - 1］

表 6 - 1　　　　　　　　世界主要国家和地区货币名称与货币符号

国家	中文	英文	标准符号
中国	人民币元	Renminbi Yuan	CNY
中国香港	港元	HongKong Dollar	HKD
日本	日元	Japanese Yen	JPY
新加坡	新加坡元	Singapore Dollar	SGD
欧元区	欧元	Euro	EUR
瑞士	瑞士法郎	Swiss Franc	CHF
英国	英镑	Pound	GBP
美国	美元	U. S. Dollar	USD
加拿大	加元	Canadian Dollar	CAD
澳大利亚	澳大利亚元	Australian Dollar	AUD

【活动练习】

模拟银行金苑支行当日发生下列业务：

1. 储户张凡存入 1,000 欧元活期储蓄存款。

2. 储户周坪存入 3,000 美元三个月定期储蓄存款。

3. 储户孙叶存入 2,000 英镑六个月定期储蓄存款。

要求以模拟银行金苑支行柜员的身份进行相应业务的处理，包括凭证审核、业务数据录入、凭证盖章与凭证处理。

项目活动 2　个人外币储蓄存款续存

【业务引入】

2015 年 3 月 12 日，孙维来行续存 1,500 美元。

【活动目标】

掌握个人外币活期储蓄存款业务续存的操作方法与基本要领，能按照业务规程正确进行个人外币储蓄存款业务续存操作。

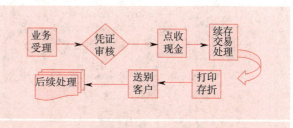

图 6 - 6　个人外币活期储蓄存款续存业务操作流程

【操作流程】

个人外币活期储蓄存款续存业务操作流程见图 6 - 6。

【操作步骤】

1. 业务受理。客户续存入外币活期储蓄存款时，应将现金与存折一起交银行工作人员，口头核对存入金额。

2. 凭证审核。经办柜员刷折后，按照规定审核客户提交的存折。

3. 点收现金。经办柜员问清金额后按规定当面清点核对，并鉴别真伪。

4. 续存交易处理。经办柜员选择外币活期储蓄存款续存界面，按画面提示录入相关要素进行记账操作，打印存款凭证（见图6-7）交客户确认签名，收回凭证。

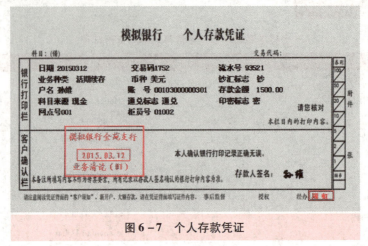

图6-7　个人存款凭证

会计分录为

借：现金　　　　　　　　　　　　　　　　　　　　　　　　　USD1,500.00
　　贷：活期储蓄存款——孙维户　　　　　　　　　　　　　　USD1,500.00

5. 打印存折，送别客户。经办柜员账务记载成功后，打印存折（见图6-8），核对内容无误后，将存折连同存款凭条回单盖章后交与客户，送别客户。

6. 后续处理。经办柜员在存款凭条上加盖业务清讫章与经办柜员名章，作为办理业务的凭证与其他凭证一起装订保管。

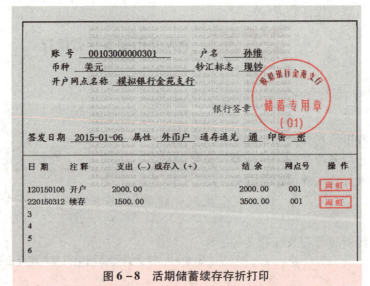

图6-8　活期储蓄续存存折打印

补充说明： 银行经办柜员在办理业务过程中，如遇存折满页需要换折时，应先刷折，再选择活期储蓄换折业务界面，按画面提示录入相关要素进行记账操作，凭密码支取的由客户录入个人密码，然后打印存折，存折上加盖储蓄专用印章后交与客户。

原存折加盖"换折"和"附件"章，在办理存取款业务换折时，原存折作储蓄存取款凭条附件，直接办理换折业务时，原存折做重要空白凭证表外付出传票附件。

登记重要空白凭证登记簿，分录为

付出：重要空白凭证

【活动练习】

模拟银行金苑支行当日发生下列业务：

储户张凡续存 3,000 欧元活期储蓄存款。

要求以模拟银行金苑支行柜员的身份进行相应业务处理，包括凭证审核、业务数据录入、凭证盖章与凭证处理。

项目活动3　个人外币储蓄存款支取

【业务引入】

2015 年 3 月 18 日，孙维来行支取 1,000 美元。

【活动目标】

掌握个人外币储蓄存款业务支取的操作方法与基本要领，能按照业务规程正确进行个人外币储蓄存款业务支取操作。

【操作流程】

个人外币储蓄存款支取业务操作流程见图 6 - 9。

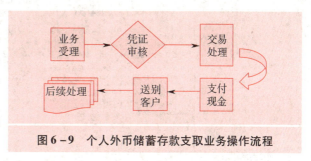

图 6 - 9　个人外币储蓄存款支取业务操作流程

【操作步骤】

1. 业务受理。客户办理存款支取时，应将存折、有效身份证件一并交银行工作人员，口头核对支取金额。

2. 凭证审核。经办柜员按照规定审核客户提交的存折、有效身份证件。

3. 交易处理。经办柜员刷折后，选择外币活期储蓄取款界面，按画面提示录入相关要素进行记账操作，凭密码支取的由客户录入个人密码，打印取款凭证（见图 6 - 10）交客户确认签名，收回凭证。

会计分录为

借：活期储蓄存款——孙维户　　　　　　　　　　　　　　　USD1,000.00

　贷：现金　　　　　　　　　　　　　　　　　　　　　　　　USD1,000.00

4. 支付现金，送别客户。经办柜员账务记载成功后，打印存折（见图 6 - 11），核对内容无误后，按记账金额配款，将存折连同现金一并交与客户，送别客户。

5. 后续处理。经办柜员在取款凭条上加盖业务清讫章与经办柜员名章，作为办理业务的凭证与其他凭证一起装订保管。

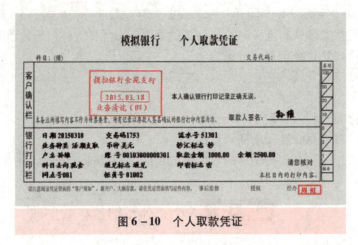

图 6 – 10　个人取款凭证

图 6 – 11　活期储蓄支取存折打印

【活动练习】

模拟银行金苑支行当日发生下列业务：

储户张凡支取 1,000 欧元活期储蓄存款。

要求以模拟银行金苑支行柜员的身份进行相应业务的处理，包括凭证审核、业务数据录入、凭证盖章与凭证处理。

项目活动 4　个人外币储蓄存款销户与计息

【业务引入】

2015 年 7 月 6 日，孙维来行支取 6 个月到期定期存款 1,000 欧元。银行工作人员按规定为其办理销户手续。

【活动目标】

掌握个人外币储蓄存款业务销户与利息计算的操作方法与基本要领，能按照业务规程正确进行个人外币储蓄存款业务销户与利息计算操作。

【操作流程】

个人外币储蓄存款业务销户与利息计算业务操作流程见图6－12。

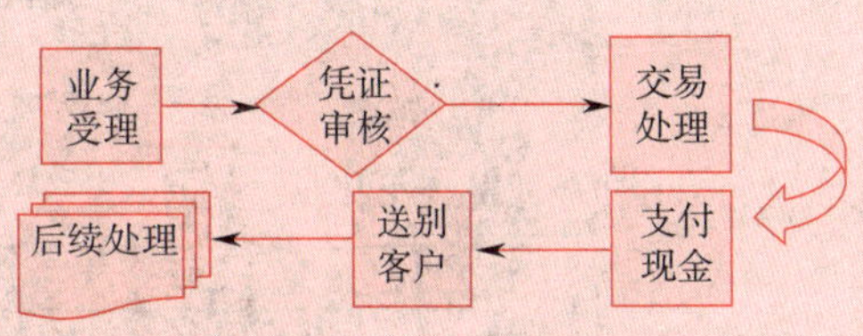

图6－12 个人外币储蓄存款业务销户与利息计算业务操作流程

【操作步骤】

1. 活期储蓄存款销户

（1）业务受理。客户办理销户时应将存折交银行工作人员，如为大额支取的提供有效身份证件，代他人取款还需提供代理人有效身份证件名称与号码，口头表述要办的事项。

（2）凭证审核。经办柜员按照规定审核客户提交的存折、有效身份证件。

（3）交易处理。经办柜员刷折后，选择外币活期储蓄销户界面，按画面提示录入相关要素进行记账操作，凭密码支取的由客户录入个人密码，打印取款凭证交客户确认签名，收回凭条。会计分录为

借：活期储蓄存款——××户　　　　　　　　　　　　　　　　　外币

　　利息支出　　　　　　　　　　　　　　　　　　　　　　　　外币

　贷：现金　　　　　　　　　　　　　　　　　　　　　　　　　外币

（4）支付现金，送别客户。经办柜员账务记载成功后，打印利息清单、存折，核对内容无误后，按记账金额配款，核对内容无误后，利息清单一联连同现金一并交客户，送别客户。

（5）后续处理。经办柜员在取款凭条与利息清单上加盖业务清讫章与经办柜员名章，作为办理业务的凭证与其他凭证一起装订保管。存折上加盖"销户"和"附件"章后，做储蓄取款凭条附件。

2. 定期储蓄存款销户

（1）业务受理。客户办理定期储蓄存款销户时应提交存单，提前支取的还须提供取款人本人有效身份证件，如他人代理取款的还应出示代理人有效身份证件。

（2）凭证审核。经办柜员按照规定审核客户提交的存单、有效身份证件，大额支取、提前支取或代理他人支取的，经办柜员将证件名称、号码摘录在存单背面。

（3）交易处理。经办柜员选择外币定期储蓄销户界面，按画面提示录入相关要素进行记账操作，凭密码支取的由客户录入个人密码。

会计分录为

借：定期储蓄存款——孙维户　　　　　　　　　　　EUR 1,000.00

　　应付利息（或利息支出）　　　　　　　　　　　EUR 0.25

　贷：现金　　　　　　　　　　　　　　　　　　　EUR 1,000.25

（4）支付现金，送别客户。经办柜员账务记载成功后，打印存单（见图6－13）、利息清单（见图6－14），核对内容无误后，按记账金额配款，核对内容无误后，将利息清单一联连同现金一并交客户，送别客户。

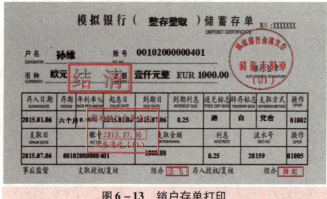

图 6-13　销户存单打印

图 6-14　个人存款利息清单

（5）后续处理。经办柜员存单与利息清单上加盖业务清讫章与经办柜员名章，作为办理业务的凭证与其他凭证一起装订保管。

3. 特例：定期储蓄存款部分提前支取

（1）业务受理。客户办理定期储蓄存款部分提前支取时应提交存单，提供存款人本人有效身份证件，如他人代理取款的还应出示代理人有效身份证件。

（2）凭证审核。经办柜员按照规定审核客户提交的存单、有效身份证件，将证件名称、号码摘录在存单背面。

（3）账务处理。经办柜员选择外币定期储蓄部分提前支取界面，按画面提示录入相关要素进行记账操作，凭密码支取的由客户录入个人密码。对剩余金额进行转存处理。

会计分录为

借：定期储蓄存款——××户　　　　　　　　　　　　　　　　　　　外币

　　利息支出（提前支取部分）　　　　　　　　　　　　　　　　　　外币

　　贷：现金（提前支取部分本金＋利息）　　　　　　　　　　　　　外币

　　　　定期储蓄存款（剩余本金）——××户　　　　　　　　　　　外币

（4）支付现金，送别客户。经办柜员账务记载成功后打印原存单销户记录、部分提前利息清单、转存部分存款凭条、新存单等，核对内容无误，按部分提前金额配款，核对内容无误后，利息清单一联连同提前支取部分现金、新存单、身份证件一并交与客户。

（5）后续处理。经办柜员在原存单、利息清单、转存部分存款凭条上加盖业务清讫章与经办柜员名章，作为办理业务的凭证与其他凭证一起装订保管。

【活动练习】

模拟银行金苑支行当日发生下列业务：

1. 储户张凡提交存折申请将其欧元活期储蓄存款账户进行销户。

2. 储户周坪提交存单到期支取其三个月期定期储蓄存款 3,000 美元。

3. 储户孙叶提交存单提前支取其六个月定期储蓄存款 1,000 英镑。

要求以模拟银行金苑支行柜员的身份进行相应业务的处理，包括凭证审核、业务数据录入、凭证盖章与凭证处理。

 ［知识链接 6-2］

计算利息的基本公式：

$$活期存款利息 = 外币本金 \times 活期存款利率 \div 360 \times 实际天数$$
$$定期存款利息 = 外币本金 \times 定期存款利率 \div 12 \times 存期月数$$

◆ 个人外币存款按各银行公布的个人外币存款利率分档次利率计付外币利息。

◆ 活期存款每年 12 月 20 日为计算利息日，次日银行自动将利息转入原存款账户。如遇利率调整，按调整日前后不同利率分段计算利息。

◆ 定期存款以原存日的利率为计息标准，不论存款期内利率是否变动，均按存入日利率计算利息，如提前支取，按支取日的活期存款利率计算利息，到期续存，按续存日同档次利率计算利息。

◆ 自 2015 年 2 月 12 日起执行的外汇存款利率表（见表 6-2）。

表6-2　　　　　　　　　　　外汇存款利率表　　　　　　　单位:%（年利率）

货币	活期	7 天通知	一个月	三个月	六个月	一年	二年
美　元	0.0500	0.0500	0.2000	0.3000	0.5000	0.7500	0.7500
英　镑	0.0500	0.0500	0.1000	0.1000	0.1000	0.1000	0.1000
*欧　元	0.0001	0.0005	0.0100	0.0100	0.0100	0.0100	0.0100
日　元	0.0001	0.0005	0.0100	0.0100	0.0100	0.0100	0.0100
港　元	0.0100	0.0100	0.1000	0.2500	0.5000	0.7000	0.7000
加拿大元	0.0100	0.0500	0.0500	0.0500	0.3000	0.4000	0.4000
*瑞士法郎	0.0001	0.0001	0.0001	0.0001	0.0001	0.0001	0.0001
澳大利亚元	0.2375	0.2625	1.2400	1.3125	1.3250	1.5000	1.5000
新加坡元	0.0001	0.0005	0.0100	0.0100	0.0100	0.0100	0.0100

注：自 2015 年 2 月 12 日起执行，带 * 为此次调整的币种。

 ［知识链接 6-3］

1. 外币储蓄存款品种。

中国银行外币储蓄存款的币种包括美元、港元、英镑、欧元、日元、加拿大元、澳大利亚元、瑞士法郎、新加坡元、澳门元（仅限广东省）、韩圆（仅限吉林省）。

中国银行可提供的个人外汇存款分为活期存款、定期存款、通知存款，以及其他经监管机关批准的存款。定期存款按期限分为一个月、三个月、六个月、一年、二年五个档次。以上存款分为现汇账户和现钞账户。客户可以选择普通活期存折、活期一本通、定期一本通、定期存单等多种存款方式。

2. 存款交易。

客户可以在储蓄柜台存入现钞，或是从个人外币结算账户、汇入汇款等转入存款。

个人向外汇储蓄账户存入外币现钞，当日累计等值5,000美元以下（含）的，可以在银行直接办理；超过上述金额的，凭本人有效身份证件、经海关签章的"中华人民共和国海关进境旅客行李物品申报单"或本人原存款银行外币现钞提取单据在银行办理。

3. 取款交易。

客户可以持折/存单在储蓄柜台支取存款，需凭密码支取。

从外汇储蓄账户中提取现钞，当日累计等值1万美元以下（含）的，客户可以在银行直接办理；超过上述金额，请客户凭本人有效身份证件、提钞用途证明等材料向银行所在地外汇局事前报备。银行凭本人有效身份证件和经外汇局签章的"提取外币现钞备案表"为客户办理提取外币现钞手续。

等值1万美元及以上的外币现金取款，客户至少提前一天通知银行，以便银行进行备付现金的准备。

温馨提示：

1. 开户起存金额：活期存款、定期存款100元人民币的等值外币。

2. 根据中国人民银行及国家外汇管理局的相关规定，个人外汇储蓄账户资金境内划转业务要求如下：

本人账户间的资金划转，凭有效身份证件办理；

个人与其直系亲属账户间的资金划转，凭双方有效身份证件、直系亲属关系证明办理，直系亲属指父母、子女、配偶；

境内个人和境外个人账户间的资金划转按跨境交易进行管理；

境内个人外汇现钞账户与外汇现汇账户互转不受额度限制，按业务办理银行相关收费规定办理。

模块二
外币兑换业务操作处理

能力目标

熟悉个人外币兑换业务的相关规定，熟悉个人外币兑换业务的凭证格式，掌握具体的填写要求，能按个人外币兑换业务的具体规定正确进行个人外币兑出、兑入、套兑等业务各环节的操作处理。

基本知识

1. 外汇买卖又称外汇交易，在国际金融市场上，是指两种可以自由兑换的货币之间的兑换，也就是按一定的汇率卖出一种货币或买入另一种货币的行为。

2. 外汇汇率是指一国货币与另一国货币兑换的比率，是用一种货币表示另一种货币的价格，也称为外汇汇价。根据国际惯例，外汇汇价有两种表示方法，一种是直接标价法，是以一定单位的外国货币为标准来计算应付多少单位的本国货币。另一种是间接标价法，与直接标价法相反，是以一定单位的本国货币为标准来计算应付多少单位的外国货币。

3. 外汇的买卖和兑换须按一定的牌价计算，汇率就是牌价的基础。我国人民币基准汇率由中国人民银行制定，并授权中国外汇交易中心公布，经营外汇业务的银行据此调整挂牌外汇买卖价。现行各种外汇的牌价，按规定有下列五种：外汇买入价，又称汇买价，是指银行买入外币现汇的价格；外汇卖出价，又称汇卖价，外钞卖出价，又称钞卖价，是指银行卖出外币现汇和外币现钞的价格；外钞买入价，又称钞买价，是指银行买入外币现钞的价格；外汇中间价，又称中间价，是指汇买价与汇卖价的平均价格，银行相互之间外汇买卖一般按中间价。银行在外汇买卖时，需要垫付资金并承担汇率涨跌的风险，所以银行在买卖外汇时要收取一定的费用，外汇买价与卖价之间的差价，即为银行买卖外汇的收益或收取的费用。

4. "外汇买卖"是实行外汇分账制而设立的一个专用会计科目，是在办理外汇买卖、兑换等业务中外币与人民币科目之间的桥梁。"外汇买卖"科目既反映外汇兑换、外汇套汇等业务引起的外汇增减变化，又反映在办理这些业务中，所引起的人民币的增减变化。从资金性质上分类，该科目属于资产负债共同类。当买入外汇时，外币记本科目贷方，人民币记本科目借方；当卖出外汇时，外币记本科目借方，人民币记本科目贷方。外汇买卖科目的设立，对账务的处理起着联系和平衡的作用。

5. 外汇买卖账簿包括分户账和总账两种。外汇买卖分户账是一种特定格式的账簿，以外币币种分别立账。该分户账由买入、卖出和结余三栏组成，它把外币金额和人民币金额同时、分栏填列在同一张账页上。买汇时，外币记贷方，人民币记借方，两者都记入买入栏，卖汇时，外币记借方，人民币记贷方，两者都记入卖出栏。外汇买卖总账按外币和人民币分别填列。每日营业终了根据科目日结单登记总账发生额，根据上日余额结出本日余额。

6. 外汇买卖传票有外汇买卖借方传票、外汇买卖贷方传票和套汇传票3种。外汇买卖借、贷方传票为一式三联，外币和人民币的外汇买卖传票各一联，另一联为统计卡。套汇凭证一式五联，外汇买卖的外币和人民币传票各两联，另一联为统计卡。

7. 目前中国银行可兑换的币种包括英镑、港元、美元、瑞士法郎、新加坡元、瑞典克朗、挪威克朗、日元、丹麦克朗、加拿大元、澳大利亚元、欧元、菲律宾比索、泰国铢、韩元、澳门元、新台币共十七种货币。

✓ 工作任务　个人外币兑换业务操作处理

项目活动1　个人购汇业务

【业务引入】

2015 年 3 月 10 日，客户孙维来行申请兑换 500 欧元（身份证件号码：330350197405160221）。

【活动目标】

掌握个人购汇业务操作方法与基本要领，能按照业务规程正确进行个人购汇业务操作。

【操作流程】

个人购汇业务操作流程见图 6－15。

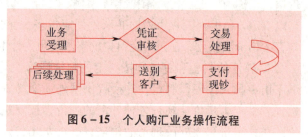

图 6－15　个人购汇业务操作流程

【操作步骤】

1. 业务受理。客户需要兑换外币时，应持本人有效身份证件，填写个人因私购汇申请书（见图 6－16），并交付人民币现钞。

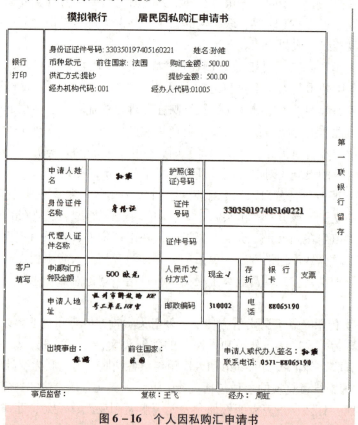

图 6－16　个人因私购汇申请书

有效身份证件包括：本人身份证（中国公民）、户口簿（16岁以下中国公民）、军人身份证件（中国人民解放军）、武装警察身份证件（中国人民武装警察）、港澳居民往来内地通行证（港澳居民）、台湾居民往来大陆通行证（台湾居民）、护照（外国公民或有护照的中国公民）。

2. 凭证审核。经办柜员按照规定审核客户提交的有效身份证件的相关内容。

3. 交易处理。经办柜员选择外币结售汇现钞操作界面，按画面提示录入相关要素进行记账操作。打印结售汇单（见图6-17）交客户确认签名，收回凭证。其会计分录为

借：现金　　　　　　　　　　　　　　　　　　　　　CNY3,376.70
　　贷：外汇买卖（钞卖价）　　　　　　　　　　　　　　CNY3,376.70
借：外汇买卖（钞卖价）　　　　　　　　　　　　　　　EUR500.00
　　贷：现金　　　　　　　　　　　　　　　　　　　　　EUR500.00

4. 支付现钞，送别客户。经办柜员账务记载成功后，根据外汇牌价计算人民币金额，清点核对人民币现金。按照核准的外币金额配款，核对无误后，在结售汇回单上加盖业务清讫章后，连同身份证件、外币现钞、购汇申请书客户留存联一并交客户，送别客户。

5. 后续处理。经办柜员在相关凭证上加盖业务清讫章与经办柜员名章，作为办理业务的凭证与其他凭证一起装订保管。

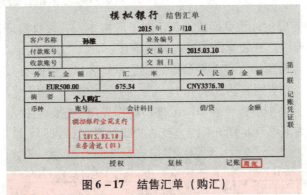

图6-17　结售汇单（购汇）

［知识链接6-4］

购汇的折算方法：客户应付人民币金额＝需兑出的外钞金额×外钞卖出价

表6-3　　　　　　　　　　　　2015年3月10日银行外汇牌价

货币名称	现汇买入价	现钞买入价	现汇卖出价	现钞卖出价	中行折算价	发布日期
澳大利亚元	475.82	461.14	479.16	479.16	474.2	2015.03.10
巴西里亚尔		190.99		208.9	199.97	2015.03.10
加拿大元	492.02	476.83	495.98	495.98	487.47	2015.03.10
瑞士法郎	626.77	607.42	631.81	631.81	634.71	2015.03.10
丹麦克朗	89.95	87.17	90.67	90.67	91.04	2015.03.10
欧元	670.62	649.93	675.34	675.34	668.8	2015.03.10
英镑	939.6	910.61	946.2	946.2	932.47	2015.03.10
港元	80.54	79.87	80.85	80.85	79.35	2015.03.10
印尼卢比		0.0463		0.0497	0.048	2015.03.10
日元	5.1223	4.9642	5.1583	5.1583	5.0911	2015.03.10
韩圆		0.5375		0.5829	0.5608	2015.03.10
澳门元	78.36	75.72	78.65	81.18	78.48	2015.03.10

【活动练习】

模拟银行金苑支行当日发生下列业务：

1. 客户张凡申请兑换 1,000 美元。

2. 客户周坪申请兑换 2,000 欧元。

要求以模拟银行金苑支行柜员的身份进行相应业务的处理，包括凭证审核、业务数据录入、凭证盖章与凭证处理。

项目活动 2 个人结汇业务

【业务引入】

2015 年 3 月 26 日，客户孙维来行申请将 100 欧元兑换为人民币。

【活动目标】

掌握个人结汇业务操作方法与基本要领，能按照业务规程正确进行个人结汇业务操作。

【操作流程】

个人结汇业务操作流程见图 6 - 18。

【操作步骤】

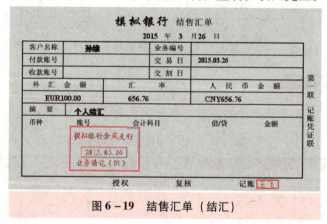

图 6 - 18 个人结汇业务操作流程

1. 业务受理。客户需要将外币兑换成人民币时，应持本人有效身份证件、填写个人结汇申请书并交付外币现钞。有效身份证件内容同前述。

2. 凭证审核，点收现金。经办柜员按照规定审核客户提交的有效身份证件的相关内容，清点外币现钞，并鉴别真伪。

3. 交易处理。经办柜员选择外币结汇现钞操作界面，按画面提示录入相关要素进行记账操作。打印结售汇单（见图 6 - 19）交客户确认签名，收回凭证。

模拟银行 结售汇单

2015 年 3 月 26 日

客户名称	孙维	业务编号	
付款账号		交 易 日	2015.03.26
收款账号		交 割 日	
外 汇 金 额	汇 率	人 民 币 金 额	
EUR100.00	656.76	CNY656.76	
摘 要	个人结汇		
币种	账号	会计科目	借/贷	金额

第一联 记账凭证联

授权　　　　复核　　　　记账

图 6 - 19 结售汇单（结汇）

会计分录为

借：现金　　　　　　　　　　　　　　　　　　　　　EUR100.00

　　贷：外汇买卖（钞买价）　　　　　　　　　　　　　　　　EUR100.00

借：外汇买卖（钞买价）　　　　　　　　　　　　　　CNY656.76

　　贷：现金　　　　　　　　　　　　　　　　　　　　　　　CNY656.76

4. 支付现金，送别客户。经办柜员账务记载成功后，根据打印的结售汇单金额配款，核对无误后，在回单上加盖业务清讫章，连同身份证件、人民币现金一并交与客户，送别客户。

5. 后续处理。经办柜员在相关凭证上加盖业务清讫章与经办柜员名章，作为办理业务的凭证与其他凭证一起装订保管。

 [知识链接6-5]

结汇的计算方法：银行应付人民币金额 = 外钞金额 × 外钞买入价。境外人员离境前，要求将入境时兑换的未用完的人民币兑回外币，可凭本人护照和本人的有效期（六个月）之内的外币兑换水单和离境机票或车票到原兑换机构办理，其兑换金额不能超过原水单金额的50%。银行办理兑回外币业务时，应同时收回原兑换水单，加盖"已兑换"戳记，作为外汇买卖传票的附件。

表6-4　　　　　　　　　　2015 年 3 月 26 日银行外汇牌价

货币名称	现汇买入价	现钞买入价	现汇卖出价	现钞卖出价	外管局中间价	中行折算价	发布日期
澳大利亚元	484.95	469.98	488.35	488.35	481.76	481.76	2015.03.26 21:50:55
巴西里亚尔		186.36		203.83		194.07	2015.03.26 21:50:55
加拿大元	496.25	480.93	500.23	500.23	490.65	490.65	2015.03.26 21:50:55
瑞士法郎	646.09	626.14	651.27	651.27		647.61	2015.03.26 21:50:55
丹麦克朗	90.69	87.89	91.41	91.41		91.31	2015.03.26 21:50:55
欧元	677.67	656.76	682.43	682.43	674.67	674.67	2015.03.26 21:50:55
英镑	919.15	890.79	925.61	925.61	915.58	915.58	2015.03.26 21:50:55
港元	79.93	79.29	80.23	80.23	79.14	79.14	2015.03.26 21:50:55
印尼卢比		0.0461		0.0495		0.0478	2015.03.26 21:50:55
日元	5.1898	5.0296	5.2262	5.2262	5.1523	5.1523	2015.03.26 21:50:55
韩元		0.5426		0.5884		0.5641	2015.03.26 21:50:55
澳门元	77.67	75.06	77.96	80.46		77.78	2015.03.26 21:50:55

【活动练习】

模拟银行金苑支行当日发生下列业务：

1. 客户张凡申请将 200 美元兑换成人民币。
2. 客户周坪申请将 500 欧元兑换成人民币。

要求以模拟银行金苑支行柜员的身份进行相应业务的处理，包括凭证审核、业务数据录入、凭证盖章与凭证处理。

【小测试】

一、判断题

1. 外汇存款按存款对象，可分为单位外汇存款和个人外币储蓄存款。　（　　）
2. 外币储蓄存款与人民币储蓄存款的存期是一样的。　（　　）
3. 外币活期储蓄存款的结息日为每季末的 20 日。　（　　）

4. 外币定期储蓄存款在存款期内利率不随着变动。　　　　　（　　　）

5. 外钞买入价是指银行买入外币现钞的价格。　　　　　　　（　　　）

6. 我国的外汇汇价采用的是间接标价法。　　　　　　　　　（　　　）

7. 兑出的外钞金额 = 兑入的外钞金额 × 兑入外钞卖出价/兑出外钞买入价。（　　　）

8. 我国境内居民个人购汇实行年度总额管理，年度总额为每人每年等值 5 万美元。
　　　　　　　　　　　　　　　　　　　　　　　　　　　（　　　）

9. 美元的货币符号为 USY。　　　　　　　　　　　　　　　（　　　）

10. 外汇存款按资金形态可分为现汇存款和现钞存款。　　　　（　　　）

二、单选题

1. 以下不属于主要的外币储蓄存款种类有（　　　）。
A. 美元　　　　　B. 日元　　　　C. 泰铢　　　　　D. 欧元

2. 客户持外币现钞来兑换人民币时，银行应按照（　　　）进行换算。
A. 钞买价　　　　B. 汇买价　　　C. 卖出价　　　　D. 中间价

3. 客户持人民币来兑换外币现钞时，银行应按照（　　　）进行换算。
A. 钞买价　　　　B. 汇买价　　　C. 卖出价　　　　D. 中间价

4. 中国公民开立外币活期储蓄存款时，外币金额不得低于（　　　）等值的人民币。
A. 10 元　　　　B. 20 元　　　　C. 50 元　　　　　D. 100 元

5. 中国公民开立外币定期储蓄存款时，外币金额不得低于（　　　）等值的人民币。
A. 10 元　　　　B. 20 元　　　　C. 50 元　　　　　D. 100 元

6. 汇买价与汇卖价的平均价格是（　　　）。
A. 现钞买入价　　B. 现汇买入价　C. 卖出价　　　　D. 中间价

7. 以下货币符号正确的是（　　　）。
A. 欧元 EUR　　　　　　　　　　B. 日元 JPD
C. 英镑 GDP　　　　　　　　　　D. 港元 HKY

8. 以下不属于外币储蓄存款的形式有（　　　）。
A. 活期存款　　　B. 定期存款　　C. 定活两便　　　D. 通知存款

三、填空题

1. 外汇存款按存款对象，可分为_____和_____。

2. 外汇存款按存款期限，可分为_____和_____。

3. 根据国际惯例，外汇汇价有两种表示方法，一种是_____，另一种是_____。

4. 现行的各种外汇的牌价，按规定有下列五种：_____、_____、_____、
_____、_____。

5. 外汇买卖传票有_____、_____和_____三种。

6. 银行办理购汇的折算方法为_____。

7. 银行办理结汇的折算方法为_____。

项目七　电子银行业务处理

学习目标:

　　熟悉商业银行电子银行业务的种类,掌握各项电子银行业务的基本规定与操作流程,具备办理商业银行各项电子银行业务的能力。

模块一
自助银行业务操作处理

能力目标

　　熟悉自助银行账户查询、转账、现金存取款、吞卡等金融服务业务内容与服务规范，能按有关业务规定正确进行自助银行账户查询、转账、现金存取款、吞卡等业务的操作处理，能妥善受理并处理该类业务相关咨询与投诉。

基本知识

　　1. 自助银行是商业银行为客户提供 24 小时自助服务的营业场所。客户可以通过自助银行提供的各种设备，自行办理存款、取款、转账、证券买卖、外汇买卖、自助贷款、自助缴费、账务查询、补登存折、打印对账单、修改密码、查询存贷款利率、外汇牌价和商业银行综合信息等业务。

　　2. 自助银行包括自动柜员机（ATM）、自动存款机（ADM）、自助查询终端、自助服务电话等。

　　3. 自助银行运行管理受银行主控制台控制，其日终处理并入储蓄应用系统日志，执行日终账务处理。银行主机对自助银行客户账户的管理主要是联机查询客户账户信息、日终批处理客户信息以及客户信息管理等。每台 ATM／ADM 均应设立现金账户，现金账户对应设立储蓄柜员号，储蓄柜员号对应设立现金库存簿。柜员对每台 ATM／ADM 的每只钱箱必须事前进行登记编号，避免各 ATM／ADM 的钱箱互换使用。

　　4. 自助柜员是指专门管理自助银行每台 ATM／ADM 所对应的现金账户及完成清机装钞账务处理的人员。

　　5. 凡办理现金领用及清机业务必须实行钱账分管，做到双人清机、双人复核、双人押运。

　　6. 自助查询终端可以办理一卡通、存折、信用卡、投资服务、对公交易、公共信息等业务的查询。

　　7. 客户在自助银行发生异常情况时，应及时向银行相应机构反映，要求银行在最短的时间内给予解决。

　　8. 当 ATM 钱箱钞券总量在 30,000 元以下或发生客户取款扣账未吐钞、现金账户不平等情况时，必须进行装钞清机。自助柜员根据现金移交单，通过总库账户柜员号现金移交交易，将款项划入所需装钞 ATM 对应现金账户柜员号，同时登记 ATM 装钞登记簿，

并双人签名。会计分录为

借：101 （ATM 现金柜员号）

贷：101 （总库账户柜员号）

9. 当 ATM/ADM 钱箱钞券总量在 100,000 元以上或发生客户存款未入账、卡钞、现金账户不平等情况时，必须进行清机。清机时，柜员将每台 ATM/ADM 钞箱内钞券整箱带回，由出纳柜员逐个清点，将余额分别登记在清机登记簿的"钞箱余额"栏中，对每台 ATM/ADM 清机账面余额与实物相核对。各项余额核对完毕后，柜员对各个 ATM/ADM 钞箱的钞券按出纳收款标准进行汇总，根据每个 ATM/ADM 钞箱的余额分别填制现金移交单，并登记现金库存簿。自助柜员根据现金移交单，分别在每个 ATM/ADM 对应柜员号通过现金移交交易，将款项划入总库账户。会计分录为

借：101 （总库账户柜员号）

贷：101 （ATM/ADM 各对应柜员号）

10. 自动柜员机交易流程（见图 7-1）：

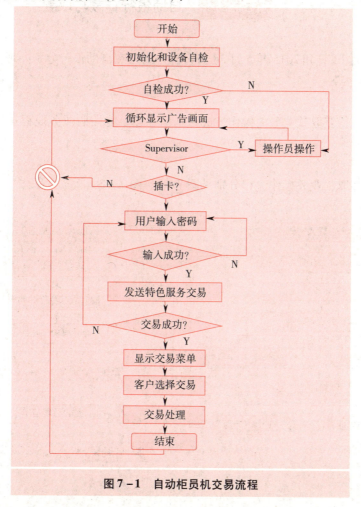

图 7-1 自动柜员机交易流程

（1）设备启动、设备自检，并初始化自动柜员机状态；

（2）设备自检成功，显示循环广告画面，若不成功，则进入暂停服务状态；

（3）循环显示广告画面时，如果检测到有操作员触发的动作（如插入操作员卡、按维护按钮等），则进入操作员维护状态；

（4）循环中还检测是不是有客户卡插入，如果客户卡插入，则进入交易状态；

（5）在循环中还检测是否有监控管理，如果接收到后台软件的管理命令，则进入监控管理状态；

（6）交易状态：限时等待用户输入密码，发送特色服务交易；

（7）如果特色服务交易成功，则显示交易菜单，等待用户选择交易；

（8）自动柜员机处理交易（如取款、查询、改密码、存款等交易）；

（9）自动柜员机处理交易结束，客户退卡，进入循环广告画面。

工作任务　自助银行业务操作处理

项目活动 1　自助银行存款与取款

【业务引入】

2015 年 5 月 12 日和 2015 年 5 月 28 日，客户周丹在自助银行分别办理一笔存款和一笔取款业务。

【活动目标】

掌握自助银行存取款业务的操作方法与基本要领，能按照业务规程正确进行自助银行存取款业务操作。

【操作流程】

自助银行存取款业务操作流程分别见图 7 - 2、图 7 - 3。

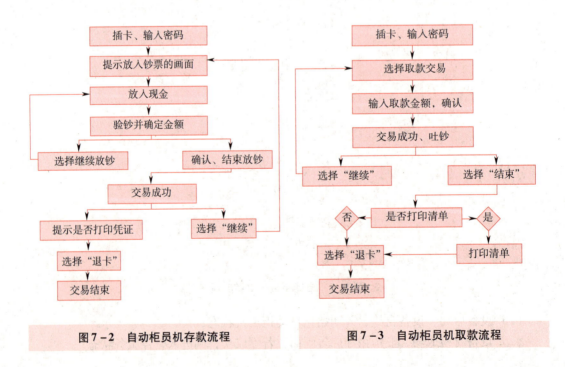

图 7 - 2　自动柜员机存款流程　　　　图 7 - 3　自动柜员机取款流程

[知识链接7-1]

1. 自助银行规定只能存入50元和100元面额的钞票，一次存款金额不能超过一百张，日存金额不限；客户应按照提示放入要存入的钞票。

2. 客户来自助银行办理取款业务时，每次取款金额最多不超过3,000元，日取款金额不得超过2万元。

3. 自动存款机具备自动柜员机除取款以外的全部功能，还具有验钞功能，遇到假币或残币当即拒收，退给存款人；自动柜员机兼具存款机和取款机的所有功能。

【活动练习】

要求学生以模拟银行金苑支行自助银行客户的身份，办理一笔自助银行的小额存款业务，并把办理的过程以文字和图表的形式表述出来，作为本次活动练习的作业。

项目活动2 自助银行转账

【业务引入】

2015年5月22日，客户孙玲在自助银行办理一笔转账业务。

【活动目标】

掌握自助银行转账业务的操作方法与基本要领，能按照业务规程正确进行自助银行转账业务操作。

【操作流程】

自助银行转账业务操作流程见图7-4。

图7-4 自动柜员机转账流程

✉ **特别说明：**中国人民银行、中国银行业监督管理委员会、公安部以及国家工商总局2009年4月27日联合发布了《关于加强银行卡安全管理预防和打击银行卡犯罪的通知》，其中严格自助转账业务的处理：未经持卡人主动申请并书面确认，发卡机构不得为持卡人开通电话转账、ATM 转账、网上银行转账等自助转账类业务；为持卡人开通自助转账业务时，要向持卡人充分提示开通有关业务的风险，并要对持卡人进行更为严格的真实身份核查，确保实名开户；未履行职责，产生资金风险的，要依法承担责任。持卡人开通电话、ATM 转账的，每日每卡转出金额不得超过 5 万元人民币。持卡人开通网上银行转账的，应采用数字证书、电子签名等安全认证方式，否则单笔转账金额不应超过 1,000 元人民币，每日累计转账金额不得超过 5,000 元人民币。缴纳公共事业费及同一持卡人账户之间转账的除外。

【活动练习】

要求学生以模拟银行金苑支行自助银行客户的身份，办理一笔自助银行的转账业务，并把办理的过程以文字和图表的形式表述出来，作为本次活动练习的作业。

项目活动3 自助银行业务查询

【业务引入】

2015 年 5 月 30 日，客户张敏在自助银行办理补登存折业务。

【活动目标】

掌握自助银行查询业务的操作方法与基本要领，能按照业务规程正确进行自助银行查询业务操作。

【操作流程】

自助银行查询业务操作流程见图 7 - 5 。

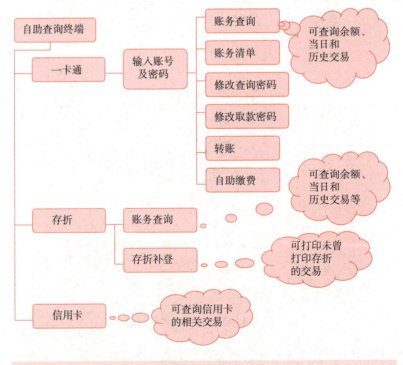

图 7 - 5　自助银行查询业务操作流程

【活动练习】

要求学生以模拟银行金苑支行自助银行客户的身份，办理一笔自助银行查询业务，能够熟练掌握各种自助银行产品的查询操作处理，并把办理的过程以文字和图表的形式表述出来，作为本次活动练习的作业。

项目活动4 **自助银行吞卡处理**

【业务引入】

2015 年 6 月 11 日，张楠持本人身份证件来银行领取当日被吞的银行卡（身份证件号码：330107197912193036）。

【活动目标】

掌握自助银行吞卡处理业务的操作方法与基本要领，能按照业务规程正确进行自助银行吞卡处理业务操作。

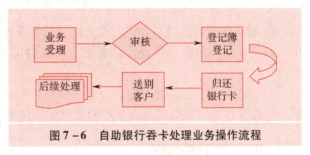

图 7 - 6 自助银行吞卡处理业务操作流程

【操作流程】

自助银行吞卡处理业务操作流程见图 7 - 6。

【操作步骤】

1. 业务受理。银行经办柜员受理客户银行卡吞卡处理业务时，支行网点或自助银行运营中心管理员可及时将被吞卡取出（双人取卡），查明吞卡原因是因为客户延时未取卡，或使用挂失、过期卡或伪卡，还是其他系统原因所造成的。

2. 审核。柜员审核客户有效身份证件的真伪和有效期、吞卡凭证是否属实，并针对吞卡信息进行确认。

3. 登记簿登记。柜员确认客户身份和吞卡事实后，要求客户填写自助设备异常情况受理表一式两联（见图 7 - 7），柜员根据真实情况登记自助设备吞没银行卡登记簿（见图 7 - 8），并在自助设备异常情况受理表两联上加盖银行业务公章和柜员名章。

图 7 - 7 自助设备异常情况受理表

自助设备吞没银行卡登记簿

第　页

15日 月 日	自助设备编号	发卡行卡号	经办人 复核人	处理结果	处理日期 月 日	领卡人姓名、证件名称及号码	客户签收	经办人	备注
6 11	02012	3105821266739195	模拟银行金苑支行 周虹 王飞	☑客户领款 □上交	15 6 11	张楠　身份证 330107197912193036	张楠	周虹	
				□客户领款 □上交					
				□客户领款 □上交					
				□客户领款 □上交					
				□客户领款					

图 7-8　自助设备吞没银行卡登记簿

4. 归还银行卡，送别客户。柜员把自助设备异常情况受理表客户回单联与客户银行卡、身份证件一并交付客户，并要求客户在自助设备吞没银行卡登记簿上签收；送别客户。

5. 后续处理。柜员整理自助设备吞没银行卡登记簿，并把自助设备异常情况受理表银行记账联作为该笔吞卡处理业务的处理凭证保管。

［知识链接 7-2］

以下几种情况可能造成自动柜员机吞卡：

1. 交易完成后没有及时取回的卡或忘记取回的卡；
2. 挂失卡、被窃卡，有舞弊嫌疑的卡；
3. 所有人存在资信劣迹，已被银行记录的卡；
4. 通信、系统突然中断或故障；
5. 自动柜员机发生机械故障；
6. 客户操作错误，如卡片未完全退出又强行插入；
7. 犯罪分子破坏自助设备，堵塞读卡器。

【活动练习】

模拟银行金苑支行当日发生下列业务：

1. 客户林晓华在自动柜员机存款时发生异常，存款 2,000 元结束后因机器突发事故银行卡被吞，本人于当日来银行办理吞卡领卡手续，本人身份证号码：31010919780530 3029。

2. 客户费刚在自动柜员机取款 2,500 元时发生异常情况，所取钞款吐出后，因没有及时取卡致使银行卡又被机器吞回，查询余额账发现取款交易已经成功，本人于当日来银行办理吞卡领卡手续，本人身份证号码：330306197601271034。

要求以模拟银行金苑支行柜员的身份进行相应业务的处理，包括凭证审核、业务数据录入、凭证盖章与凭证处理。

模块二
网上银行业务操作处理

能力目标

熟悉网上银行业务申请、挂失等金融服务业务内容与服务规范，能按有关业务规定正确进行网上银行业务申请、挂失等业务的操作处理。

基本知识

1. 客户可以通过柜台或银行网站两种渠道开通个人网上银行服务。柜台开通个人网银业务必须客户本人到网点办理，不得代理。

2. 网上银行客户分为注册客户和非注册客户；注册客户是指办理了客户注册手续，与银行签订了网上银行服务协议，并从银行取得客户证书的个人；非注册客户是指未办理客户注册手续而登录网上银行系统的个人客户，也称公共客户。

3. 网上银行的注册客户在网上银行系统中被设置有唯一的客户号，在该客户号下可关联多个账户。

4. 个人客户证书可以存放在 IC 卡或 USB Key 中，也可以存放在 IE 浏览器中。

5. 网上银行个人注册客户业务包括业务申请、基本业务、网上缴费、网上漫游汇款、网上贷记卡还款、网上记账式国债业务、网上开放式基金业务、开放式基金网上直销、网上银证通、网上银证转账、网上外汇业务、电子银行交易回单、工资单明细查询、网上支付等。

6. 网上银行错账处理是指对由于系统故障（网络通信中断、软件差错、设备故障）、银行工作人员操作失误或客户自助操作失误等原因造成的错记、重记、漏记或少记客户账务进行的处理。

工作任务　网上银行业务申请与挂失处理

项目活动 1　网上银行业务申请

【业务引入】

2015 年 4 月 16 日，韩林持本人身份证件来银行申请网上银行业务（证件号码：330206196809161012）。

【活动目标】

掌握网上银行申请业务的操作方法与基本要领，能按照业务规程正确进行网上银行申请业务操作。

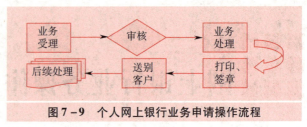

图7-9 个人网上银行业务申请操作流程

【操作流程】

个人网上银行业务申请操作流程见图7-9。

【操作步骤】

1. 业务受理。柜员受理客户网上银行开通业务申请，要求客户提供本人有效身份证件、银行卡/折，并填写网上个人银行证书申请表（见图7-10）。

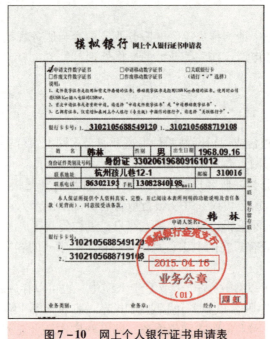

图7-10 网上个人银行证书申请表

2. 审核。柜员审核客户的网上个人银行证书申请表内容是否完整、正确，有效身份证件是否真实、有效，申请表填写的注册账户信息（账号/卡号、户名、账户性质等）必须与客户提供的账户类型相符；客户本人必须当场与银行签订《电子银行服务协议》，并填写协议签订日期。

3. 业务处理。柜员登录"网点客户登记系统"，进入"个人客户信息设置"选择"个人客户注册"交易；录入客户相关信息后提交，显示"交易成功"；进入"客户证书管理"选择"申请证书"，对使用USB Key的，空白USB Key保管柜员需要在系统中进行"个人网上银行空白USB Key"表外账务处理，并收取"个人网上银行空白USB Key"工本费。

4. 打印、签章。柜员打印一式两联通用业务凭证，请客户在网上个人银行证书申请表和通用业务凭证上签字，确认后加盖业务公章和柜员名章。

5. 送别客户。柜员把通用业务凭证、网上个人银行证书申请表和《电子银行服务协议》的客户回单联与客户相关资料一并交付客户，送别客户。

6. 后续处理。柜员把通用业务凭证、网上个人银行证书申请表和《电子银行服务协议》的银行记账联留做本业务发生的凭证，整理相关的凭证。

 [知识链接 7 - 3]

个人网银功能主要有以下几种：

1. 账户管理功能。为客户提供账户的信息查询，包括开户机构、账户余额，以及活期子账户的明细，一般明细查询时间段为一年。

2. 转账汇款功能。为个人网上银行客户提供网上转账汇款服务，包括行内转账、跨行转账、卡内定活互转、预约转账和批量转账等，交易金额受客户在网上银行设置的单笔转账交易金额和日累计转账交易金额的限制。

3. 缴费支付功能。个人网上银行客户可以通过网上银行进行电话费、手机费、电费、水费的查询和缴费；交警车辆罚款的查询与缴费等。

4. 投资理财功能。包括理财产品的查询、认购和撤销；黄金行情查询和交易；资金存管和银证转账；通知存款的开立和管理等。

5. 贷款功能。个人网上银行客户可以通过网上银行渠道申请个人贷款，甚至提前还款、逾期还款、自动放款、自动还款等都可以在网上操作。

【活动练习】

模拟银行金苑支行当日发生下列业务：

1. 客户李敏来银行开办网上银行申请业务，性别女，电话 13903189217，0571 - 28863967，身份证件号码 330104196708191025，银行卡账户 4518103222895038，通信地址为杭州下沙文汇苑 3 - 12，邮编 310018，申请银行 USB Key 个人客户证书。

2. 客户胡冬来银行开办网上银行申请业务，性别男，电话 13084890673，0571 - 88809612，身份证件号码 310304198006282032，银行卡账户 4518103222759052，通信地址为杭州江干区采荷人家 11 - 801，邮编 310015，申请办理普通个人客户证书。

要求以模拟银行金苑支行柜员的身份进行相应业务的处理，包括凭证审核、业务数据录入、凭证盖章与凭证处理。

项目活动2　网上银行个人客户证书挂失

【业务引入】

2015 年 5 月 8 日，韩林持本人身份证件来银行办理网上银行个人客户证书挂失业务（证件号码：330206196809161012）。

【活动目标】

掌握网上银行个人证书挂失业务的操作方法与基本要领，能按照业务规程正确进行网上银行个人证书挂失业务操作。

【操作流程】

网上银行个人客户证书挂失业务操作流程见图 7 - 11。

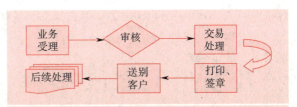

图 7 - 11　网上银行个人客户证书挂失业务操作流程

【操作步骤】

1. 业务受理。柜员受理客户网上银行个人证书挂失申请，要求客户提供本人有效身份证件，并填写网上个人银行证书申请表，提供已注册账户银行卡/折的原件。

2. 审核。柜员审核客户填写的网上个人银行证书申请表（操作类型选择挂失）内容是否完整、准确、清晰，客户本人有效身份证原件及复印件是否真实、齐全，是否在有效期内；客户提供银行卡/折的原件是否属于本行网上银行的账户。

3. 交易处理。审核无误后，登记网上银行客户管理登记簿。若是客户网上银行个人证书 USB Key 丢失的，柜员审核客户资料无误后，登录"网点客户登记系统"进入"个人客户信息设置"，首先对客户丢失的个人证书进行撤销，然后重新为客户办理一个新的 USB Key 个人证书（手续同第一次办理个人证书相同）；若是客户的 USB Key 等个人证书密码遗忘，柜员登录"网点客户登记系统"，对客户信息进行初始化，重新让客户对个人证书设置一个新密码。

4. 打印、签章。柜员打印一式两联通用业务凭证，请客户在网上个人银行证书申请表和通用业务凭证上签字，确认后加盖业务公章和柜员名章。

5. 送别客户。柜员把通用业务凭证和网上个人银行证书申请表的客户回单联与客户所提供的其他相关证明一并交给客户，送别客户。

6. 后续处理。柜员把通用业务凭证和网上个人银行证书申请表的银行记账联留做本次业务操作的凭证，整理相关的凭证。

 ［知识链接 7 – 4］

1. 个人注册客户证书业务包括证书挂失、证书撤销挂失、证书补办、证书更新；个人客户证书补办，必须先将原个人客户证书作废。

2. 个人客户出现证书遗失、损坏、锁住或密码遗忘等情况，允许其先办理挂失再办理证书补办，或直接办理证书补办；若客户原证书介质仍可使用，客户需在办理证书补办时一并提供。

【活动练习】

模拟银行金苑支行当日发生下列业务：

1. 客户赵珊来银行开办网上银行个人客户证书挂失业务，性别女，电话13489310716，0571 – 87019123，身份证件号码310108197909303061，其中一个注册账户为88100320000156023，通信地址为杭州下沙高教园区东区。

2. 客户许雷来银行开办网上银行个人客户证书密码挂失业务，性别男，电话13688386901，0571 – 88885512，身份证件号码330104198411222052，其中一个注册活期存折账号为71021000340000203，通信地址为杭州求是路120 – 18。

要求以模拟银行金苑支行柜员的身份进行相应业务的处理，包括凭证审核、业务数据录入、凭证盖章与凭证处理。

模块三
电话银行业务操作

能力目标

　　熟悉电话银行开通、转账流水查询打印等金融服务业务内容与服务规范，能按有关业务规定正确进行电话银行开通、转账流水查询打印等业务的操作处理。

基本知识

　　1. 电话银行个人客户是指拨打银行服务热线，进行信息查询或办理转账结算等业务的个人。电话银行客户按客户是否注册，分为注册客户和非注册客户。

　　2. 注册客户是指办理了客户注册手续，与银行签订了电子银行服务协议，并从银行取得注册客户号与注册密码的客户；非注册客户是指未办理客户注册手续而使用电话银行系统的个人银行卡客户，也称为公共客户。

　　3. 注册客户号是指注册客户进入电话银行注册客户服务所使用的编号，在该客户号下可关联多个账户，被关联的多个账户必须在同一家银行开立。

　　4. 注册客户密码是指注册客户进入电话银行注册客户服务所使用的密码。

 工作任务　电话银行的开通、转账流水账查询与打印

项目活动 1　电话银行开通

【业务引入】

　　2015 年 3 月 26 日，刘娜持本人身份证件来银行办理电话银行开通业务（证件号码：330206198011223025）。

【活动目标】

　　掌握电话银行开通业务的操作方法与基本要领，能按照业务规程正确进行电话银行开通业务操作。

【操作流程】

　　电话银行开通业务操作流程见图 7 - 12。

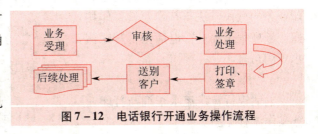

图 7 - 12　电话银行开通业务操作流程

【操作步骤】

1. 业务受理。柜员受理客户提出的电话银行开通业务申请，要求客户提供本人有效身份证件及复印件、银行卡/折，并填写电子银行业务申请表（个人）。

2. 审核。柜员审核客户填写的电子银行业务申请表（个人）内容是否完整、准确、清晰，审核客户本人身份证件及复印件是否有效、齐全；客户本人注册账户的银行卡/折原件是否为本行所受理的账户；客户所申请注册的账户信息（账号/卡号、户名、账户性质等）是否与客户提供的存折或银行卡相符。

3. 业务处理。在审核的基础上，柜员要求客户本人必须当场签订《电子银行服务协议》一式两份，并填写协议签订日期；柜员进入综合业务处理系统后进入渠道签约子系统选择"客户信息注册"交易，根据界面提示信息录入相关要素后提交；交易成功。

4. 打印、签章。柜员打印一式两联通用业务凭证，请客户签字，确认后加盖业务公章和柜员名章。

5. 送别客户。柜员把通用业务凭证、电子银行业务申请表（个人）的客户回单联与客户所提供的其他相关证明一并交给客户，送别客户。

6. 后续处理。柜员把通用业务凭证、电子银行业务申请表（个人）的银行记账联留做本次业务操作的凭证，整理相关的凭证。

【活动练习】

模拟银行金苑支行当日发生下列业务：

1. 客户杨萍萍来银行注册电话银行业务，性别女，电话 13601257879，0571 - 86864078，身份证件号码 310208197912033029，注册银行卡账号 3010028000286912，通信地址为杭州市双菱路 238 - 13。

2. 客户郑浩来银行开办电话银行业务，性别男，电话 13789064236，0571 - 88570206，身份证件号码 330106198101062034，注册活期存折账号 910200082100516，通信地址为杭州下沙高教园区西区。

要求以模拟银行金苑支行柜员的身份进行相应业务的处理，包括凭证审核、业务数据录入、凭证盖章与凭证处理。

项目活动 2　电话银行转账流水查询与打印

【业务引入】

2015 年 4 月 29 日，刘娜持本人身份证件来银行办理电话银行转账流水账查询与打印业务（证件号码：330206198011223025）。

【活动目标】

掌握电话银行转账流水查询与打印业务的操作方法与基本要领，能按照业务规程正确进行电话银行转账流水查询与打印业务操作。

【操作流程】

电话银行转账流水查询与打印业务操作流程见图 7 - 13。

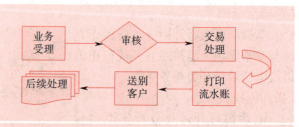

图 7 - 13　电话银行转账流水查询与打印业务操作流程

【操作步骤】

1. 业务受理。柜员受理客户提出的打印电话银行流水账的申请，要求客户提供本人身份证件及复印件，提供打印回单的银行卡/折原件；如能提供注册客户号的，需要客户提供注册客户号。

2. 审核。柜员审核客户提供的资料：客户本人的身份证原件及复印件是否有效、齐全；需要打印回单的银行卡/折原件是否为本行所能受理的；如果提供注册客户号，还要审核客户号的真实性。

3. 交易处理。柜员进入业务处理系统，根据界面显示录入相关要素后，系统显示查询期限内的客户电话银行转账流水交易，选中需要打印的内容，确认后交易成功。

4. 打印流水账。柜员打印客户回单一份并加盖业务公章和经办柜员名章；同一账户同一笔交易只能打印两次，第二次打印需加盖"补打"字样。

5. 送别客户，后续处理。柜员把客户回单及相关证件交给客户，送别客户，并进行相应后续处理。

【活动练习】

模拟银行金苑支行当日发生下列业务：

1. 客户杨萍萍来银行要求打印电话转账流水账，电话13601257879，身份证件号码310208197912033029，注册银行卡账号3010028000286912，通信地址为杭州市双菱路238－13。

2. 客户郑浩来银行要求打印电话转账流水账，电话13789064236，身份证件号码330106198101062034，注册活期存折账号910200082100516，通信地址为杭州下沙高教园区西区。

要求以模拟银行金苑支行柜员的身份进行相应业务的处理，包括凭证审核、业务数据录入、凭证盖章与凭证处理。

模块四
手机银行业务操作

能力目标

熟悉手机银行开通、关闭等金融服务业务内容与服务规范，能按有关业务规定正确进行手机银行开通、关闭等业务的操作处理。

基本知识

1. 手机银行业务是指银行依托移动通信运营商的网络，以客户手机为终端而开办的金融服务业务。

2. 客户可通过银行营业网点、网上银行、手机等渠道申请手机银行服务。手机银行服务自银行收到客户开通申请并核准认可时起开通。客户如需变更、终止手机银行服务，可通过银行营业网点、网上银行、手机等渠道办理。手机银行服务自银行收到客户终止申请并核准认可时起终止。

3. 客户的手机和密码是银行在手机银行服务过程中识别客户和保障交易安全的依据，客户应妥善保管。如果客户手机丢失或密码遗忘，客户应立即到银行办理挂失及相关手续，在挂失生效前发生的任何损失由客户自行承担。客户在手机银行系统的手机挂失与其在移动运营商的手机挂失不能相互替代。

4. 客户使用银行的手机银行服务业务，应按双方约定的收费标准和收费方式及时支付相关费用。

5. 客户不得通过手机发送与交易无关的或破坏性的信息。

☑ 工作任务　手机银行的开通与关闭

项目活动 1　手机银行开通

【业务引入】

2015 年 5 月 6 日，潘丽持本人身份证件来银行办理手机银行开通业务（证件号码：330020198109010273）。

【活动目标】

掌握手机银行开通业务的操作方法与基本要领，能按照业务规程正确进行手机银行开通业务操作。

【操作流程】

手机银行开通业务操作流程见图 7 - 14。

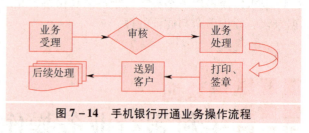

图 7 - 14　手机银行开通业务操作流程

【操作步骤】

1. 业务受理。柜员受理客户提出的手机银行开通业务申请，要求客户提供本人有效身份证件及复印件、借记卡/存折，并填写手机银行业务申请表。

2. 审核。柜员审核客户填写的手机银行业务申请表内容是否完整、准确、清晰，审核客户本人身份证件及复印件是否有效、齐全；确认客户手机能支持相关软件扩展功能，能正常上网。

3. 业务处理。在审核的基础上，柜员要求客户本人必须当场签订《手机银行服务协议》一式两份，并填写协议签订日期；柜员进入综合业务处理系统开通手机银行服务功能，通过下拉菜单选择卡折标识，柜员刷客户银行卡/存折，提示客户输入交易密码，客户输入密码后，系统自动带出证件类型、证件号码、客户姓名、开户网点等信息，并自动将该卡/存折签约到手机银行，柜员输入手机号码、手机银行登录名后由客户输入手机银行登录密码，柜员通过下拉菜单选择对外转账类型，并根据客户要求输入对外转账单笔限额和日累计限额，提交后交易成功。

4. 打印、签章。柜员打印一式两联通用业务凭证，请客户签字确认后加盖业务公章和经办人名章。

5. 送别客户。柜员把通用业务凭证、手机银行业务申请表的客户回单联与客户所提供的其他相关证明一并交给客户，并告知客户可以通过已注册的手机激活手机银行，送别客户。

6. 后续处理。柜员把通用业务凭证、手机银行业务申请表的银行留存联留做本次业务操作的凭证，整理相关的凭证。

 [知识链接7-5]

1. 手机动态口令功能是为无证书客户和文件证书客户提供的一种附加、可选的安全控制手段，以构建一个分层次的安全认证体系，满足不同层次客户的需要。

2. 手机动态口令功能是指当客户在个人网银上进行登录、对外转账、网上支付等操作时，系统会随机生成动态口令并通过短信发送到客户手机，然后客户输入动态口令，当静态账户密码和动态口令都通过系统校验，客户才可成功完成网银金融交易。动态口令随机生成，一次性有效，可有效防范黑客攻击。

3. 手机动态口令的开通、撤销需在柜台办理，客户需携带本人身份证和银行卡（借记卡、信用卡或存折）。

【活动练习】

模拟银行金苑支行当日发生下列业务：

1. 客户汤琳来银行开通手机银行业务，性别女，电话13802228612，0571-86560223，身份证件号码320112199104233065，银行卡卡号14056110588091，通信地址为杭州市武林路29-13。

2. 客户林杰来银行开通手机银行业务，性别男，电话13527490114，0571-22860145，身份证件号码330101198807072104，活期存折账号11020160897011，通信地址为杭州市九堡华林小区3-101。

要求以模拟银行金苑支行柜员的身份进行相应业务的处理，包括凭证审核、业务数据录入、凭证盖章与凭证处理。

项目活动2　手机银行关闭

【业务引入】

2015年5月6日，左军持本人身份证件来银行办理手机银行关闭业务（证件号码：330107198202173083）。

【活动目标】

掌握手机银行关闭业务的操作方法与基本要领，能按照业务规程正确进行手机银行关闭业务操作。

【操作流程】

手机银行关闭业务操作流程见图7-15。

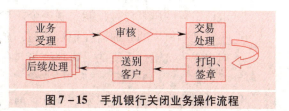

图7-15　手机银行关闭业务操作流程

【操作步骤】

1. 业务受理。柜员受理客户提出的手机银行关闭业务申请，要求客户提供本人身份证件及复印件，与手机银行捆绑的借记卡/存折，并填写手机银行业务申请表。

2. 审核。柜员审核客户提供的资料：手机银行业务申请表内容是否完整、清晰、准确；客户本人的身份证原件及复印件是否有效、齐全；借记卡/存折是否有效、真实。

3. 交易处理。柜员进入业务处理系统的关闭界面，通过下拉菜单选择卡折标识，柜员刷客户卡/存折，提示客户输入交易密码，客户输入密码后，系统自动带出证件类型和证件号码，提交后提示手机银行关闭成功。

4. 打印、签章。柜员打印一式两联通用业务凭证，请客户签字确认后加盖业务公章和柜员名章。

5. 送别客户。柜员把通用业务凭证、手机银行业务申请表的客户回单联与客户所提供的其他相关证明一并交给客户，送别客户。

6. 后续处理。柜员把通用业务凭证、手机银行业务申请表的银行留存联留做本次业务操作的凭证，整理相关的凭证。

【活动练习】

模拟银行金苑支行当日发生下列业务：

1. 客户杨浩来银行要求关闭手机银行业务，电话13608880213，身份证件号码330109196608071018，银行卡卡号14056110612047，通信地址为杭州市建国中路88 - 364。

2. 客户樊凡来银行要求关闭手机银行业务，电话13301520811，身份证件号码330106198805213033，活期存折账号11020160325068，通信地址为杭州文三路66 - 12。

要求以模拟银行金苑支行柜员的身份进行相应业务的处理，包括凭证审核、业务数据录入、凭证盖章与凭证处理。

【小测试】

一、判断题

1. 自助银行包括自动柜员机（ATM）、自动存款机（ADM）、自助查询终端、自助服务电话等。　　　　　　　　　　　　　　　　　　　　　（　　）

2. 自动存款机没有验钞功能。　　　　　　　　　　　　　　　（　　）

3. 客户可以通过柜台或银行网站两种渠道开通个人网上银行服务，柜台开通个人网银业务可以客户本人也可以代理人去办理。　　　　　　　　　　（　　）

4. 个人网银投资理财功能包括黄金行情的查询和交易。　　　　（　　）

5. 电话银行注册客户号只能关联一个账户。　　　　　　　　　（　　）

6. 手机动态口令的开通需在柜台办理，撤销可以通过网上银行办理。（　　）

7. 客户在手机银行系统的手机挂失与其在移动运营商的手机挂失可以相互替代。
　　　　　　　　　　　　　　　　　　　　　　　　　　　　　（　　）

8. 电话银行个人客户可以办理信息查询、转账结算等业务。　　（　　）

9. 动态口令随机生成，一次性有效，可有效防范黑客攻击。　　（　　）

二、单选题

1. 持卡人开通电话、ATM 转账的，每日每卡转出金额不得超过（　　）人民币。

A. 1 万元　　　　　　B. 2 万元　　　　　　C. 3 万元　　　　　　D. 5 万元

2. 客户来自助银行办理取款业务时，日取款金额不得超过（　　）人民币。

A. 1 万元　　　　　　B. 2 万元　　　　　　C. 3 万元　　　　　　D. 5 万元

3. 当 ATM 钱箱钞券总量在（　　）以下时，必须进行装钞清机。

A. 1 万元　　　　　　B. 2 万元　　　　　　C. 3 万元　　　　　　D. 5 万元

4. 当 ATM/ADM 钱箱钞券总量在（　　）以上时，必须进行清机。

A. 3 万元　　　　　　B. 5 万元　　　　　　C. 10 万元　　　　　　D. 15 万元

三、多选题

1. 个人网银功能包括（　　）。

A. 账户管理功能　　　B. 转账汇款功能　　　C. 缴费支付功能

D. 投资理财功能　　　E. 贷款功能

2. （　　）可能造成自动柜员机吞卡。

A. 交易完成后没有及时取回的卡或忘记取回的卡

B. 挂失卡、被窃卡，有舞弊嫌疑的卡

C. 通信、系统突然中断或故障

D. 自动柜员机发生机械故障

E. 客户操作错误

3. 电话银行中个人账户转账，可以进行（　　）。

A. 卡转折　　　　　　B. 折转折　　　　　　C. 活期转定期　　　　D. 定期转活期

4. 下列何种情况，客户或银行可提出个人网上银行终止（　　）。

A. 客户申请取消网银服务

B. 客户用于网上银行查询、转账的所有账户已销户

C. 客户违反服务协议规定、经银行确认构成销户前提

D. 客户账户余额为零

5. 客户在网上银行任意时间内均可办理的交易有（　　）。

A. 系统内转账　　　　　　　　　　　B. 代发工资

C. 授信贷款发放与归还　　　　　　　D. 除跨行转账外的对私交易

6. 当 ATM 在（　　）的情况下，必须进行装钞清机。

A. 钞券总量在 30,000 元以下　　　　B. 客户取款扣账未吐钞

C. 现金账户不平　　　　　　　　　　D. 客户大额取款

7. 当 ATM/ADM 在（　　）的情况下，必须进行清机。

A. 钞券总量在 50,000 元以上　　　　B. 客户存款未入账

C. 现金账户不平　　　　　　　　　　D. 客户存款卡钞

项目八 银行网点突发事件 应急处理

学习目标:

　　了解银行网点安全管理制度规范,掌握银行各类突发事件的应急预案和基本处理方法。

模块一
银行网点安全管理制度规范学习

能力目标

熟悉银行网点安全管理制度、银行网点服务应急预案以及自卫武器使用管理制度的相关内容，在日常营业活动中能按有关制度规定正确执行各项安全防范工作。

工作任务　银行网点安全管理相关制度学习

项目活动1　**银行网点安全管理制度学习**

【活动目标】

掌握银行网点营业期间安全管理制度相关内容，能运用于实际工作。

基本知识

一、银行网点安全管理制度

银行网点安全保卫工作主要包括金库守护制度、押运制度、枪支防卫器具管理使用制度以及营业场所安全管理制度等。

1. 安全工作责任制。营业网点设专职或兼职安全员，负责网点的安全管理和日常安全防范工作。

2. 营业期间现金安全制度。营业网点在营业期间，备用金和收入的大宗现金，不得放置在桌面等明处，必须锁入保险柜或现金箱内。

3. 接送款制度。营业网点每天安排人员接送款，营业前负责将款箱接到营业柜台内，营业终了负责将现金送上运钞车。

4. 进入营业室登记制度。非营业室工作人员，不得随意进入营业室内。因公需进入营业室的，必须经过批准，进行登记后方可进入。上级行检查人员，需由本行有关人员陪同，持介绍信和本人证件，登记后方可进入检查。

5. 通勤门管理制度。营业期间要加强通勤门的管理，营业室工作人员进出时，要随开随锁。钥匙或密码指定专人保管，钥匙营业期间不得带出营业室。

6. 电视监控管理制度。营业场所的电视监控按照安全保卫相关规定实行营业期间全过程录像。营业场所的录像资料保存期为至少 30 天。

7. 应急报警按钮使用规定。营业网点安装的应急报警按钮，在发生盗窃、抢劫等外部侵害等紧急情况时方可使用。除上述情况外，任何人都不得随意触动应急报警按钮。应急报警设施应定期检测，保持良好状态。

8. 防盗报警的使用规定。每天营业结束清场后，必须开启防盗报警进行布防。每天上班时，首先撤防，然后方可进入网点。每天布防和撤防时间，要进行登记。

9. 配备防卫器具规定。营业场所应按照安全保卫相关规定配备防卫器具。

10. 防火安全管理制度。营业场所要制定防火安全制度，建立义务消防队（组），担负火灾扑救和抢救人员、疏散物资等任务。按照规定配置消防器材，经常进行检查，确保使用。

11. 应急预案。营业网点对抢劫、诈骗、挤兑、火灾等重大突发事件，应制订切实可行的应急预案。一旦发生突发事件，立即按应急预案处置。

12. 营业终了检查制度。营业终了，要进行全面检查。首先检查现金、章、证、押是否入库保管，然后进行清场检查，确定无异常情况后，关闭水、电、门、窗，布防撤离。

二、银行网点安全保卫工作守则

1. 营业前

（1）开启营业室大门或通勤门，同时用锁固定，并将拉门挂钩放回柜内，锁好边门。

（2）检查营业场所有无不安全迹象，检查"110"报警器、应急报警器、电视监控系统是否处于正常工作状态。

（3）检查自卫器械是否到位，取用是否顺手。

2. 营业期间

（1）营业场所必须两人以上在岗，时刻保持高度警惕。

（2）现金及重要凭证要及时入柜，不准放置在桌面上，钞箱必须放在隐蔽处。

（3）营业人员临时离柜前，现金、印章、密押、重要凭证必须入柜加锁，计算机终端必须退出操作界面。

（4）严禁无关人员进入柜台内，营业人员因事出入边门时，必须在确认安全的情况下即开即锁。

（5）营业人员不准做与业务无关的事，不准接受他人分送的药物、香烟、食品、饮料等物品，以防不测。

（6）接受检查时，临柜人员在确认检查人员所持证件是否齐全真实，并有银行领导或保卫干部陪同后，方可同意进入柜台内检查。检查完毕，要做好记录，并由网点负责人签字，对查出的问题在限期内整改落实。

3. 营业终了

（1）必须将印章、密押、重要凭证、磁盘等核对无误后放入保险柜。必须切断电、火、水源开启联网报警装置，锁好营业室门、窗，并与守护人员办理交接后方可离开。

（2）严禁在柜台外携钞箱候车，接送钞箱时，先观察周围有无异常情况，在确认无误后，集体护送钞箱上车。

4. 坚持五双制度。双人临柜、双人碰库、双人管库、双人守库、双人押运。

5. 坚持四不走制度。账款未结平不走；账、款、印、押未入箱（柜）不走；保险柜门、营业室门未锁定不走；钞箱未上车不走。

6. 坚持三不留制度。营业终了，营业室内不留人、不留款、不留印章和重要凭证。

7. 三知两会制度。知道网点的安全制度规定，知道自己器材的数量、位置，知道营业网点紧急情况处理预案。会使用防卫器材，会报警方法和处理各种紧急情况。

【活动练习】

1. 两人一组，对银行安全管理制度内容进行设问与回答。

2. 实习期间注意观察银行营业网点的安全管理措施及执行情况。

项目活动 2   **银行网点服务应急预案学习**

【活动目标】

了解银行网点服务应急预案相关内容，能运用于实际工作。

基本知识

一、银行网点服务应急预案

为确保向客户提供优质、高效金融服务的能力，完善突发事件应对机制，为网点及时采取应对措施提供有力保障，需要制定网点服务应急预案，以快速应对网点突发事件、提高金融服务能力及危机处置能力。

（一）适用范围

网点服务应急预案适用于营业网点出现客户投诉、自然灾害、群体性事件等突发事件的应急处理，对影响营业网点正常营业或在网点发生的可能影响银行声誉的突发事件的组织管理、处置流程及操作要点等方面提供指导。

（二）工作原则

1. 加强预警、防患未然。事先制订相应的应急方案、应急策略、预警标准并将应急预案下发、培训到各网点，以实现及时、有序应对突发事件，达到缓释风险的目标。

2. 明确责任、协同配合。实行首问责任制，明确各级机构、部门和岗位职责，相关职能部门各负其责、协同配合，及时横向沟通，以保障突发事件的妥善处理。

3. 划分等级、分类应对。根据不同事件的严重程度将其划分为不同等级，并据此分别制定报告、决策和处置流程，保证重大事件信息传递和决策的时效性。

4. 报告及时、响应迅速。建立自下而上明确的报告路线和自上而下顺畅的决策流程，同时根据故障当天的实际情况，及时沟通联系，争取最大支援，以便快速响应，最大限度地降低风险，减少损失。

5. 动态维护、及时完善。应急处理方案不是一成不变的，要定期演练、查找问题、及时完善，保证应急处理方案的时效性，有效指导应急处理工作。

（三）网点工作职责

1. 熟悉、演练网点服务应急预案。
2. 负责组织实施网点职责范围内的应急处置工作。
3. 负责履行报告职责。
4. 完成事件问题的职责内整改工作。

（四）应急报告及处理流程

在紧急事件应急响应及处置流程中，为保证信息传递的准确、快速，报告应以事实清楚、简明扼要为基本要求，使信息及时传递到相关部门及联系人。如具备条件，应辅以简单的事件情况报告表。

1. 报告原则。
（1）及时：网点遇到无法解决的突发事件时，应在第一时间上报情况。
（2）准确：报告内容应客观真实，不得主观臆断。
（3）完整：报告内容应尽可能地翔实，便于领导小组研究决策。

2. 报告方式。根据以下顺序选择紧急报告工具：办公室电话、手机、短信、电子邮件。

3. 报告内容。
（1）发生突发事件的机构名称、地点、时间。
（2）突发事件性质：诈骗、抢劫、客户重大投诉、语言沟通障碍、自然灾害或突发公共安全事件等。
（3）影响程度：突发事件发生后对正常营业或声誉造成的影响程度、影响范围等。
（4）影响人力资源情况：突发事件对人员造成的伤害情况；受灾情况、采取的救助和防护措施、岗位接替等情况。
（5）原因分析、判断。
（6）已采取的措施和应急处置建议。

4. 报告流程。网点所有人员要保持高度的警觉性，当突发事件发生时，不能相互推诿，应立即开始对突发事件的监测和评估，对其级别作出初步判断，在按照自下而上的程序报告的同时，应采取应急处理措施，尽量稳定局势。

二、自卫武器使用管理制度

1. 各单位配置的自卫武器是专为临柜、守库、押运时作防范之用，任何单位和个人无权调用、借用和挪作他用，除执行押运任务外，不准带出网点外。

2. 严格对自卫武器的使用管理，要有专人负责，实行"谁使用、谁管理"的原则，落实责任，并办理领用、交接手续。

3. 寄库的网点，营业结束后，必须妥善保管好自卫武器，防止丢失、被盗。

4. 临柜、守库、押运人员在遇到下列情况之一时，可以使用自卫武器：
（1）遇到犯罪分子袭击，非使用自卫武器不能制止时。

（2）国家和集体财产遭到暴力威胁，非使用自卫武器不能制止时。

（3）为保护国家和集体财产与犯罪分子搏斗时。

（4）依法协助公安机关抓捕或制服犯罪分子时。

5. 在使用自卫武器制止犯罪行为时，应当以制服对方为限度，当对方的犯罪行为得到制止时，应当立即停止使用。

6. 对非法和私自使用自卫武器，造成严重后果的，要给予从重处理，情节严重的要依法追究刑事责任。

7. 加强对自卫武器的管理。单位领导要经常性地对自卫武器的使用、管理情况进行检查，发现问题及时处理。

【活动练习】

1. 两人一组，对银行网点服务应急预案内容进行设问与回答。

2. 两人一组，对银行网点自卫武器使用管理制度内容进行设问与回答。

模块二
银行网点突发事件应急处理

能力目标

熟悉银行网点各类突发事件的基本应急处理原则与要领，能进行各类突发事件的基本应急处理。

工作任务　银行网点突发事件应急处理

项目活动1　抢劫事件应急处理

【活动目标】

了解突发事件的特征、金融抢劫案的特点，掌握抢劫事件处理的基本原则和基本要领，能进行银行抢劫事件的基本应急处理。

基本知识

一、突发事件的特征

突发事件是指那些事前难以预测、带有异常性质、严重危及社会秩序，在人们缺乏思想准备的情况下猝然发生的灾害性事件。它是一种作用范围广泛，且对社会造成严重危害，具有强烈冲击力和影响力的事件。银行网点突发事件是指在银行日常经营过程中发生的事前难以预测、危及银行信誉、资产安全，甚至危及银行客户和员工生命安全的各种事件的总和，如抢劫、诈骗、火灾及客户投诉、吵闹等。

突发事件的基本特征是偶然性和必然性。偶然性是指突发事件发生的可能性及由于各种因素的影响导致事件发生过程中的偏离性、高度不确定性及危害的不确定性。必然性是指突发事件是各种内外因素发展的必然结果，体现了事物发展的必然规律。

突发事件的具体特征：

1. 信息不完全。

2. 突发性、高度不确定。

3. 后果的严重性、广泛性、连锁性和持久性。

二、金融抢劫案的特点

1. 犯罪嫌疑人在抢劫前，基本上都要进行"踩点"。

2. 案犯多在午间休息、刚上班或快下班等人少时作案。

3. 案犯多使用偷来的或假牌照汽车，在行抢时将发动着的汽车停放在作案现场附近，车内留有司机，开着车门，从事抢劫后立即逃跑。

4. 案犯作案时多戴墨镜或蒙面，使人难以辨认。

5. 案犯进入银行后，首先设法破坏电话报警设备及自动报警系统，使银行员工无法向公安机关报警。

6. 抢劫银行的案犯都带有凶器，不少情况下还带有真枪，必要时杀害或捆绑银行员工，以便顺利作案。

7. 抢劫银行几乎都是团伙作案，有预谋、有计划、有组织地实施犯罪。

三、抢劫事件应急处理基本原则

1. 营业期间遇到抢劫事件时，应区别情况，沉着应对。如果危害员工生命安全的，应贯彻先藏身、后报警、再反击的原则。

2. 发生持枪抢劫情况时，首先应选择位置迅速隐蔽，立即报警，力争外援，沉着机智，记住歹徒的体貌特征及交通工具，并保护好现场。

3. 发生持刀（械）抢劫情况时，在及时报警的同时，出纳人员及时护卫现金及印章，会计人员及时护卫好印章、密押等，向出纳人员靠拢，其余人员控制住二道门。如歹徒闯入柜台内抢劫的，在报警的同时，全体人员应携带自卫武器或办公用具及消防器材等投入应急自卫，呼叫四邻和街上行人缉拿犯罪分子。

4. 犯罪分子逃跑情况下要坚守阵地，不要冒险追击，应及时向救援人员提供罪犯体貌特征和逃跑方向，力争抓获犯罪分子。

[案例分析 8-1]

案例一　南昌银行大劫案

2000 年 11 月 11 日傍晚时分，位于南昌市西郊的省级特大经贸市场洪城大市场，各店铺都相继关了门，收了摊。行人也在躲风避沙中急匆匆地往家赶。18 时左右，路上的行人和车辆已经十分稀少，农行南昌支行洪城大市场分理处的营业厅里也只剩下几个储户。几名银行职员正在紧张地清点一天的营业额，等待 18 时 30 分运钞车前来接款。

18 时 20 分，一辆车号为赣 A07328 的红色出租车悄然停在分理处门前，车门突然打开，四五个年轻人迅速从车里蹿出来，在冲进分理处大门的一刹那完成戴面具、拎猎枪的动作，同时大呼："抢劫，都不许跑！"与此同时，枪声响了，在场的两名储户涂序华、徐海群应声倒在了血泊中。此时，营业员们被吓得目瞪口呆，在黑洞洞的枪口威胁下，被迫打开通勤门，歹徒把柜台上的 50 万元巨款装入预先准备好的编织袋，然后仓皇逃窜。这一过程仅用了 5 分钟，离押钞车来接款也仅间隔 5 分钟。新中国成立以来南昌市最大的恶性抢劫案就在这样一个寒夜来临之前发生了。

案件发生后，江西省委省政府、南昌市委市政府高度重视。公安部特意拨出 100 万元专款，作为侦破经费。当晚，"11·11"案专案指挥部成立，并于第二天发出悬赏破案公告。11 月 14 日，专案指挥部决定成立"11·11"专案协调办公室，下设各专案组，全力以赴破案。此时，警方已基本认定"11·11"案是经过精心策划，有预谋、有组织的劫案，系有前科劣迹、带黑社会性质的犯罪团伙所为。

经过 65 个昼夜的猎追狼踪，到 2001 年 1 月 15 日，参与"11·11"特大持枪杀人、抢劫案的 6 名犯罪嫌疑人全部缉拿归案，缴获作案所用猎枪 2 支、自制双管短枪 2 支、子弹 36 发、自制炸药 6 瓶等作案工具及部分赃款。2 月 26 日，南昌市中级人民法院以故意杀人罪、抢劫罪一审判处华敏等 6 名罪犯死刑。3 月 16 日，江西省高级人民法院二审维持原判，并执行枪决。

案例二　甘肃天水银行抢劫案

2011 年 6 月 19 日中午 11 时 50 分许，甘肃省天水市秦州区七里墩一储蓄所发生一起抢劫杀人案。犯罪嫌疑人当场杀害 2 名工作人员，并抢劫现金 53,000 多元逃离现场。整个作案时间仅用了 58 秒。

天水市公安局指挥中心 11 时 55 分接到报警，11 时 58 分天水市秦州区七里墩派出所民警迅速赶赴现场，组织处置。天水市公安局、秦州公安分局主要领导随即带领市、区两级刑侦、技术人员抵达现场，指挥组织现场勘查、调查、布控、堵截、缉拿犯罪嫌疑人。

案发后，天水市委、市政府高度重视，要求市公安局、秦州公安分局成立联合专案组，从速抓获犯罪嫌疑人。当日下午，甘肃省公安厅接市局报告后，已派员前往指导案件侦查侦破工作。为迅速破案，打击犯罪，天水市公安局采取悬赏措施，广泛发动群众，提供破案线索。犯罪嫌疑人于 6 月 21 日 17 时许被抓获。

犯罪嫌疑人交代因家里经济拮据，借钱买了辆"富康"跑出租，3 年下来还欠六七万元没还上，觉得靠跑出租车，永远给不了家人富裕的生活，于是便产生了抢劫银行的想法。2011 年 6 月 18 日上午，犯罪嫌疑人将出租车停在天水市血站附近，步行至七里墩储蓄所，看到储蓄所的安保防护有很大漏洞，特别是办理邮寄业务的柜台，几乎没有防护措施。由于当时人多没机会下手，他便放弃作案返回继续去跑出租。

2011 年 6 月 19 日上午 10 时许，犯罪嫌疑人将出租车停在天水市一中附近，打车到七里墩海林三角地下车后，又一次来到这家储蓄所伺机作案。11 时 50 分许，他见储蓄所没有顾客，只有两名工作人员值班时，掏出刀子从柜台上跳进去，将两名工作人员杀害后，抱起桌边装有现金的铁皮箱，从柜台跳出逃走。

2011 年 12 月 8 日，天水市中级人民法院对"6·19"抢劫七里墩邮政支行并杀害两名银行员工的被告人进行公开宣判，以被告人犯抢劫罪，判处死刑，剥夺政治权利终身，并处没收个人全部财产。

【活动练习】

1. 搜集银行抢劫案的案例资料，分析其发生的原因及特点。
2. 思考银行抢劫案防范的基本对策。
3. 在模拟银行营业大厅进行一次模拟柜面抢劫事件应急处理。

项目活动 2   **诈骗事件应急处理**

【活动目标】

了解诈骗事件的类型特征，掌握诈骗事件处理的基本要领，能进行银行诈骗案的基本应急处理。

基本知识

一、金融诈骗案的类型

近几年来，社会上的不法分子盯住银行结算中的漏洞，利用银行结算票据"隐蔽性强、金额大、得逞率高"的特点，大肆诈骗银行资金。在存款及支付结算领域，用假票据、假存单、假证明、假文件、假币等诈骗银行资金的案件层出不穷。

1. 假票据诈骗。主要包括以下几种：

（1）伪造变造汇票委托书。

（2）假冒银行查询。

（3）调换真假银行汇票。

（4）伪造支票。

（5）伪造进账单。

2. 假存单诈骗。

3. 假存折诈骗。

4. 假印鉴诈骗。

5. 假币诈骗。近几年来，国内外不法分子相互勾结，制造贩卖假币十分猖獗，其制造手段由过去的手工描绘发展到机制胶印，电子分色制版印刷，刻版套印，多数假币非常逼真，欺骗性强，不易辨认。当前我国假币违法犯罪活动的特点主要表现为：假币大案时有发生，收缴数量增长较猛；制假手段翻新，假币种类增多；假币犯罪活动危害面广，具有国际性。

6. 银行卡（包括借记卡、信用卡等）欺诈主要有如下形式：

（1）骗取持卡人密码和账号。不法分子通过各种手段，如互联网、手机短信等方式，骗取持卡人的账号和密码，造成持卡人、发卡人的资金损失。主要手段有：

①开设假银行网站或假购物网站。

②利用计算机病毒进行诈骗。

③利用短信群发器向不特定的社会群体发送虚假信息。

④直接在 ATM 上安装微型摄像装置，或利用高倍望远镜在距 ATM 不远处窥视。

⑤通过虚假电话银行，诱使客户输入个人信息，窃取客户的银行卡账号和密码。

（2）伪卡欺诈。伪卡欺诈也称克隆卡欺诈，是指不法分子利用偷窥、录像、测录磁卡信息、安装假刷卡设备等各种手段窃取卡号和密码，然后仿制出伪卡，再利用伪卡消费或取现。

（3）以办理银行透支信用卡为名实施诈骗。不法分子在媒体上刊登广告，宣称可以为个人、团体办理银行信用卡进行无抵押信用贷款或无息贷款，从而收取手续费用，诈骗成功后携款逃匿。

（4）在 ATM 上骗卡。不法分子在自动取款机上做手脚，设法使取款人的银行卡插入 ATM 后被"吞卡"，然后利用各种手段骗取密码。当客户离开后，犯罪嫌疑人迅速上前将被"吞"的银行卡从 ATM 中拉出，将资金盗取。

7. 网上银行诈骗。近年来，一些不法分子将目光盯向个人网上银行客户，窃取个人资料，欺诈客户资金。目前，网上银行客户被欺诈主要原因包括使用弱密码、将网银密码设为与其他网站密码相同的密码、登录假网站上当受骗、被木马病毒盗取密码等。

（1）弱密码：部分客户设置的卡密码为弱密码，由于密码过于简单，没有真正起到保护的作用，容易被不法分子试出并通过自助注册方式办理网上银行业务。

（2）密码泄露：部分客户网银密码设置不安全。例如，一些客户将自己网银密码设为与其他网站的用户密码相同的密码，而其他网站由于缺乏严密的安全控制机制，密码数据库容易被攻破或泄露并殃及网银密码。

（3）网络钓鱼：不法分子通过假网站、假电子商务支付页面等"网络钓鱼"形式，利用部分客户安全意识薄弱骗取客户网银密码。

（4）木马套密：不法分子利用电子邮件群发木马病毒，客户在计算机中毒的情况下登录网上银行，其账号和网银密码大多会被不法分子获取。

二、金融诈骗案的特点

1. 发生的频率很高。商业银行柜面业务笔数多、金额大，每一笔业务、每一个操作环节、每一个岗位都是一个潜在风险点，随时都有可能发生柜面操作人员误操作或违规操作，同时，内部及外部人员诈骗现金的可能性始终存在，金融诈骗发生的频率很高。

2. 欺诈手段更具多样化，且不断翻新。从已发生的内外部欺诈案件看，犯罪分子作案手段各种各样，不断翻新，把矛头指向银行业务的每一个环节。从制作环节看，既有直接伪造、变造票据，也有通过伪造凭证骗取真实的票据；从签发环节看，既有模仿银行经办人员的字迹，也有涂改结算金额；从查询查复环节看，既有串通查询，也有试图截获查询电报，伪造查复书；从行骗对象看，既有直接到银行诈骗资金，也有诈骗企业，然后通过企业诈骗银行。

3. 作案工具更具隐蔽性，防范难度较大。伪造、变造的票据、凭证、存折等，除少数由于犯罪分子伪造技术粗糙，容易识别外，大多数较逼真，难以辨别真伪，个别票据甚至经当地人民银行鉴定都未能识别，这无疑增添了银行工作人员的防范难度。

4. 作案诱饵更具有迷惑性。犯罪分子抓住银行同业竞争激烈，急于发展业务的心理，在诈骗前往往放风说将有一大笔资金用于归还银行贷款或存款，骗取银行信任，使银行放松警惕。

5. 内外勾结，集体作案呈上升趋势。从已经暴露出来金融诈骗大案看，大多为由基层营业网点主任、监督人员、经办人员参与的"窝案"。由于是内部人作案，其作案手段更狡猾，更不易被发现，危害性比外部犯罪更大。

6. 作案金额巨大，造成银行损失较大。

三、诈骗案的基本处理要领

1. 发现诈骗，首先用暗语联系，迅速报告，拖延时间，稳住犯罪分子，人赃俱获，制伏犯罪分子。

2. 如犯罪分子未遂逃跑的，记住犯罪分子的体貌特征和交通工具，寻求支援，力争抓获犯罪分子。

 [案例分析 8 - 2]

案例一 建行高新区枫林绿洲支行成功堵截25万元的金融诈骗案

6 月 7 日 14:55 左右，一位姓王的女士神色紧张地来到建行高新区枫林绿洲支行 3 号窗口柜台前，慌乱掏出一本定期存折说要把上面的 25 万元转入建行一个账号，说着手臂发抖地递给银行柜员一个写有账号名字的建行卡号，银行柜员见客户情绪十分激动，且转账金额比较大，于是仔细地询问客户是否认识收款人，客户一口咬定说是认识，并且说是她的亲戚，说完一边大口地喘气，一边催银行柜员赶紧给她办理业务，并不断叹气摆手摇头，银行柜员当时感觉有点不太对劲，便又自然地问客户收款人是做什么大生意的，这么急给他转账是要做什么大买卖吧，客户听后只是摇头，又掏出裤兜里的手机给银行柜员看，银行柜员便觉得这件事情有点蹊跷，感觉像是有人在监听她似的，于是就写了张字条给客户继续询问，结果王女士通过字条告诉说她的儿子被绑架了，绑匪要她马上打赎金，并且手机不能挂断，因为绑匪一直在监听中，否则就要撕票。得知该情况后，银行柜员立即叫来了大堂经理，用字条的方式告知客户遭遇的情况。大堂经理听后立刻和客户进行了沟通，并向客户讲述了一些近期银行发生的金融电话诈骗的真实案例，警惕客户不要上当受骗。在大家的善意提醒下，客户将自己儿子的电话告诉了柜员，与客户的儿子进行了电话确认，结果证明这次绑架案子虚乌有，而客户得知儿子没事后也终于放下心来，并向网点表达了自己深深的谢意。这起特大金融诈骗案的成功阻止，有效地维护了客户的财产安全，提升了建行在公众中的声誉。

案例二 农业银行渭南蒲城支行成功堵截一起银行卡诈骗案件

近日，农行渭南蒲城支行成功堵截了一起团伙通过伪造部队证件开立个人银行账户，预谋实施银行卡诈骗的重大案件，提升了该行的良好企业形象和社会声誉。

6月4日13时40分许，一名男子持军官证来到蒲城支行某一分理处申请办理一笔银行卡开立业务。在办理过程中，发现该男子所用证件为部队军官证，职业的习惯使当班柜员产生了高度警惕，此时，在分行进行授权时，通过以前相关业务影像比对发现有异常情况随即向分行相关部门及领导进行了汇报，不久，蒲城支行接到分行电话通知，该行行长、主管行长、保卫人员立即赶赴事发分理处，行长现场亲自指挥，立即启动突发事件处置预案，对嫌疑人进行了现场控制，并迅速向公安机关报警，待公安机关到达现场后，将嫌疑人带回审查。

目前，据警方对嫌疑人初步审查，确定该团伙为一有组织、有预谋、有分工的犯罪团伙。嫌疑人真名为胡双和，系湖南省双峰县人，在审讯过程中发现身上藏有假军官证件3个，已办理好的银行卡100余张，其中，当日在蒲城县其他金融机构办理银行卡5张，在农行某一分理处办理过程中被成功堵截，案件详细情况警方还在进一步的调查取证之中。

案例三　建行湖北省孝感分行成功堵截一起金融诈骗案

10月22日15时许，建设银行湖北省孝感分行国际业务部收到某外汇客户境外汇款的申请。汇款金额USD97785.00（折合人民币61万元），并要求当天汇出。

该部工作人员方小翠收到汇款资料后，仔细审查资料，发现此客户所提供的境外收款人合同信息前后不一致。随即要求客户核对，以便确认相关信息后，立马办理汇款业务。该客户与境外对方通过电子邮件进行联系。对方核对后，回复说：是账号变更了，其他信息是正确的。客户向银行工作人员说明了情况，并转达了对方要求银行赶快汇款的急切心情。这引起了该部工作人员的高度警觉。他们过去办理外汇业务的时候通常没有这样急切的啊。难道其中有诈？本着对客户负责的原则，该部工作人员从档案柜里调出此客户从前的汇款资料，进行逐一核对后发现了问题：此次与前一次办理汇款业务中的境外收款人的名称、国别、账户和开户行等信息严重不符。该部工作人员再一次向客户提出异议。客户终于警惕了！随即通过电话直接与境外客户联系。境外客户答复说：邮件被黑客入侵了，篡改了相关账号及开户行信息。同时，境外客户根本没有提出汇款要求，要求终止汇款。客户马上与该部工作人员联系，说明了原委，并提出止付要求。由于该部工作人员负责任的工作态度，避免了客户的资金损失，防止了一场诈骗案件的发生。

案例四　假银行网站专偷卡密码

年前中国银行官方网站出现一条声明，该行目前唯一使用网址为：www.bank-of-china.com。据了解，是因为有人建了一个假冒的中国银行网站，试图骗取该行用户的账号和密码，该网站已被公安部门查封。同时，有一个假工商银行的网站www.1cbc.com.cn还在继续运行，它的网站和真正的工行网站www.icbc.com.cn，只有"1"和"i"一字之差。

以前就有假工商银行网站出现，不过现在已被公安机关查封。一位读者说，他曾收到一封电子邮件称："最近我们发现您的工商银行账号有异常活动，为了保证您的账户安全，我行将于48小时内冻结您的账号，如果您希望继续使用，请点击输入账号和密码激活。"邮件落款为：中国工商银行客户服务中心。在www.iabc.com.cn的网站上，按照提示，随意输了一个账号和密码，竟显示激活成功。

此前，一个也叫"中国工商银行"的网页也被查封了。该网举行过一项送大礼活动，其内容非常诱人：为了回报网上银行用户，本行特进行火暴送大礼活动！此网页还注明，领奖者需输入网上银行注册卡号、登录密码、交易密码完成领奖注册后，才能获得以上相应礼物。

据分析，在未来的一段时间里，针对股民、网络银行、网上购物用户的诈骗将越来越多。

【活动练习】

1. 搜集近几年金融诈骗案并分析其类型和特点。
2. 思考金融诈骗案防范的基本对策。
3. 在模拟银行营业大厅进行一次模拟诈骗事件应急处理活动练习。

项目活动3　火灾事件应急处理

【活动目标】

了解火灾的分类及常见扑救办法，掌握基本火灾扑救方法，能在实际工作中进行火灾的基本应急处理。

基本知识

一、火灾的定义及分类

火灾是指在时间或空间上失去控制的燃烧所造成的灾害。在各种灾害中，火灾是最经常、最普遍地威胁公众安全和社会发展的主要灾害之一。

火灾分为 A、B、C、D 四类：

A 类火灾：指固体物质火灾。这种物质往往具有有机物性质，一般在燃烧时能产生灼热的余烬，如木材、棉、毛、麻、纸张火灾等。

B 类火灾：指液体火灾和可熔化的固体火灾，如汽油、煤油、原油、甲醇、乙醇、沥青、石蜡火灾等。

C 类火灾：指气体火灾，如煤气、天然气、甲烷、乙烷、丙烷、氢气火灾等。

D 类火灾：指金属火灾，指钾、钠、镁、钛、锆、锂、铝镁合金火灾等。

二、几种常见火灾的扑救方法

1. 家具、被褥等起火：一般用水灭火。用身边可盛水的物品如脸盆等向火焰上泼水，也可把水管接到水龙头上喷水灭火；同时把燃烧点附近的可燃物泼湿降温。但油类、电器着火不能用水灭火。

2. 电器起火：家用电器或线路着火，要先切断电源，再用干粉或气体灭火器灭火，不可直接泼水灭火，以防触电或电器爆炸伤人。

3. 电视机起火：电视机万一起火，绝不可用水浇，可以在切断电源后，用棉被将其盖灭。灭火时，只能从侧面靠近电视机，以防显像管爆炸伤人。若使用灭火器灭火，不应直接射向电视屏幕，以免其受热后突然遇冷而爆炸。

4. 油锅起火：油锅起火时应迅速关闭炉灶燃气阀门，直接盖上锅盖或用湿抹布覆盖，还可向锅内放入切好的蔬菜冷却灭火，将锅平稳端离炉火，冷却后才能打开锅盖，切勿向油锅倒水灭火。

5. 燃气罐着火：要用浸湿的被褥、衣物等捂盖火，并迅速关闭阀门。

6. 身上起火，不要乱跑，可就地打滚或用厚重衣物压灭火苗。穿过浓烟逃生时，用湿毛巾、手帕等捂住口鼻，尽量使身体贴近地面，弯腰或匍匐前进。

三、灭火器的使用方法

1. 手提式灭火器。这类灭火器包括清水灭火器、空气泡沫灭火器、二氧化碳灭火器、卤代烷灭火器和干粉灭火器。使用这类灭火器灭火时，可手提灭火器的提把或提圈，迅速奔至距燃烧处 5 米左右（清水灭火器 10 米左右），放下灭火器，拔出保险销，一手握住灭火器的开启压把，另一只手握住喷射软管前端的喷嘴处（二氧化碳灭火器应握住手柄）或灭火器底圈，对准火焰根部，用力压下开启压把并紧压不松开，这时灭火剂即喷出，操作者由近而远左右扫射，直至将火焰全部扑灭。清水灭火器的开启有所不同，它是用手掌拍击开启杆顶端，刺破二氧化碳贮气瓶的密封片，灭火器随之开启。

2. 推车式灭火器。推车式灭火器一般需有两个人配合操作，火灾时，快速将灭火器推至距燃烧处 10 米左右。一人迅速展开软管并握紧喷枪对准燃烧物做好喷射准备；另一人开启灭火器，并将手轮开至最大部位。灭火方式也是由近而远，左右扫射，首先对准燃烧最猛烈处，并根据火情调整位置，确保将火焰彻底扑灭，使其不能复燃。

3. 背负式干粉灭火器。使用背负式干粉灭火器时，先撕去铅封，拉保险销，然后背起灭火器，手持喷枪，迅速奔到燃烧现场，在距燃烧处 5 米处即可喷粉。当第一组灭火器筒体内干粉喷完后，快速将喷枪扳机左侧的凸出轴向右推动 8 毫米左右极限位，然后再钩动扳机，第二组灭火器即可喷粉。

4. 注意事项。在操作灭火器时，应注意以下几点：

（1）在携带灭火器奔跑时，酸碱灭火器和化学泡沫灭火器不能横置，要保持其竖直以免提前混合发生化学反应。

（2）有些灭火器在灭火操作时，要保持竖直不能横置，否则驱动气体短路泄漏，不能将灭火剂喷出。这类灭火器有 1211 灭火器、干粉灭火器、二氧化碳灭火器、空气泡沫灭火器、清水灭火器等。

（3）扑救容器内的可燃液体火灾时，要注意不能直接对着液面喷射，以防止可燃液体飞溅，造成火势扩大，增加扑救难度。

（4）扑救室外火灾时，应站在上风方向。

（5）使用清水灭火器、酸碱灭火器和泡沫灭火器时，不能直接灭带电设备火灾，应先断电再灭火，以防止触电。

（6）灭 A 类火时，随着火势减小，操作者可走到近处灭火，此时可不采用密集射流而改用喷洒，将手指放在喷嘴的端部就可实现。若为深位火灾，应将阴燃或炽热燃烧部分彻底浇湿，必要时，将燃烧物踢散或拨开，使水流入其内部。

（7）使用二氧化碳灭火器和 1301 灭火器时，要注意防止对操作者产生冻伤危害，不得直接用手握灭火器的金属部位。

四、火灾应急处理基本要领

1. 营业期间发生火灾，应及时切断电源，向 119 报警，报明单位名称、地点、街道、门牌号、火源部位、燃烧物品种类等。网点负责人要立即将情况向上级管理部门报告。出纳、记账人员要全力保护和转移现金、账册、重要空白凭证等资料，其他人员应及时使用消防器材进行扑救，如有外来人员进入柜台进行扑救的，应安排人员加强现场警戒，防止趁火打劫。火情消除后，立即封锁现场，协助公安、消防、保险和上级主管部门勘察现场，查找原因，检查和整理可能遗漏在现场的物品，清点损失。

2. 营业场所周边发生火灾，应及时向 119 报警。如可能危及营业场所或情况比较紧急的，按营业期间发生火灾情况处理。

3. 办公楼发生火灾，应及时切断电源并报警，利用消防栓和灭火器进行自救，同时做好工作人员的疏散和逃生工作，做好重要资料和设备的转移工作，确保人员安全和减少财产损失。

【活动练习】

1. 搜集并扩充消防知识。
2. 学习火灾自救办法。
3. 说出教学大楼消防设施的位置及基本标识。
4. 在专业人员指导下练习灭火器的使用。
5. 实习期间观察银行营业网点消防设施。

 ［知识链接 8 -1］　灭火器类型的选择

一、灭火器的构造

灭火器是由筒体、器头、喷嘴等部件组成，借助驱动压力将所充装的灭火剂喷出，达到灭火的目的。灭火器由于结构简单，操作方便，轻便灵活，使用面广，是扑灭初期火灾的重要消防器材。

二、分类

1. 灭火器按充装的灭火剂可分为五类。

（1）干粉类的灭火器（见图 8 -1）。充装的灭火剂主要有两种，即碳酸氢钠和磷酸铵盐灭火剂。

图 8 -1　干粉类灭火器

（2）二氧化碳灭火器（见图8－2）。

图8－2　二氧化碳灭火器

（3）泡沫型灭火器。

（4）水型灭火器。

（5）卤代烷型灭火器（俗称"1211"灭火器和"1301"灭火器）。

2. 灭火器按驱动灭火器的压力形式可分为三类。

（1）贮气式灭火器。灭火剂由灭火器上的贮气瓶释放的压缩气体的或液化气体的压力驱动的灭火器。

（2）贮气式灭火器。灭火剂由灭火器同一容器内的压缩气体或灭火蒸气的压力驱动的灭火器。

（3）化学反应式灭火器。灭火剂由灭火器内化学反应产生的气体压力驱动的灭火器。

三、不同类型的火灾灭火器的选择

1. 扑救 A 类火灾即固体燃烧的火灾应选用水型、泡沫、磷酸铵盐干粉、卤代烷型灭火器。

2. 扑救 B 类即液体火灾和可熔化的固体物质火灾应选用干粉、泡沫、卤代烷、二氧化碳型灭火器。

3. 扑救 C 类火灾即气体燃烧的火灾应选用干粉、卤代烷、二氧化碳型灭火器。

4. 扑救带电火灾应选用卤代烷、二氧化碳、干粉型灭火器、磷酸铵盐干粉、卤代烷型灭火器。

5. 对 D 类火灾即金属燃烧的火灾，就我国目前情况来说，还没有定型的灭火器产品。目前国外灭 D 类的灭火器主要有粉装石墨灭火器和灭金属火灾专用干粉灭火器。在国内尚未定型生产灭火器和灭火剂珠情况下可采用干砂或铸铁沫灭火。

项目活动4　**其他突发事件应急处理**

【活动目标】

了解客户投诉事件处理预案、群体性突发事件处置预案、媒体采访处理预案和自然灾害事件处理预案的相关内容与处理要领，能在实际工作中进行基本的应急处理。

基本知识

一、客户投诉事件处理预案

1. 一般投诉。当营业网点发生服务纠纷，客户出现不满情绪时，柜员应立即向客户道歉，进行安抚。客户仍不满意，或提出其他要求的，柜员应立即将客户转交给大堂经理或当班负责人，将客户带至理财室或其他安静场所，平静客户情绪，耐心解释，并协助客户业务的办理。如无效，则请客户留下联系方式，即刻向有关负责人报告，并复制保留监控录像备查。

银行接到网点报告或客户服务中心转来的电话投诉后，应立即委派专人到现场调查处理，并将事件调查经过和处理结果形成文字材料存档备案。同时与客户联系，进一步作出解释和安抚，直至客户无异议。

2. 升级诉求及二次投诉。如客户对银行的投诉处理结果有异议，应在有效控制事态的同时，立即向上级行客户服务主管部门报告，并留存相关资料。上级行客户服务主管部门应迅速安排专人进行调查处理，并将事件调查经过和处理结果形成文字材料存档备案。同时与客户联系，进一步作出解释和安抚，直至客户无异议。

3. 重大投诉。如客户对投诉处理结果仍有异议或无法控制事态发展，客户服务主管部门应尽量稳定客户情绪，避免其向社会媒体或政府机关投诉，并迅速向总行联系人报告。总行各相关部门应协同研究解决措施，尽快解决客户反映的问题。

二、群体性突发事件处置预案

群体性突发事件是指聚众恶意挤兑、聚众围堵营业场所等扰乱社会秩序，危害公共安全的行为事件。应急处理原则包括以下几点：

1. 网点负责人应立即向上级行报告情况，并根据实际情况及时向地方政府、公安机关及银行监管部门报告情况。发生重大群体性事件，一级分行应在24小时内向总行报告。重大紧急情况可以先电话报告，随后再补送书面报告。

2. 群体性事件发生后，要指定专人担任处置工作的负责人，统一指挥、协调处置工作。特殊情况下，也可由上级行指定负责人。发生重大群体性事件，上级行委派人迅速赶赴事件现场，组织开展各项处置工作。相关部门、人员要服从统一指挥，及时到达指定位置开展工作。

3. 经上级行主管部门同意，网点负责人应立即组织员工采取保护或疏散现金、业务档案、重要凭证、设备及其他必要的防范措施，做好现场录像和资料的保管工作，确保设备、设施的正常运行。

4. 在处置群体性事件的过程中，网点员工要加强自身安全防范，坚持对外营业；确实无法正常营业的，必须报请当地银行监管部门同意，并上报至总行备案。上级主管部门要密切关注事态发展，加强监督、管理和指导工作。

5. 事件处置完毕后，网点负责人应及时组织人员清理现场，发现有价单证、重要空白凭证、印章、密押器等重要物品丢失要立即上报；发生营业设备损毁、丢失等问题要立即上报，申请维修和补充，确保正常营业的基本条件。

三、媒体采访处理预案

1. 基本规定。

（1）营业网点不得擅自接受媒体采访，要将相关情况上报银行相关部门，经过请示相关管理部门后决定是否接受采访。上级部门同意和确定采访内容后，营业网点才能接受采访。

（2）对媒体突击式或未取得上级同意的采访，应婉言拒绝和制止，但应特别注意保持态度平和，言谈举止自然从容，不能与记者产生语言和肢体上的冲突。必要时，在上报上级行相关部门同意后，引导记者到上级行采访。

（3）被媒体直接点名曝光的恶性事件，银行客户服务主管部门应在第一时间与当事人协调处理，同时向总行报告情况。

2. 网点人员接受新闻媒体采访的具体要求。

（1）不应涉及尚未公布的盈利资料、预测性资料、未落实的投资项目。

（2）事前应做好充分准备。了解记者的兴趣点、报道角度、采访及写作风格、对银行的态度，以及采访媒体的读者群、背景等。请记者事先提供采访提纲，并据以准备资料、草拟答复内容和口径。

（3）掌控宣传导向。根据银行的宣传重点或媒体提出的采访提纲，挑选 3 至 4 个问题，可利用图表、事实来支持和引导宣传方向，丰富采访资料。

3. 接受采访时应掌握的技巧。

（1）不要仅仅回答问题，应利用每个发言机会表达主要信息和观点，回答应简明扼要。

（2）首先表述发言重点，特别是在接受电视、广播媒体采访的时候。在问题和回答之间"搭桥"，主动带出重点。

（3）注意应付可能面对的尖锐问题和采访陷阱。事先准备好应对答案。回应时尽可能将尖锐问题与主要信息联系，不要重复负面表述。防备采访陷阱，如记者以不同方式打乱自己的应答思路等，避免偏离自己的发言重点。不要在不友好的记者面前失态。切记所有发言均有可能被记录。

（4）对不知如何回答的问题，不要猜测或主观判断，可答复"我稍后再回答你的问题"或"我会请有关方面的人士与你联络"等。

（5）避免生涩的行业专用词。若有需要，可将专用词作简单解释。

（6）运用能够强化发言效果与感染力的说话方式和手势。

4. 突发事件新闻媒体应对处理规范。

（1）采取合作态度，仔细倾听媒体查询。

（2）登记查询的内容或题目、查询者的身份和联络方式。

（3）不作任何评论或解释，可回答："非常感谢你的查询，我们会尽快给你回复。""我不是回答这个问题的最合适人选，我会尽快让其他人与你取得联系。""很抱歉，我手头上没有最新的资料，我们会尽快给你回复。"

（4）应立即向有关机构和部门报告。

四、自然灾害事件处理预案

如当地发布自然灾害的紧急通告，网点负责人应立即安排人员对网点环境及各项防备设施进行检查，对于检查发现的隐患要立即修复，同时向上级行报告相关情况。

如存在自然灾害无法抗拒的可能，经上级行主管部门同意，网点负责人应立即组织员工将档案、凭证等转移至临时保管区，并确保安全措施到位。主管部门应密切关注自然灾害的动态和网点的实际情况，并告知相关部门，随时准备采取应急措施。

【活动练习】

1. 搜集近几年银行各类突发事件并分析其类型和处置方式。
2. 思考银行各类突发事件应对的基本策略。

【小测试】

1. 请说出银行网点安全保卫工作的主要内容。
2. 请说出银行网点安全管理制度内容及其重要性。
3. 请说出银行网点安全保卫工作守则内容及其重要性。
4. 请说出银行网点服务应急预案的核心内容。
5. 请说出银行网点自卫武器使用管理制度主要内容。
6. 请说出银行网点各类突发事件的应急处理原则。

项目九　金融综合技能业务训练

学习目标：

　　熟悉电脑传票的操作技巧、五笔字型汉字录入法的操作要领，掌握储蓄、银行卡、支付结算等银行柜面业务操作的基本规程、操作要求与处理手续。

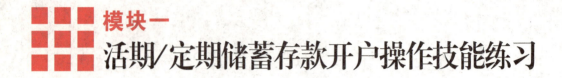

模块一
活期/定期储蓄存款开户操作技能练习

能力目标

掌握小键盘数字录入技巧，熟练地运用五笔字型录入法进行汉字录入，运用正确的方法对业务传票进行准确、快速的翻动，了解活期/定期储蓄存款开户业务的操作背景和操作特点，掌握金融综合技能练习与考核系统的登录方式、操作要领、练习方法与考核标准，能正确识别开户业务凭证内容，准确将相关文字内容、数据内容录入系统。

工作任务 活期/定期储蓄存款开户业务凭证内容的录入

项目活动 活期/定期储蓄存款开户业务凭证内容的录入

【活动目标】

熟悉活期/定期储蓄存款开户业务的处理规程，掌握金融综合技能操作练习与考核系统的操作方法与基本要领，能根据活期/定期储蓄存款开户业务的处理规程，准确录入相关业务凭证内容。

【操作流程】

活期/定期储蓄存款开户业务操作流程见图9-1。

开机登录 → 套类选择 → 凭证内容录入 → 核对提交 → 成绩判定

图9-1 活期/定期储蓄存款开户业务操作流程

【操作步骤】

1. 开机登录。开机—请访问地址"http：//xly.zfc.edu.cn/"进入"金融专业国家教学资源库——专业技能训练营"登录界面（见图9-2）—用户名：test—密码：无须输

图9-2 登录系统界面

入一验证码：根据提示录入—登录，进入专业技能训练营练习操作主页面（见图9-3）。

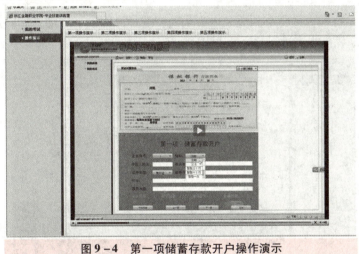

图9-3　专业技能训练营操作主页

2. 选择操作演示学习具体操作要领。初次学习的同学可以选择操作演示，共有五项操作演示内容，请选择"第一项储蓄存款开户"操作演示，进行储蓄存款开户业务相应内容操作规则的学习（见图9-4）。

图9-4　第一项储蓄存款开户操作演示

3. 选择第一项练习，进入练习界面。学习之后选择"我的考试"功能，选择第一项储蓄存款开户练习，点击进入（见图9-5），出现"第一项储蓄存款开户"操作练习界面（见图9-6）。

图9-5　选择进入第一项练习

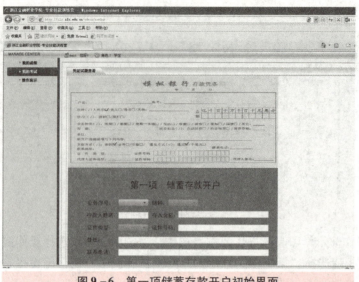

图9-6　第一项储蓄存款开户初始界面

4. 选择开始练习，进行存款凭条内容录入。选择界面最下方的开始答题，根据系统随机出现的存款凭条内容进行输入（见图9-7）。

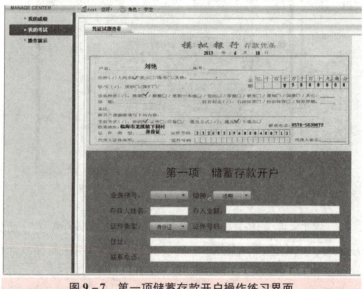

图9-7　第一项储蓄存款开户操作练习界面

5. 业务凭证内容录入。一套练习题目共计20道，相应存款凭条20张，存款凭条随机出现，活期、定期混合在一起，业务内容录入时注意区分，金额部分只要输入小写，系统会自动转换为大写金额，无角分的只要输入到元为止（见图9-8）。一张存款凭条内容输完后点击下一题，进入下一张存款凭条内容的输入。

6. 核对提交、成绩判定。业务录入完毕，选择结束，系统会显示用时、成绩等内容，界面下方会显示题目总数、正确题数和错误题数、错误题号等内容（见图9-9），可以点击确定后，根据错误题号选择出现错误的题目序号，检查核对错误的内容（见图9-10）。

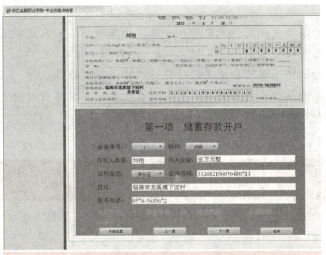

图9-8　根据储蓄存款凭条进行内容录入操作界面

图9-9　系统自动判定成绩

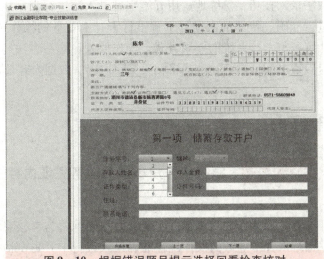

图9-10　根据错误题号提示选择回看检查核对

注意事项：

1. 输入内容必须与存款凭条完全保持一致，小写金额要输入小数点及角分数字。

2. 上下项目之间转换可以用回车键。

3. 储种、身份证件等有下拉菜单的项目可以用上下键选择。

4. 第一张存款凭条项目内容全部输入完毕后，按回车键可自动进入第二题，序号自动产生，不用选择。

表 9 – 1 　　　　　　　　　储蓄存款开户考核成绩参考标准

正确题目	优		良		中		及	
	时间	准确率	时间	准确率	时间	准确率	时间	准确率
20 题	750 秒	100%	900 秒	100%	1,100 秒	100%	1,500 秒	100%

【活动练习】

要求以模拟银行柜员的身份，根据金融专业技能训练营操作系统的操作要求，进行 20 笔一组的活期储蓄、定期储蓄开户资料录入业务操作。

模块二
银行卡开卡业务操作技能练习

能力目标

掌握小键盘数字录入技巧，熟练地运用五笔字型录入法进行汉字录入，运用正确的方法对业务传票进行准确、快速的翻动，了解银行卡开卡业务的操作背景和操作特点，掌握金融综合技能练习与考核系统的登录方式、操作要领、练习方法与考核标准，能正确识别银行卡开卡申请书凭证内容，准确将相关文字内容、数据内容录入系统。

工作任务　银行卡开户申请书业务凭证内容的录入

项目活动　银行卡开户申请书业务凭证内容的录入

【活动目标】

熟悉银行卡开卡业务的操作规程，掌握金融综合技能练习与考核系统的操作方法与基本要领，能根据银行卡开卡业务的操作规程准确录入银行卡开户申请书相关业务凭证的内容。

【操作流程】

银行卡开户申请书业务凭证内容的录入操作流程与活期/定期储蓄存款开户业务凭证内容的录入操作流程基本相同。

【操作步骤】

1. 开机登录。开机—请访问地址"http：//xly. zfc. edu. cn/"进入"金融专业国家教学资源库——专业技能训练营"登录界面（见图 9 - 2）—用户名：test—密码：无须输入—验证码：根据提示录入—登录，进入专业技能训练营练习操作主页面（见图 9 - 3）。

2. 选择操作演示学习具体操作要领。初次学习的同学可以选择操作演示，共有五项操作演示内容，请选择"第二项银行卡开卡"，进行银行卡开卡业务相应内容操作规则的学习（见图 9 - 11）。

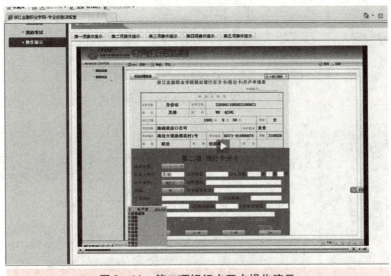

图 9 - 11 第二项银行卡开卡操作演示

3. 选择第二项练习，进入练习界面。学习之后选择"我的考试"功能，选择第二项练习，点击进入（见图 9 - 12），出现"第二项银行卡开卡"操作练习界面（见图 9 - 13）。

图 9 - 12 选择进入第二项练习

4. 选择开始练习，进行银行卡开户申请书内容录入。选择界面最下方的开始答题，根据系统随机出现的银行卡开户申请书内容进行输入（见图 9 - 14）。

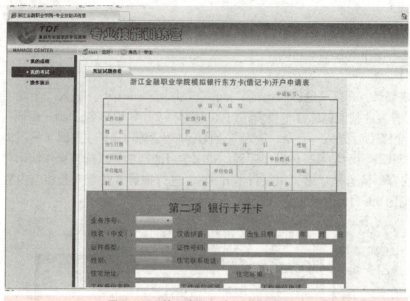

图 9-13   第二项银行卡开卡初始界面

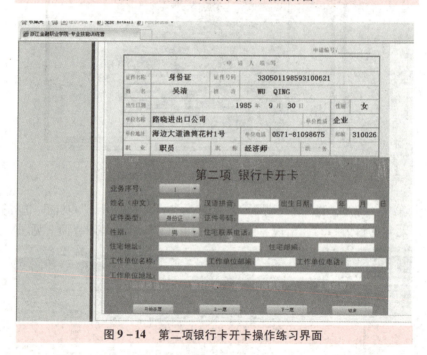

图 9-14   第二项银行卡开卡操作练习界面

5. 业务凭证内容录入。一套练习题目共计 20 道，相应银行卡开户申请书 20 张，银行卡开户申请书随机出现，一张银行卡开户申请书内容输完后点击下一题，进入下一张银行卡开户申请书内容的输入。拼音要使用大写输入，出生年月、电话号码、邮编等各项内容的输入必须与申请书的内容相一致（见图 9-15）。

6. 核对提交、成绩判定。业务录入完毕，选择结束，系统会显示用时、成绩等内容，界面下方会显示题目总数、正确题数和错误题数、错误题号等内容（见图 9-16），可以点击确定后，根据错误题号选择出现错误的题目序号，检查核对错误的内容（见图 9-17）。

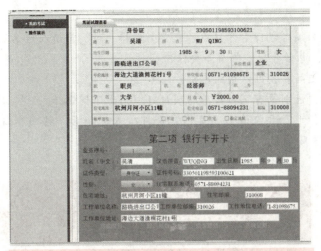

图9-15 根据银行卡开卡申请书进行内容录入操作界面

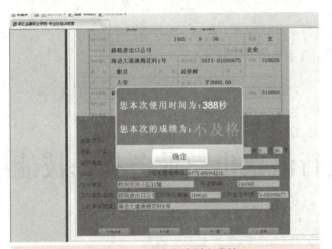

图9-16 系统自动判定成绩

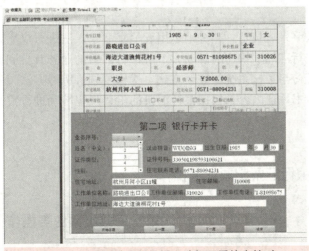

图9-17 根据错误题号提示选择回看检查核对

注意事项：

1. 输入内容必须与银行卡开户申请表完全保持一致，申请人姓名汉语拼音要注意大写，出生年月日、电话号码、邮编等要保持一致。

2. 上下项目之间转换可以用回车键。

3. 证件类型、性别等有下拉菜单的项目可以用上下键选择。

4. 第一题银行卡开卡申请书项目内容全部输入完毕后，按回车键可自动进入第二题，不用再选择题目序号。

表 9 - 2　　　　　　　　　　银行卡开卡考核成绩参考标准

正确题目	优		良		中		及	
	时间	准确率	时间	准确率	时间	准确率	时间	准确率
20 题	1,600 秒	100%	2,000 秒	100%	2,400 秒	100%	3,200 秒	100%

【活动练习】

要求以模拟银行柜员的身份，根据金融专业技能训练营操作系统的操作要求，进行20 笔一组的银行卡开卡申请书资料录入业务操作。

模块三
银行汇票出票业务操作技能练习

能力目标

掌握小键盘数字录入技巧，熟练地运用五笔字型录入法进行汉字录入，运用正确的方法对业务传票进行准确、快速的翻动，了解银行汇票的业务背景和操作处理特点，掌握金融综合技能练习与考核系统的登录方式、操作要领、练习方法与考核标准，能正确识别银行汇票申请书凭证内容，根据银行汇票的出票规定准确进行银行汇票出票业务的计算机操作。

工作任务　银行汇票出票业务操作

项目活动　**银行汇票出票业务操作**

【活动目标】

熟悉银行汇票业务的操作规程，掌握金融综合技能操作练习与考核系统的操作方法与基本要领，能根据银行汇票的出票规定准确进行银行汇票出票业务的计算机操作处理。

【操作流程】

银行汇票出票业务操作流程与活期/定期储蓄存款开户业务凭证内容的录入操作流程基本相同。

【操作步骤】

1. 开机登录。开机—请访问地址"http：//xly. zfc. edu. cn/"进入"金融专业国家教学资源库——专业技能训练营"登录界面（见图9–2）—用户名：test—密码：无须输入—验证码：根据提示录入—登录，进入专业技能训练营练习操作主页面（见图9–3）。

2. 选择操作演示学习具体操作要领。初次学习的同学可以选择操作演示，共有五项操作演示内容，请选择"第三项银行汇票/本票出票"，进行银行汇票与银行本票出票业务相应内容操作规则的学习（见图9–18）。

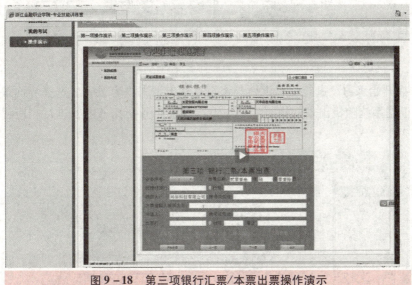

图9–18 第三项银行汇票/本票出票操作演示

3. 选择第三项练习，进入练习界面。学习之后选择我的考试功能，选择第三项练习，点击进入（见图9–19），出现"第三项银行汇票/本票出票"操作练习界面（见图9–20）。

图9–19 选择进入第三项练习

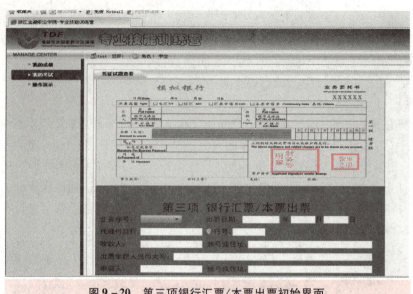

图 9 – 20　第三项银行汇票/本票出票初始界面

4. 选择开始练习，进行银行汇票与银行本票申请书内容录入。选择界面最下方的开始答题，根据系统随机出现的银行汇票与银行本票业务委托书内容进行相应界面的输入（见图 9 – 21）。

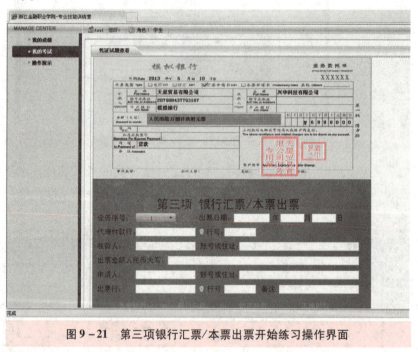

图 9 – 21　第三项银行汇票/本票出票开始练习操作界面

5. 业务凭证内容录入。一套练习题目共计 20 道，相应的有 20 张银行汇票或银行本票业务委托书，银行汇票或银行本票申请书内容随机出现，一张银行汇票或银行本票业务委托书内容输完后点击下一题，进入下一张银行汇票或银行本票申请书内容的输入。

在进行银行汇票或银行本票出票内容输入时，出票日期、出票金额只需要输入小写数字即可，系统会自动转换为大写日期和大写金额（见图 9 – 22），个人现金银行汇票需要填写代理付款行，点击行号左边的小黄点，会出现行号选择一览表（见图 9 – 23），选择具体的行名后直接点击，对应的行名、行号会出现在出票录入界面，出票行行号、行名的输入方法相同，个人现金银行汇票需要在出票金额栏先输入"现金"字样，再输入金额数字（见图 9 – 24）。

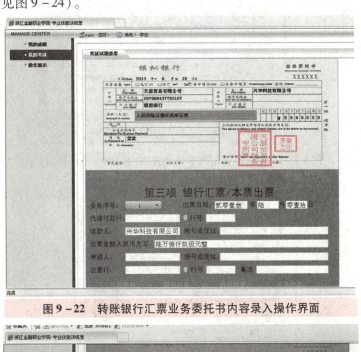

图 9 – 22　转账银行汇票业务委托书内容录入操作界面

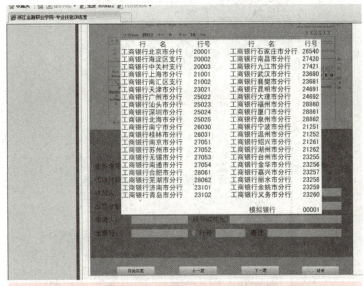

图 9 – 23　现金银行汇票查询代理付款行行号操作界面

　　6. 核对提交、成绩判定。业务录入完毕，选择结束，系统会显示用时、成绩等内容，界面下方会显示题目总数、正确题数和错误题数、错误题号等内容（见图 9 – 25），可以点击确定后，根据错误题号选择出现错误的题目序号，检查核对错误的内容（见图 9 – 26）。

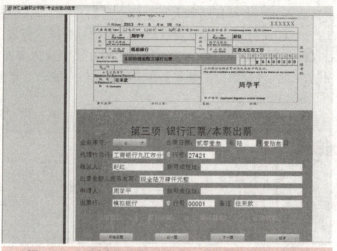

图 9-24　现金银行汇票业务委托书内容输入操作界面

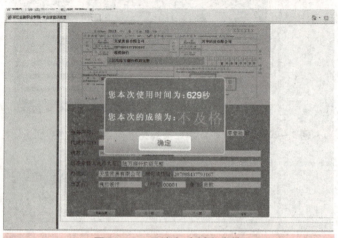

图 9-25　系统自动判定成绩

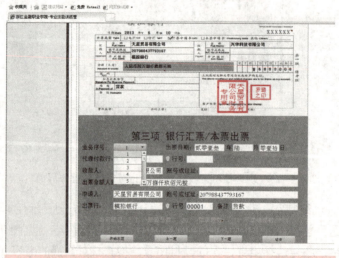

图 9-26　根据错误题号提示选择回看检查核对

注意事项：

1. 输入内容必须与银行汇票、银行本票业务委托书内容保持一致，注意转账银行汇票与现金银行汇票的输入区别。

2. 上下项目之间转换可以用回车键。

3. 行号有备注清单可以点击左边的黄点进行查看选择。

4. 第一题业务委托书内容全部输入完毕后，按回车键可自动进入第二题，不用再选择题目序号。

表 9 – 3　　　　　　　　银行汇票/银行本票出票业务考核成绩参考标准

正确题目	优		良		中		及	
	时间	准确率	时间	准确率	时间	准确率	时间	准确率
20 题	800 秒	100%	1,000 秒	100%	1,300 秒	100%	1,700 秒	100%

【活动练习】

要求以模拟银行柜员的身份，根据金融专业技能训练操作系统的操作要求，进行 20 笔一组的转账银行汇票、现金银行汇票、银行本票的计算机出票业务的操作。

模块四
联行电子报单信息录入操作技能练习

能力目标

掌握小键盘数字录入技巧，熟练地运用五笔字型录入法进行汉字录入，运用正确的方法对业务传票进行准确、快速的翻动，了解汇兑、银行汇票、托收等业务的操作规程与资金清算特点，掌握金融综合技能练习与考核系统的登录方式、操作要领、练习方法与考核标准，能正确识别汇兑、银行汇票、托收等业务凭证内容，根据联行电子报单信息录入的规定与操作要求，准确进行联行电子报单信息录入的计算机操作处理。

工作任务　联行电子报单信息录入操作

项目活动　联行电子报单信息录入操作

【活动目标】

熟悉汇兑、银行汇票、托收等业务的操作规程，掌握金融综合技能练习与考核系统的操作方法与基本要领，能根据联行电子报单信息录入的规定与操作要求，准确进行联行电子报单信息录入的计算机操作处理。

【操作流程】

联行电子报单信息录入业务操作流程与活期/定期储蓄存款开户业务凭证内容的录入操作流程基本相同。

【操作步骤】

1. 开机登录。开机—请访问地址"http：//xly. zfc. edu. cn/"进入"金融专业国家教学资源库——专业技能训练营"登录界面（见图9-2）—用户名：test—密码：无须输入—验证码：根据提示录入—登录，进入专业技能训练营练习操作主页面（见图9-3）。

2. 选择操作演示学习具体操作要领。初次学习的同学可以选择操作演示，共有五项操作演示内容，请选择"第四项联行业务录入"，进行联行业务录入业务相应内容操作规则的学习（见图9-27）。

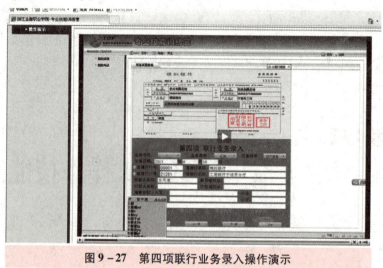

图9-27　第四项联行业务录入操作演示

3. 选择第四项练习，进入练习界面。学习之后选择我的考试功能，选择第四项练习，点击进入（见图9-28），出现第四项联行业务录入操作练习界面（见图9-29）。

图9-28　选择进入第四项练习

4. 选择开始练习，进行联行业务录入。选择界面最下方的开始答题，根据系统随机出现的电子汇兑业务（见图9-30）、银行汇票解讫业务（见图9-31）、委托收款划款业务（见图9-32）等内容进行相应界面的输入。

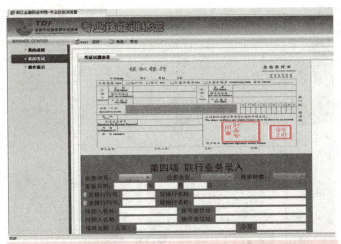

图9-29 第四项联行业务录入初始界面

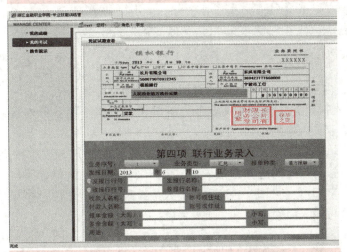

图9-30 第四项联行业务录入（汇兑业务）开始练习操作界面

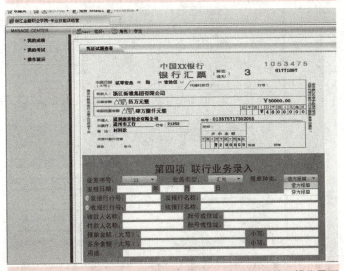

图9-31 第四项联行业务录入（银行汇票业务）开始练习操作界面

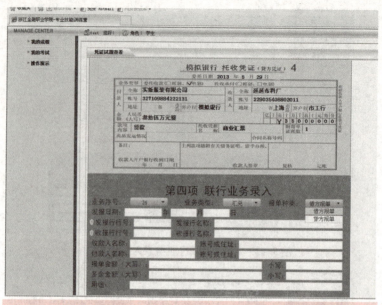

图 9－32　第四项联行业务录入（委托收款业务）开始练习操作界面

　　5. 业务凭证内容录入。一套练习题目共计 30 道，其中汇兑业务 14 道，银行汇票业务 10 道，委托收款业务 6 道。各类业务内容随机出现，一笔业务内容输完后点击下一题，进入下一笔业务内容的输入。

　　汇兑业务在输入时，需要选择对应的业务类型（汇兑）和报单种类（贷方报单），发报行行号、收报行行号的选择方法同前（点击小黄点），报单金额与多余金额只需要输入小写金额数字即可（见图 9－33），个人汇兑业务除上述注意事项外，用途栏需要先输入现金字样再输入用途内容（见图 9－34）。

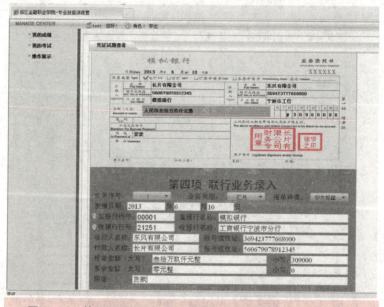

图 9－33　第四项联行业务录入（转账汇兑业务）输入操作界面

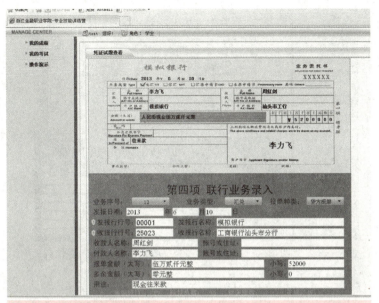

图 9 – 34　第四项联行业务录入（个人现金汇兑业务）输入操作界面

　　银行汇票业务在输入时，需要选择对应的业务类型（汇票）和报单种类（借方报单），多余金额栏要按照每笔业务的具体金额进行输入，其他内容输入要求与汇兑业务相同（见图 9 – 35 ）。

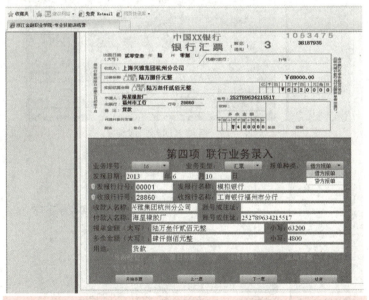

图 9 – 35　第四项联行业务录入（银行汇票业务）输入操作界面

　　委托收款业务在输入时，需要选择对应的业务类型（委托收款）和报单种类（贷方报单），其他内容输入要求与汇兑业务相同（见图 9 – 36 ）。

　　6. 核对提交、成绩判定。业务录入完毕，选择结束，系统会显示用时、成绩等内容，界面下方会显示题目总数、正确题数和错误题数、错误题号等内容（见图 9 – 37 ），可以点击确定后，根据错误题号选择出现错误的题目序号，检查核对错误的内容（见图 9 – 38 ）。

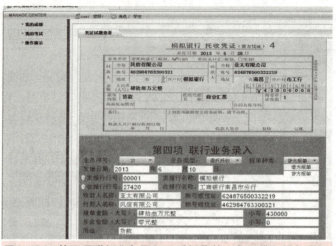

图 9-36　第四项联行业务录入（委托收款业务）输入操作界面

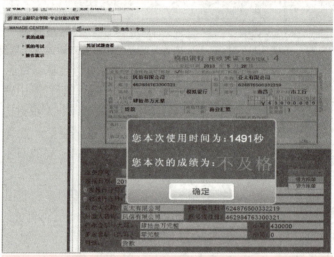

图 9-37　系统自动判定成绩

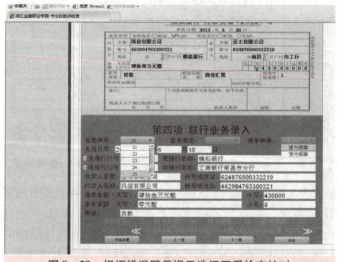

图 9-38　根据错误题号提示选择回看检查核对

注意事项：

1. 内容输入时必须依据汇兑、银行汇票、托收等业务凭证，按照联行电子报单填制要求进行，注意借方报单与贷方报单的区别，注意银行汇票有多余金额时的输入要求。

2. 上下项目之间转换可以用回车键。

3. 业务类型、报单种类等有下拉菜单的项目可以用上下键选择。

4. 第一题业务凭证内容全部输入完毕后，按回车键可自动进入第二题，不用再选择题目序号。

表 9－4　　　　　　　　　联行业务录入考核成绩参考标准

正确题目	优		良		中		及	
	时间	准确率	时间	准确率	时间	准确率	时间	准确率
30 题	1,400 秒	100%	1,700 秒	100%	2,000 秒	100%	2,500 秒	100%

【活动练习】

要求以模拟银行柜员的身份，根据金融专业技能练习与考核操作系统的操作要求，进行 30 笔一组的联行电子报单信息录入的计算机操作处理。

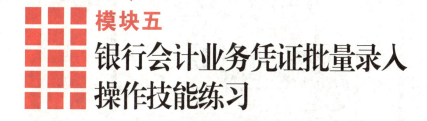

模块五
银行会计业务凭证批量录入操作技能练习

能力目标

掌握小键盘数字录入技巧，运用正确的方法对业务传票进行准确、快速的翻动，能正确识别现金缴款、支票转账、汇兑、托收、汇票、贷款、还款、贴现等业务凭证内容，了解会计凭证批量录入业务的操作背景和操作特点，掌握金融综合技能练习与考核系统的登录方式、操作要领、练习方法与考核标准，能根据银行业务凭证账务记载的具体要求，准确进行银行会计业务凭证批量记账处理。

工作任务　银行会计业务凭证批量录入操作

项目活动　银行会计业务凭证批量录入操作

【活动目标】

熟悉现金存取、转账、汇兑、银行汇票、托收、贴现、贷款等业务的操作规程，掌握金融综合技能操作练习与考核系统的操作方法与基本要领，能根据银行业务凭证账务记载的具体要求，准确进行银行会计业务凭证批量记账处理。

【操作流程】

银行会计业务凭证批量录入业务操作流程与活期/定期储蓄存款开户业务凭证内容的录入操作流程基本相同。

【操作步骤】

1. 开机登录。开机—请访问地址"http：//xly.zfc.edu.cn/"进入"金融专业国家教学资源库——专业技能训练营"登录界面（见图9-2）—用户名：test—密码：无须输入—验证码：根据提示录入—登录，进入专业技能训练营练习操作主页面（见图9-3）。

2. 选择操作演示学习具体操作要领。初次学习的同学可以选择操作演示，共有五项操作演示内容，请选择第五项银行柜面综合业务批量录入，进行银行柜面综合业务批量记账处理的相应内容操作规则学习（见图9-39）。

图9-39　第五项银行柜面综合业务批量录入操作演示

3. 选择第五项练习，进入练习界面。学习之后选择我的考试功能，选择第五项练习，点击进入（见图9-40），出现"第五项银行柜面综合业务批量录入"操作练习界面（见图9-41）。

图9-40　选择进入第五项练习

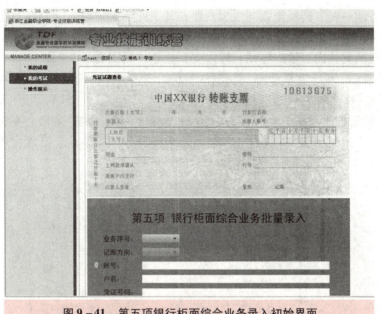

图 9 – 41　第五项银行柜面综合业务录入初始界面

4. 选择开始练习，进行银行柜面综合业务批量录入业务录入。选择界面最下方的开始答题，根据系统随机出现的转账支票业务、进账单业务、现金支票业务、现金缴款单业务、借款凭证业务、还贷凭证业务、汇兑来账业务、贴现业务、委托收款付款业务、委托收款收款业务、银行汇票申请业务、汇兑汇出业务等内容进行相应界面的输入（见图 9 – 42）。

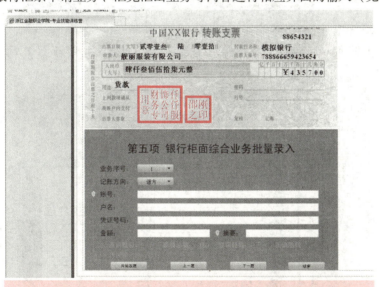

图 9 – 42　第五项银行柜面综合业务批量录入开始练习操作界面

5. 业务凭证内容录入。一套练习题目共计 100 道，相应的业务凭证为 100 张。各类业务内容随机出现，一笔业务内容输完后点击下一题，进入下一笔业务内容的输入。

各类业务在输入时，需要选择对应的记账方向（借方或者贷方），账号输入完成后会自动回显以此账号对应的户名，贴现业务涉及公共账号时点击账号前方的小黄点进行选择，凭证号码只输入转账支票与现金支票，其余业务无须输入，金额只需要输入小写金额数字即可，摘要内容需要点击前方的小黄点进行对应业务摘要的选择。

各类业务的具体内容输入界面：转账支票业务（见图9-43、图9-44）、进账单业务（见图9-45）、现金支票业务（见图9-46）、现金缴款单业务（见图9-47）、借款业务（见图9-48、图9-49）、还贷业务（见图9-50、图9-51）、汇兑来账业务（见图9-52）、贴现业务（见图9-53、图9-54、图9-55、图9-56）、委托收款付款业务（见图9-57）、委托收款收款业务（见图9-58）、银行汇票申请业务（见图9-59）、汇兑汇出业务（见图9-60）。

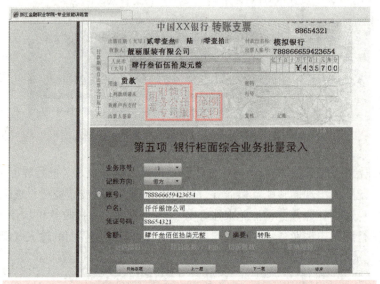

图9-43　第五项银行柜面综合业务批量录入（转账支票业务）操作界面

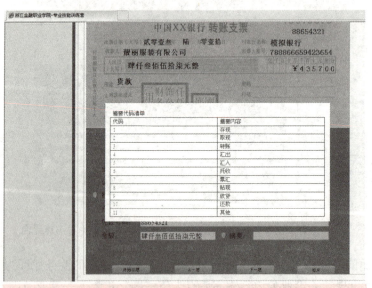

图9-44　第五项银行柜面综合业务批量录入（摘要选择）操作界面

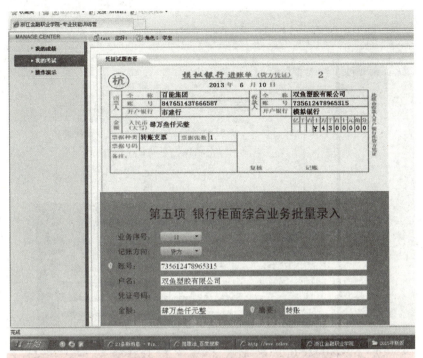

图9-45　第五项银行柜面综合业务批量录入（进账单业务）操作界面

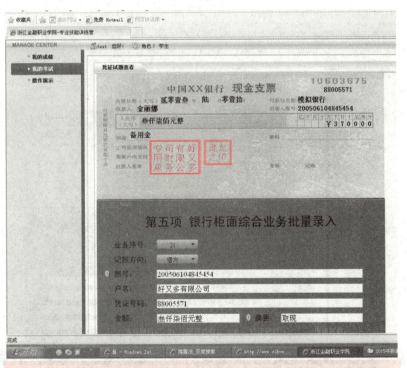

图9-46　第五项银行柜面综合业务批量录入（现金支票业务）操作界面

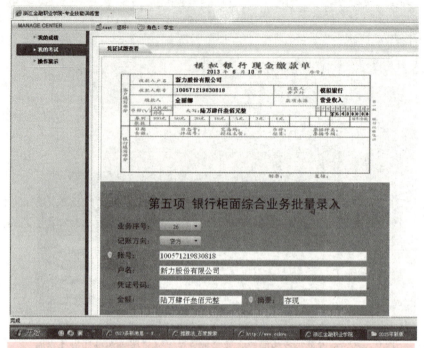

图9-47 第五项银行柜面综合业务批量录入（现金缴款单业务）操作界面

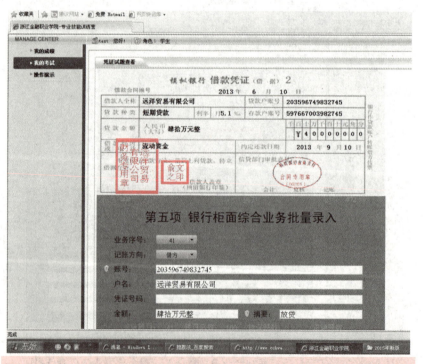

图9-48 第五项银行柜面综合业务批量录入（借款业务借方记账凭证）操作界面

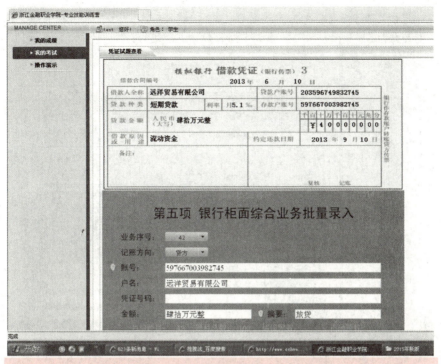

图 9－49 第五项银行柜面综合业务批量录入（借款业务贷方记账凭证）操作界面

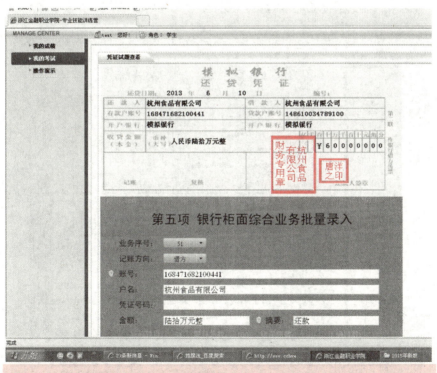

图 9－50 第五项银行柜面综合业务批量录入（还贷业务借方记账凭证）操作界面

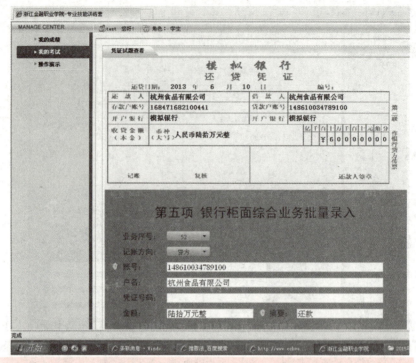

图 9-51 第五项银行柜面综合业务批量录入（还贷业务贷方记账凭证）操作界面

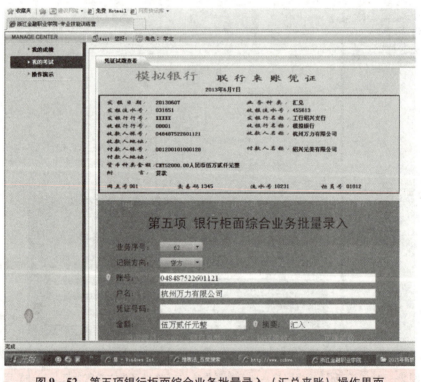

图 9-52 第五项银行柜面综合业务批量录入（汇兑来账）操作界面

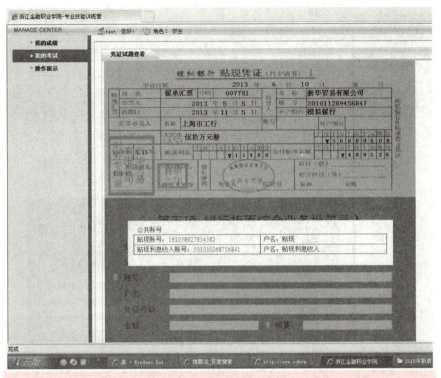

图9-53 第五项银行柜面综合业务批量录入（贴现业务公共账号选择）操作界面

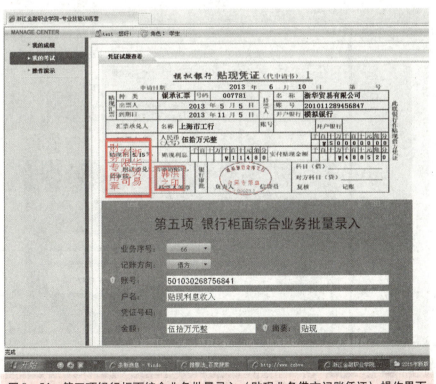

图9-54 第五项银行柜面综合业务批量录入（贴现业务借方记账凭证）操作界面

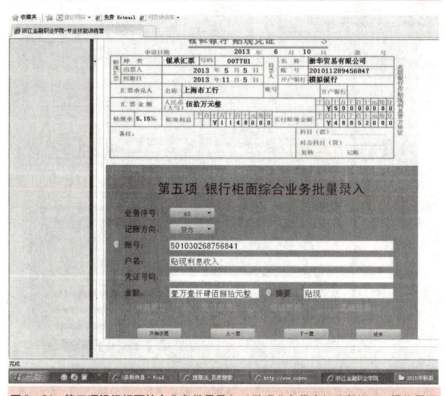

图 9-55 第五项银行柜面综合业务批量录入（贴现业务贷方记账凭证 1）操作界面

图 9-56 第五项银行柜面综合业务批量录入（贴现业务贷方记账凭证 2）操作界面

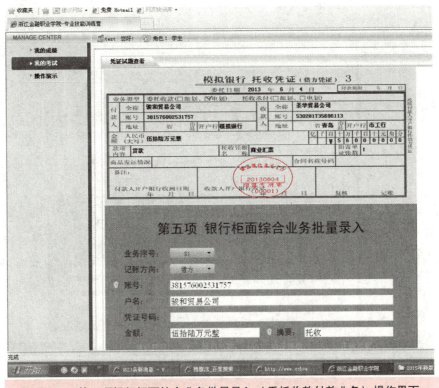

图9-57　第五项银行柜面综合业务批量录入（委托收款付款业务）操作界面

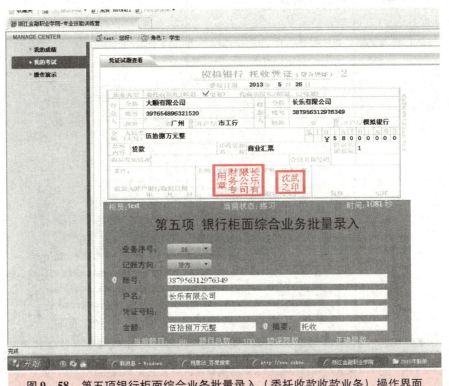

图9-58　第五项银行柜面综合业务批量录入（委托收款收款业务）操作界面

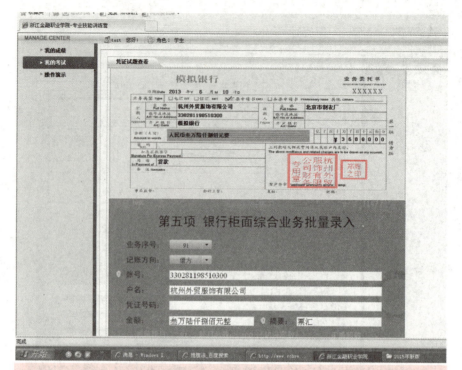

图 9−59 第五项银行柜面综合业务批量录入（银行汇票申请业务）操作界面

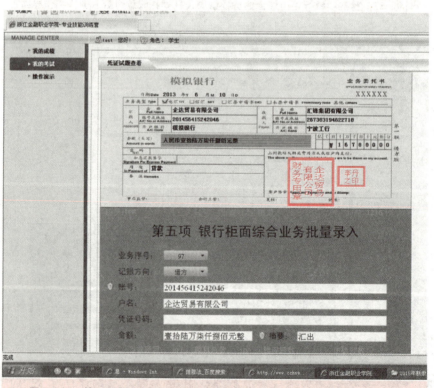

图 9−60 第五项银行柜面综合业务批量录入（汇兑汇出业务）操作界面

6. 核对提交、成绩判定。业务录入完毕，选择结束，系统会显示用时、成绩等内容，界面下方会显示题目总数、正确题数和错误题数、错误题号等内容（见图9-61），可以点击确定后，根据错误题号选择出现错误的题目序号，检查核对错误的内容（见图9-62）。

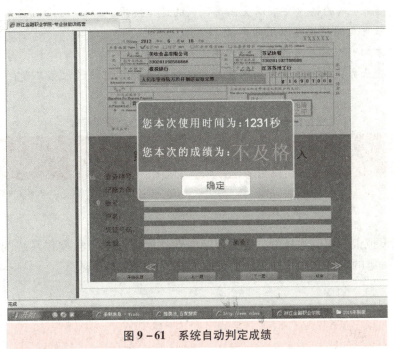

图9-61　系统自动判定成绩

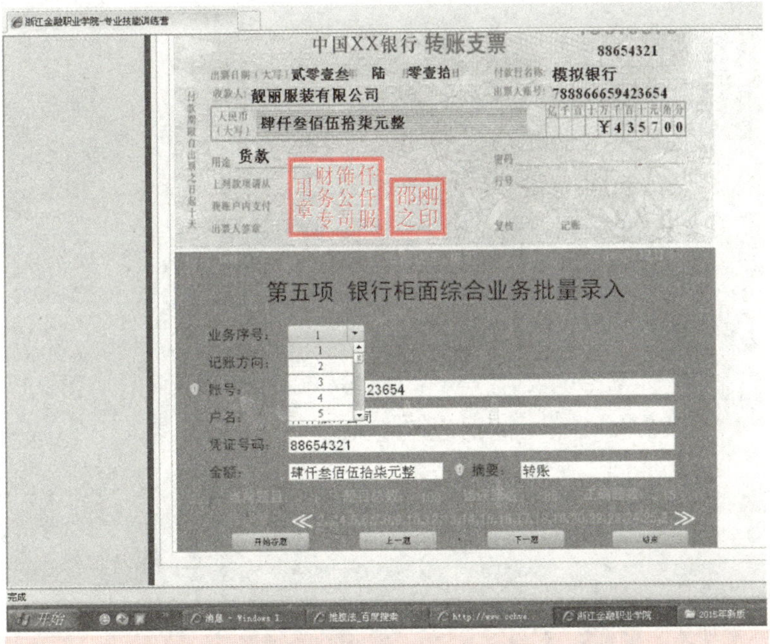

图9-62　根据错误题号提示选择回看检查核对

注意事项：

1. 内容输入时必须依据转账支票、进账单、现金支票、现金缴款单、借款凭证、还贷凭证、电划补充报单、汇兑业务委托书、托收凭证、汇票业务委托书、贴现凭证等业务凭证内容进行记账要素录入，注意借方与贷方记账方向的区别，注意转账支票、现金支票等重控凭证号码的输入要求以及摘要代码的选择使用。

2. 上下项目之间转换可以用回车键。

3. 记账方向有下拉菜单的项目可以用上下键选择。

4. 第一题业务凭证内容全部输入完毕后，按回车键可自动进入第二题，不用再选择题目序号。

表 9-5　　　　　　　银行柜面综合业务批量录入业务考核成绩参考标准

正确题目	优		良		中		及	
	时间	准确率	时间	准确率	时间	准确率	时间	准确率
100 题	1,500 秒	100%	1,800 秒	100%	2,400 秒	100%	2,800 秒	100%

【活动练习】

要求以模拟银行柜员的身份，根据金融专业技能练习与考核操作系统的操作要求，进行 100 笔一组的银行会计业务凭证批量录入的计算机操作处理。

高职高专金融类系列教材

一、高职高专金融类系列教材

货币金融学概论	周建松		主编	25.00 元	2006.12 出版
货币金融学概论习题与案例集	周建松 郭福春等		编著	25.00 元	2008.05 出版
金融法概论（第二版）	朱 明		主编	25.00 元	2012.04 出版

（普通高等教育"十一五"国家级规划教材）

商业银行客户经理	伏琳娜 满玉华		主编	36.00 元	2010.08 出版
商业银行客户经理	刘旭东		主编	21.50 元	2006.08 出版
商业银行综合柜台业务(第三版)	董瑞丽		主编	36.00 元	2016.01 出版

（国家精品课程教材·2006）

商业银行综合业务技能	董瑞丽		主编	30.50 元	2008.01 出版
商业银行中间业务	张传良 倪信琦		主编	22.00 元	2006.08 出版
商业银行授信业务	王艳君 郭瑞云 于千程		编著	45.00 元	2012.10 出版
商业银行授信业务（第二版）	邱俊如 金广荣		编著	32.00 元	2014.08 出版
商业银行业务与经营	王红梅 吴军梅		主编	34.00 元	2007.05 出版
金融服务营销（第二版）	徐海洁		编著	34.00 元	2013.09 出版
商业银行基层网点经营管理	赵振华		主编	32.00 元	2009.08 出版
商业银行柜面英语口语	汪卫芳		主编	15.00 元	2008.08 出版
银行卡业务	孙 颖 郭福春		编著	36.50 元	2008.08 出版
银行产品	彭陆军		主编	25.00 元	2010.01 出版
银行产品	杨荣华 李晓红		主编	29.00 元	2012.12 出版
反假货币技术（第二版）	方秀丽 陈光荣 包可栋		主编	58.00 元	2015.03 出版
小额信贷实务	邱俊如		主编	23.00 元	2012.03 出版
商业银行审计	刘 琳 张金城		主编	31.50 元	2007.03 出版
金融企业会计	唐宴春		主编	25.50 元	2006.08 出版

（普通高等教育"十一五"国家级规划）

金融企业会计实训与实验	唐宴春		主编	24.00 元	2006.08 出版

（普通高等教育"十一五"国家级规划教材教材辅助教材）

新编国际金融	徐杰芳		主编	39.00 元	2011.08 出版
国际金融概论	方 洁 刘 燕		主编	21.50 元	2006.08 出版

（普通高等教育"十一五"国家级规划教材）

国际金融实务	赵海荣 梁 涛		主编	30.00 元	2012.07 出版
国际金融实务（第二版）	李 敏		主编	34.00 元	2014.08 出版
风险管理	刘金波		主编	30.00 元	2010.08 出版
外汇交易实务	郭也群		主编	25.00 元	2008.07 出版
外汇交易实务	樊祎斌		主编	23.00 元	2009.01 出版
证券投资实务	徐 辉		主编	29.50 元	2012.08 出版

国际融资实务	崔 荫		主编	28.00 元	2006.08 出版
理财学（第二版）	边智群	朱澍清	主编	39.00 元	2012.01 出版

（普通高等教育"十一五"国家级规划教材）

投资银行概论	董雪梅		主编	34.00 元	2010.06 出版
金融信托与租赁（第二版）	蔡鸣龙		主编	35.00 元	2013.03 出版
公司理财实务	钭志斌		主编	34.00 元	2012.01 出版
个人理财规划	胡君晖		主编	29.00 元	2012.07 出版
证券投资实务	王 静		主编	45.00 元	2014.08 出版

（"十二五"职业教育国家规划教材/普通高等教育"十一五"国家级规划教材/国家精品课程教材·2007）

金融应用文写作	李先智	贾晋文	主编	32.00 元	2007.02 出版
金融职业道德概论	王 琦		主编	25.00 元	2008.09 出版
金融职业礼仪	王 华		主编	21.50 元	2006.12 出版
金融职业服务礼仪	王 华		主编	24.00 元	2009.03 出版
金融职业形体礼仪	钱利安	王 华	主编	22.00 元	2009.03 出版
金融服务礼仪	伏琳娜	孙迎春	主编	33.00 元	2012.04 出版
合作金融概论	曾赛红	郭福春	主编	24.00 元	2007.05 出版
网络金融	杨国明	蔡 军	主编	26.00 元	2006.08 出版

（普通高等教育"十一五"国家级规划教材）

现代农村金融	郭延安	陶永诚	主编	23.00 元	2009.03 出版
"三农"经济基础	凌海波	郭福春	主编	34.00 元	2009.08 出版
金融仓储理论与实务	吴金旺	童天水	编著	30.00 元	2014.07 出版
金融专业职业素养读本	朱维巍	熊秀兰	主编	23.00 元	2014.07 出版

二、高职高专会计类系列教材

管理会计	黄庆平		主编	28.00 元	2012.04 出版
商业银行会计实务	赵丽梅		编著	43.00 元	2012.02 出版
基础会计	田玉兰	郭晓红	主编	26.50 元	2007.04 出版
基础会计实训与练习	田玉兰	郭晓红	主编	17.50 元	2007.04 出版
新编基础会计及实训	周 峰	尹 莉	主编	33.00 元	2009.01 出版
财务会计（第二版）	尹 莉		主编	40.00 元	2009.09 出版
财务会计学习指导与实训	尹 莉		主编	24.00 元	2007.09 出版
高级财务会计	何海东		主编	30.00 元	2012.04 出版
成本会计	孔德兰		主编	25.00 元	2007.03 出版

（普通高等教育"十一五"国家级规划教材）

成本会计实训与练习	孔德兰		主编	19.50 元	2007.03 出版

（普通高等教育"十一五"国家级规划教材辅助教材）

管理会计	周 峰		主编	25.50 元	2007.03 出版
管理会计学习指导与训练	周 峰		主编	16.00 元	2007.03 出版
会计电算化	潘上永		主编	40.00 元	2007.09 出版

（普通高等教育"十一五"国家级规划教材）

会计电算化实训与实验	潘上永		主编	10.00 元	2007.09 出版

（普通高等教育"十一五"国家级规划教材辅助教材）

财政与税收（第三版）	单惟婷		主编	35.00 元	2009.11 出版

税收与纳税筹划	段迎春　于　洋	主编	36.00 元	2013.01 出版
金融企业会计	唐宴春	主编	25.50 元	2006.08 出版

（普通高等教育"十一五"国家级规划教材）

金融企业会计实训与实验	唐宴春	主编	24.00 元	2006.08 出版

（普通高等教育"十一五"国家级规划教材辅助教材）

会计综合模拟实训	施海丽	主编	46.00 元	2012.07 出版
会计分岗位实训	舒　岳	主编	40.00 元	2012.07 出版

三、高职高专经济管理类系列教材

经济学基础（第二版）	高同彪	主编	45.00 元	2015.03 出版
管理学基础	曹秀娟	主编	39.00 元	2012.07 出版
大学生就业能力实训教程	张国威　褚义兵等	编著	25.00 元	2012.08 出版

四、高职高专保险类系列教材

保险实务	梁　涛　南沈卫	主编	35.00 元	2012.07 出版
保险营销实务	章金萍　李　兵	主编	21.00 元	2012.02 出版
新编保险医学基础	任森林	主编	30.00 元	2012.02 出版
人身保险实务	黄　素	主编	36.00 元	2013.02 出版
国际货物运输保险实务	王锦霞	主编	29.00 元	2012.11 出版
保险学基础	何惠珍	主编	23.00 元	2006.12 出版
财产保险	曹晓兰	主编	33.50 元	2007.03 出版

（普通高等教育"十一五"国家级规划教材）

人身保险	池小萍　郑祎华	主编	31.50 元	2006.12 出版
人身保险实务	朱　佳	主编	22.00 元	2008.11 出版
保险营销	章金萍	主编	25.50 元	2006.12 出版
保险营销	李　兵	主编	31.00 元	2010.01 出版
保险医学基础	吴艾竞	主编	28.00 元	2009.08 出版
保险中介	何惠珍	主编	40.00 元	2009.10 出版
非水险实务	沈洁颖	主编	43.00 元	2008.12 出版
海上保险实务	冯芳怡	主编	22.00 元	2009.04 出版
汽车保险	费洁	主编	32.00 元	2009.04 出版
保险法案例教程	冯芳怡	主编	31.00 元	2009.09 出版
保险客户服务与管理	韩　雪	主编	29.00 元	2009.08 出版
风险管理	毛　通	主编	31.00 元	2010.07 出版
保险职业道德修养	邢运凯	主编	21.00 元	2008.12 出版
医疗保险理论与实务	曹晓兰	主编	43.00 元	2009.01 出版

五、高职高专国际商务类系列教材

国际贸易概论	易海峰	主编	36.00 元	2012.04 出版
国际商务文化与礼仪	蒋景东　刘晓枫	主编	23.00 元	2012.01 出版
国际结算	靳　生	主编	31.00 元	2007.09 出版
国际结算实验教程	靳　生	主编	23.50 元	2007.09 出版
国际结算（第二版）	贺　瑛　漆腊应	主编	19.00 元	2006.01 出版

国际结算（第三版）	苏宗祥　徐　捷	编著	23.00 元	2010.01 出版
国际结算操作	刘晶红	主编	25.00 元	2012.07 出版
国际贸易与金融函电	张海燕	主编	20.00 元	2008.11 出版
国际市场营销实务	王　婧	主编	28.00 元	2012.06 出版
报检实务	韩　斌	主编	28.00 元	2012.12 出版

如有任何意见或建议，欢迎致函编辑部：jiaocaiyibu@126.com。